上海市闵行区政协文史丛书

梅源记贤

王圻传

叶舟 著

上海书店出版社
SHANGHAI BOOKSTORE PUBLISHING HOUSE

清 王简、张芑《王圻像卷》

南京博物院藏

明 董其昌《吴淞江水图轴》

上海博物馆藏

明 董其昌《九峰寒翠图轴》

天津博物馆藏

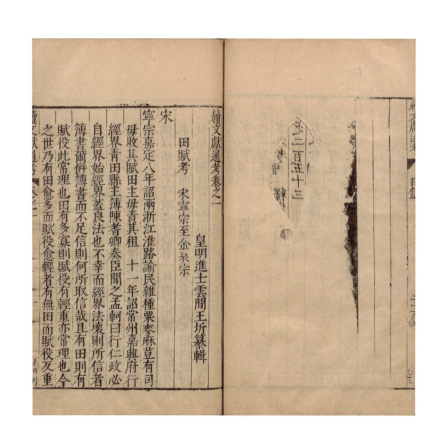

續文獻通考卷之一

田賦考　宋寧宗至金哀宗

皇明進士雲間王圻纂輯

宋

寧宗嘉定八年詔兩浙江淮路諭民雜種粟麥麻荳有司
母收其賦田主毋責其租　十一年詔常州嘉興府行
經界青田縣主簿陳耆卿奏臣聞之孟軻曰行仁政必
自經界始經界蓋良法也不幸而經界法壞則所信者
簿書爾簿書而不足信則何所取信哉且有田則有
賦役此常理也田有多寡則賦役有輕重亦常理也今
之世乃有田愈多而賦役愈輕者有無田而賦役反重

《续文献通考》书影

史臣曰先主時惟法正得謚後主時諸葛亮功德

蓋世蔣琬費禕荷國之重亦見謚陳祗寵待特加

殊獎夏侯霸遠來歸國故復得謚於是關羽張飛

馬超龐統及雲乃追謚時論以爲榮

中郎將關內侯龐統字士元襄陽人後主時追謚靖

侍中守尚書令鎮軍大將軍陳祗謚忠

車騎將軍儀同三司黃權字公衡閬中人延熙三年

謚景

大將軍錄尚書事安陽亭侯蔣琬字公琰湘鄉人建

興九年謚恭

大將軍錄尚書事成鄉侯費禕字文偉郿人延熙十

一年謚敬

魏帝后謚

大皇帝本姓夏侯名嵩沛國譙人後漢太尉大長秋

曹騰養爲子因姓曹氏文帝受禪尊曰大皇帝

太祖武皇帝名操字孟德嵩子脅天子以令天下三

十年薨謚武王丕篡位尊爲帝　卞皇后琅琊開陽

人本倡家初納爲妾建安初丁夫人廢遂爲繼室丕

《谥法通考》书影

袁得從輕楊亦免于獄此與張說之譖元忠不殊
可以一藝者目哉
丐者執義而死
成化丁未秦中大饑有一婦人一男子行乞至山東
每遇宿其婦則處於廟中男子則處于門外或問
曰何不同宿婦曰此夫弟也今飢不得已而行儻
得生還尚欲爲婆媳以圖造家禮義豈可因顛沛
而廢後遇盛寒二人因異處皆凍死

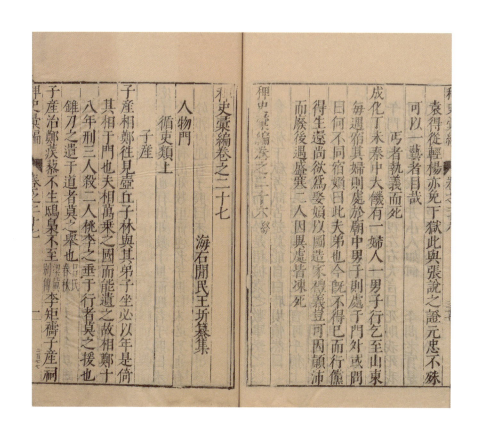

稗史彙編卷之二十七

海右闓民王圻纂集

人物門
　循吏類上
　　子産

子産相鄭往見壺丘子林與其弟子坐必以年是倚
其相于門也夫相萬乘之國而能遺之故相鄭十
八年刑三人殺二人桃李之垂于行者莫之援也
錐刀之遺于道者莫之舉也
子産治鄭萊蔡不生鴟梟不至　李矩禱子産祠

《稗史汇编》书影

日本公文书馆内阁文库藏

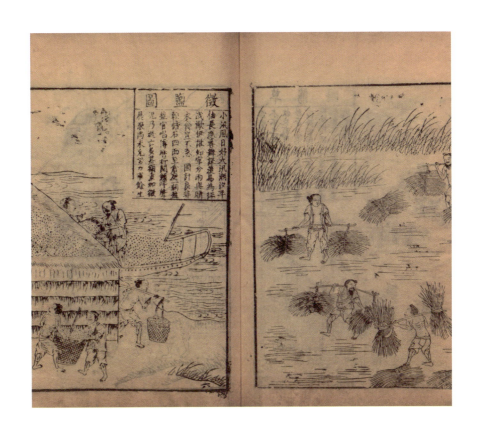

《重修两浙鹾志》书影

美国国会图书馆藏

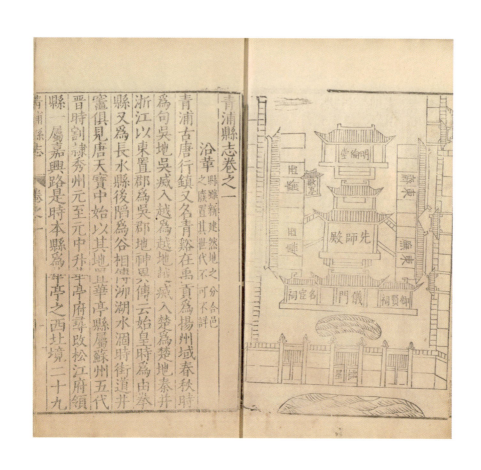

青浦縣志卷之一

沿革

縣雖新建然地之分合品之慮置其世代不可不詳

青浦古唐行鎮又名青龍在禹貢為揚州域春秋時
為句吳地吳减入越為越地越减入楚為楚地秦并
浙江以東置郡為吳郡地神畀六傳云始皇時為由拳
縣又為長水縣後陷為谷相傳闩泖湖水涸時街道井
竈俱見唐天寶中始以其地晉且華亭縣屬蘇州五代
晉時割隸秀州元至元中升華亭府尋改松江府領
縣一屬嘉興路是時本縣為華亭之西北境二十九

万历《青浦县志》书影

日本国会图书馆藏

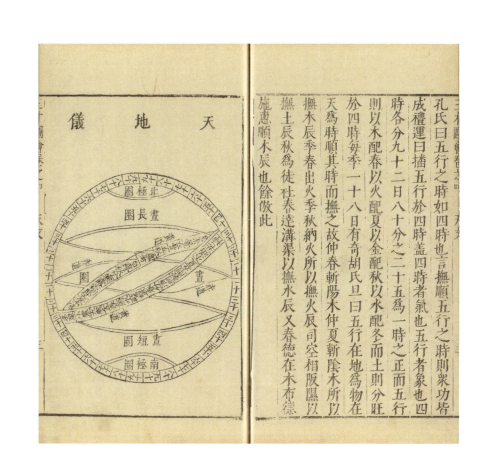

天地儀

孔氏曰五行之時如四時也言撫順五行之時則衆功皆
成禮運曰撫五行於四時蓋四時者氣也五行者象也四
時各分九十二日八十分之二十五爲一時之正而五行
則以木配春以火配夏以金配秋以水配冬而土則分旺
於四時毎季十八日有奇胡氏旦曰五行在地爲物在
天爲時順其時而撫之故仲春斬陽木仲夏斬陰木所以
撫木辰季春出火季秋納火所以撫火辰司空相版隰以
撫土辰秋爲徒壮春逵溝渠以撫水辰又春德在木布德
施惠順木辰也餘倣此

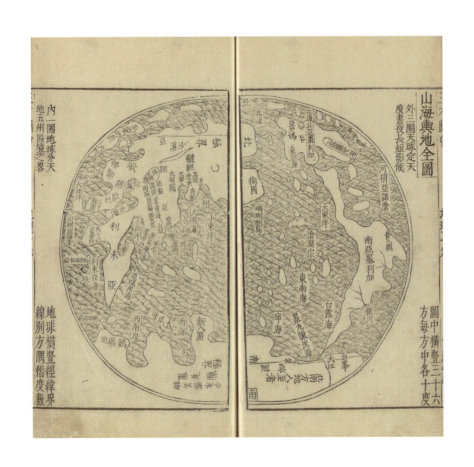

《三才图会》之地理卷

中国台湾图书馆藏

《三才图会》之人物卷

中国台湾图书馆藏

《三才图会》之宫室卷

中国台湾图书馆藏

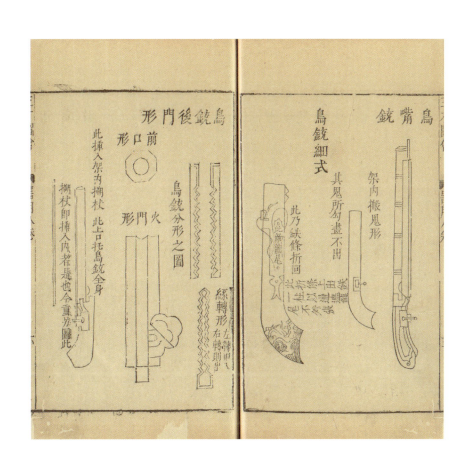

《三才图会》之器用卷

中国台湾图书馆藏

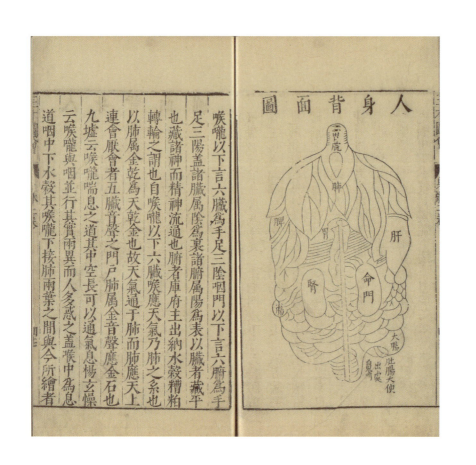

圖面背身人

肺　脾　胃　肝　腎　命門　大腸　膀胱

喉嚨以下言六臟為手
足三陽蓋諸臟屬陰為裏諸腑屬陽為表以臟者藏
也藏諸神而精神流通也腑者庫府主出納水穀精粕
轉輪之謂也自喉嚨以下六臟喉應天天氣通于肺之系也
以肺屬金乾為天乾金也故天氣通于肺而肺應天上
連會厭會者五臟音聲之門戶肺屬金音聲應金石也
九墟云喉嚨喘息之道其中空長可以通氣息楊玄操
云喉嚨與咽並行其實兩異而人多惑之蓋喉中為息
道咽中下水穀其喉嚨下接肺兩葉之間與今所繪者

《三才图会》之身体卷

中国台湾图书馆藏

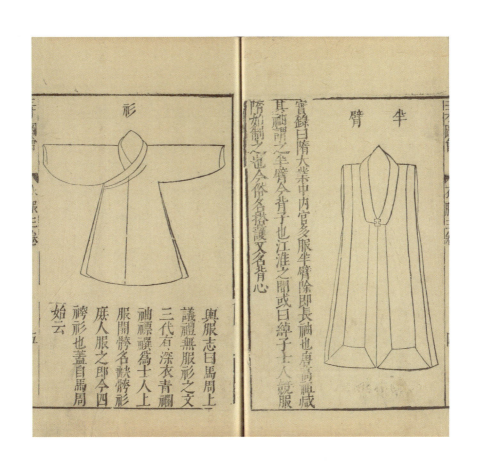

半臂

衫

實錄曰隋大業中内官多服半臂除即長袖也唐高祖减
其袖謂之半臂今背子也江淮之間或曰綽子士人競服
隋加制之冠今俗名掜議又名背心

輿服志曰馬周上
議禮無服衫之文
三代有·深衣青襴
袖襈襈爲士人上
服開髈名欹髈衫
庶人服之郎今四
袴衫也蓋自馬周
始云

《三才图会》之衣服卷

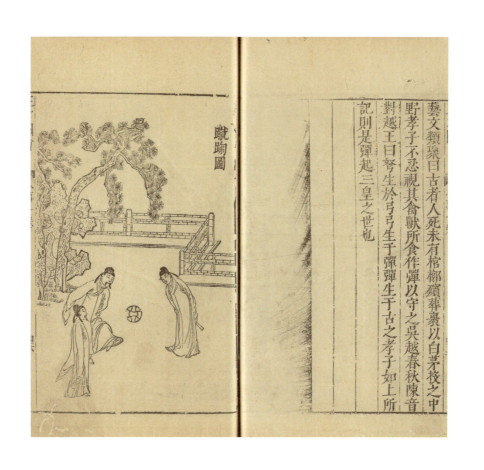

蹴踘圖

藝文類聚曰古者人死未有棺槨殯葬裹以白茅投之中
野孝子不忍視其禽獸所食作彈以守之吳越春秋陳音
對越王曰弩生於弓弓生於彈彈生于古之孝子如上所
記則是彈起三皇之世也

《三才图会》之人事卷

中国台湾图书馆藏

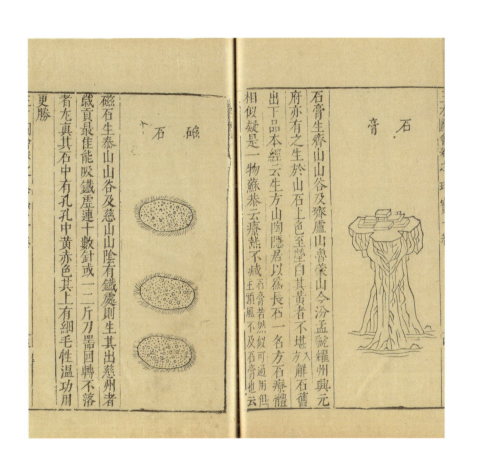

石膏

石膏生齊山山谷及盧山魯蒙山今汾孟鼏耀州與元
府亦有之生於山石上色至瑩白其黃者不堪方解石舊
出下品本經云生方山陶隱居以爲長石一名方石療體
相似疑是一物蘇恭云療熱不減王頭風不及石膏也云

石磁

磁石生泰山山谷及慈山山陰有鐵處則生其出慈州者
歲貢最佳能吸鐵虛連十數針或一二斤刀器回轉不落
者尤眞其石中有孔孔中黃赤色其上有細毛性溫功用
更勝

《三才图会》之珍宝卷

中国台湾图书馆藏

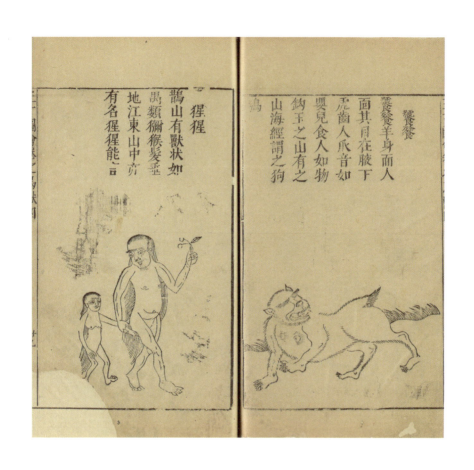

《三才图会》之鸟兽卷

中国台湾图书馆藏

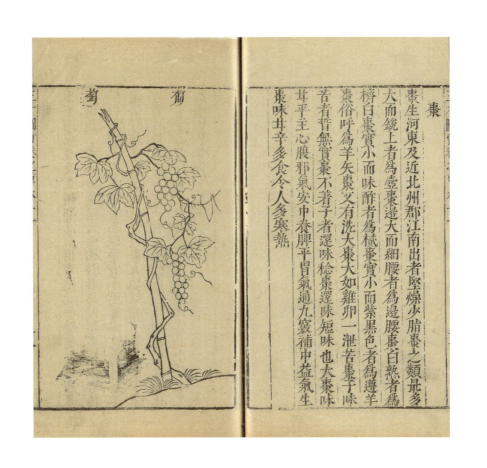

棗

棗生河東及近北州郡江南出者堅燥少脂棗之類最多
大而銳上者為壼棗邊大而細腰者為邊腰棗白熟者為
樀白棗實小而味酢者為樲棗實小而紫黑色者為還羊
棗俗呼為羊矢棗又有洗大棗大如雞卵一泄苦棗子味
苦者皆無實棗不著子者還味稬棗還味短味也大棗味
甘平主心腹邪氣安中養脾平胃氣通九竅補中益氣生
棗味甘辛多食令人多寒熱

《三才图会》之草木卷

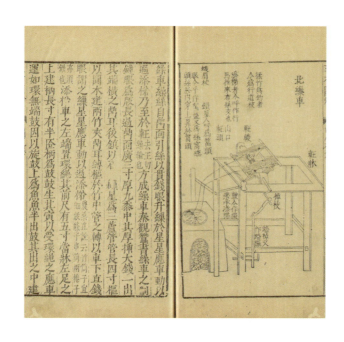

《三才图会》之北缫车　中国台湾图书馆藏

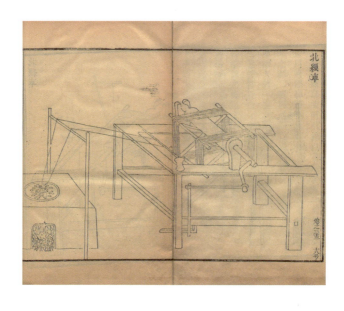

《农政全书》之北缫车　日本公文书馆内阁文库藏

总序

祝学军

　　闵行北靠苏州河，南临黄浦江，因水而兴盛，因水而灵动。水脉含着史脉，这里成为农耕文化、商贸文化与近代海派文化的相生相容之地，展现着江南的柔美，传承着江南的基因，流淌着江南的乡愁与深情，独具地域文化特色。

　　以人存书，以书存史，以史为鉴。自 2017 年起，我们历时五载，编撰出版了五辑二十五册"发现闵行之美"系列文史丛书。该丛书是闵行区首次对本土文史进行系统梳理和全面介绍，从"民艺乡俗""岁月有痕""老巷陈香""故土之韵""百舸争流"五个方面，集结闵行历史文化之精粹，内容全面丰富，生动形象地反映了数千年来闵行这方土地的人文风貌，成为闵行人的集体记忆，也承载着我们对这方土地的深情眷念，留下可供寻迹的历史底本。

　　与此同时，为丰富文史丛书内容，我们还将主题类的文史内容汇集整合，编撰出版相关书籍，这可视为"发现闵行之美"系列文史丛书续编。

　　闵行是"上海之本"，这一定义由远古马桥文化确立。2018 年，我们联合上海博物馆隆重推出了《马桥文化探微——发现与研究文集》和《追寻马桥文化》，前者是考古界专家学者数十年来的发掘报告和学术成果，后者是通俗类的市民读物，一册在手，快速穿越历史，唤醒五千年的记忆，这让马桥文化更加鲜明可亲、触手可及，也更加清晰地寻觅到江南文化的遥远本源，起到了积极有益的作用。

　　烟柳画桥、疏影横斜、粉墙黛瓦，最是道不尽的江南。2019 年，《谁不忆江南——闵行记忆》画册出版，这是一批热爱闵行的摄影家和爱好者极具历史感的作品，让我们有了更直观的感受，仿佛有比文字更深邃、更强大的叙事力量，而作品背后引出的故事，也为我们铺开了一卷独属闵行的江南诗意，捕一缕淡淡乡愁，品一袭故乡烟雨。

　　何谓闵行？ 2022 年，在新闵行区设立三十周年之际，镌刻有深厚吾乡吾土印痕的首部闵行简史《本来闵行》问世，提纲挈领、要言不烦，勾勒出闵行历史文化的精要，把浩如烟海的地方志书文献转化为通俗易懂的地情读本，全景再现了闵行前世今生的历史轨迹，成为宣传推介闵行的靓丽名片。

　　由华东师范大学教授、著名民俗学家和上海史学者仲富兰所撰写的《上海小史》是"发现闵行之美"系列文史丛书中的代表之作，于2020 年出版，得到了专家学者和广大读者的充分肯定。沧海桑田、筚路蓝缕，终成"上海"，这是一部袖珍的上海通史。2023 年推出新版，文字更精炼，排版更优化，装帧更赏心悦目。

地名伴随着每个人的日常生活，某种意义上就是我们的乡愁所系。城市化的浪潮淹没了许多老地名，也孕育了许多新地名。2023 年推出的《此地有名》一书，对闵行地域内各具特色的古镇、村宅、老街等地名一一道来。看新苔老迹，忆旧时王谢，点滴丝缕，皆酿成入骨的桑梓之念和故土情怀。

何以上海？因为浦江。2024 年，《申江记》面世，它是首部以文史散记形式为黄浦江立传的作品。从"水脉"探索"文脉"，深耕地方历史文化资源，全景式描绘黄浦江旖旎多彩的自然风光，东西方文明互鉴的广阔图景，波涛汹涌、千帆竞发的时代变迁，记录下上海从江南小聚落蝶变为国际性大都市的千年历程，为上海"人民城市"建设提供了生动而鲜活的注脚。

"发现闵行之美"系列文史丛书的相继出版，打开了一扇连通古今闵行的窗扉，流淌着清韵悠扬的江南之美，同时也散发着对文化传承的温情和关怀，几乎每个闵行人都能找到自己的生活和记忆，也让新上海人、年轻人能快速了解闵行，探寻闵行发展进步的精神品格，感悟这片土地的人文情怀，推动闵行悠久历史在发掘、保护、利用中接续传播。

华漕延苏州河一带曾有十里"梅花源"，为明代著名文献学家、历史学家和藏书家王圻回乡手植。2023 年，我们联手市社联主办"苏州河第一村和王圻"亮吧雅集，众多专家畅谈王圻生平和思想文化的发掘传承，开启了探索王圻之旅，同时积极推动《王圻全集》整理出版。这次新推出的《梅源记贤：王圻传》以通俗易懂的文字生动撰述王圻这位一代文化巨擘的生平事迹和辉煌成就，全面呈现了王圻的生活环境、活动轨迹、交游情形、著述成就和思想内涵，栩栩如生地还原王圻以一身正气出入风云官场，到梅花源畔笔耕不辍的非凡生涯，为大众全景式勾勒明代上海地区的传统文脉和江南风情。

今书叙记往事，新墨绘写陈香。一撇一捺道尽家园情怀，一字一句承载历史脉络。阅尽繁华，感悟乡愁，唯有文化自信，我们的创造力才能竞相迸发，延续历史文脉，谱写美好未来。

序

熊月之

　　王圻（1530—1615），明代南直隶松江府上海县（今上海市闵行区）人，是一位成就卓著、具有全国性影响的文化名人。他从政恪尽职守，关心民瘼，廉明公正，为一代循臣；治学气象宏大，著述繁富，成就卓著，为一代鸿儒。

　　王圻天资颖异，4岁开始读书，14岁成为秀才，16岁入官学深造，35岁中举，翌年联捷考中进士。此后，历任江西、山东、四川、云南、湖广、福建等地知县、知州、监察御史、按察使、学政等职。万历十四年（1586）致仕还乡。

　　王圻历嘉靖、隆庆、万历三朝，享年86岁。一生分为三个阶段，前三十五年，读书、谋生；当中二十年为官；后三十年治学。其历史贡献主要在事功与学问两个方面。

　　事功方面，王圻为官二十年，无论职司何事，身处何地，均恪尽职守，勤政廉政，上思报国，下思利民，有上佳表现。这突出的表现在以下四个方面：

一是公，忠心为国，体恤民情。在监察御史任上，王圻多次上疏，或弹劾不法官员，或荐举贤才，或针砭时弊，给朝廷提供积极建议。其中，《请止厂卫暗访公疏》，建议朝廷通过公开、正常的渠道了解社会实际情况，而不要通过厂卫这类秘密系统，因为那样做难免会以是为非，以无为有，会给国家政治带来不利影响；《修政弭灾疏》，鉴于直隶、湖广、山东等地频发地震、蝗灾、水灾等灾害，他认为是天意示警，请求皇帝遵旧典、修实政，求直言以尽群情，商时政以图兴革，清囚系以消阴沴，谨防御以杜阴萌，"崇实念以答天心，干实事以回神意"[1]。这些奏疏的实质，是他对当时国家治理现状有所不满，希冀有所匡正。

二是明，深入实际，亲政廉政。担任知县、知州等地方官时，王圻深入社会基层，切实了解辖地的现实与历史，兴利除弊，措施得当，熟谙民情，办案清明，受到民众发自内心的拥护。他为官一地，颂歌一方，在江西清江、河南开州等地，都获得建立生祠的隆重纪念。所谓建立生祠，就是地方官离任以后，百姓自发为其建立祠堂，以志感念。这是民众对官员行政绩效的最高评价。

三是能，面对复杂的环境与事件，王圻处变不惊，沉着果断。任职福建期间，辖地有村民聚众数千焚劫乡里，为害已久，难以剿灭。王圻一方面赈济贫弱无助之人，对强盗进行分化，一方面分兵四袭，歼灭首

---

[1]〔明〕王圻：《修政弭灾疏》，《王侍御类稿》卷一，《四库全书存目丛书》，集部第140册，齐鲁书社1997年版，第119页。

恶，对胁从之人区别对待，放归田间，使其复为良民。此举效果相当明显，受到当地人普遍赞誉，也得到朝廷的嘉奖。

四是耿，在监察御史任上，因朝廷人事关系错综复杂，党争不断，王圻坚持做人底线，为人处世一秉清朗正直之气，看不惯见风使舵，不屑于蝇营狗苟，不阿附权贵，不降志辱身。这在他处理与张居正、高拱、徐阶等重臣的关系方面，表现得淋漓尽致。尽管时常左右不讨好，但他清夜扪心，坦然自若。

王圻仕途不算十分畅达，但也不算过分蹇滞。他在被授陕西布政司参议以后，毅然急流勇退，退休还乡。那年他才 56 岁，在常人眼里，那正是可以有所作为的中年。他行有底线，心有坚守。朝中权臣之争斗，他无法左右；当局诸多恶政，他无力改变，但进退之间，他可自作抉择。在这个意义上，王圻盛年进取与中年退隐，思想脉络并无二致。于此可见王圻的大智大慧。

学问方面，王圻辞官回乡以后，隐居吴淞江畔，一意读书著述。他一生编刻书籍二十四种，八百余卷，其中特别有价值和影响的是《续文献通考》《三才图会》与《稗史汇编》。《续文献通考》二百五十四卷，以搜罗宏富、经世致用著称，是马端临之后至近代以前唯一私人撰述的典制通史，开创了续"三通"之先河，在中国史学史上，是"三通"诸多续作中的杰构佳制，代表了明代史学家在典制史撰述方面的最高成就。乾隆朝官修《续文献通考》多取材于此书。《三才图会》系王圻与其子思义合编，以图为主，正文一百零六卷，卷首一卷，载各类图表六千余幅，内容包罗万象，为明代图谱百科全书，为中国图像史上的鸿篇巨制。清代陈梦雷等纂《古今图书集成》多采撷此书。世界著名中国科技史专家李约瑟在其主编的《中国科学技术史》中称此书为"最有趣"的常用参考书。此书远播日本、朝鲜等地，在东亚地区流传广泛，影响深远。《稗史汇编》一百七十五卷，汇编各类稗官野史小说，保存了许多民间传说、故事资料，极富史料价值。王圻著述内容如此广博，卷数之多，古来少有。这些著作多有经世致用价值，涉及政治、刑狱、海防、水利、农桑、民俗、县志等方面。

王圻思想开明，广收博览。收入《三才图会》地理卷的《山海舆地全图》，天文卷的《天地仪图》，均系天主教传教士利玛窦刚传入中国不久的世界地图与天文图，述及当时国人很少知悉的地圆知识，可见其搜罗之丰，眼光高远。王圻虽饱读儒家经典，但并不株守儒家一派，而是无书不读，对于佛教、道教均有涉猎。所编《稗史汇编》等书中，含有丰富的佛道知识。他曾从佛、道等典籍中汲取营养，编过《长生宝录》一书，自称对于"六境"之说，即人境、神境、鬼境、仙境、梦境、佛境，均有所知晓。他退出官场，息影林泉，一边著述，一边养生，活到那个时代稀见的86岁高龄，当与他知晓进退、善于养生有关。进而为儒，退而为道，心灵与生活的天地都广袤无涯。这也是王圻的过人之处。

王圻酷爱自己的家乡，为家乡人文荟萃而备感自豪，曾说："吾松襟江带海，汇以重湖，九峰跨峙，灵异天启，虽幅员延广不及吴郡之

半，而人文挺秀，自二陆以来，贤良科甲之盛，略亦相垺。"[1]他热情关
心家乡经济、社会与文化事业，并努力奉献自己的才华。他编撰的书
籍中，有相当部分与家乡有关，包括《云间海防志》《东吴水利考》与
《青浦县志》。他尽力为家乡人文集作序，为地方贤人立传，写行状、墓
志铭等。这些作品，记述了上海地区众多人物的生平事迹、懿行美德，
丰富了上海地区的文化内涵。其中，王圻向官府介绍余采生平，具有特
别的价值。余采是明初方孝孺的后裔。方孝孺因拒绝为燕王朱棣（后为
明成祖）推翻建文帝、夺取皇位起草诏书，被处以极刑，诛灭十族（亲
属九族加学生一族）八百余人。其一子得友人藏匿，流落到松江府，隐
姓埋名，衍传不绝。时过一百多年，方孝孺案获平反昭雪，其后裔申请
复姓归宗，朝廷要求核实上报。松江府官员询问作为地方名流的王圻此
事原委。恰巧，余采曾与王圻同窗，于是，王圻据实以报，证明余采确
系方孝孺后裔，确实居住在上海。当时，关于方孝孺有无后裔、谁是真
正后裔，有不同说法，王圻的证词为方孝孺后裔身份的认定提供了重要
依据。王圻还为余采夫妇写了墓志铭，介绍余采生平，缕述方孝孺后裔
流落松江府的曲折经历。这些资料，对于研究方孝孺后裔衍传上海地区
的历史，具有不可替代的价值。

王圻的著述活动归纳起来有四个鲜明的特点：一是宏，视野极其
宏阔，上自天文，下至地理，中到人世，政治、海防、经济、文化、民

---

[1]〔明〕王圻：《云间献略序》，《王侍御类稿》卷五，《四库全书存目丛书》，集部第 140 册，
齐鲁书社 1997 年版，第 224 页。

情、风俗、刑狱、武术，地上万物，飞禽走兽，民间传说，无所不涉。二是巨，品种之多，体量之大，当世无人可及。三是实，内容实在，特别是农学、水利、医学等民生日用的知识；来源切实，很多知识来自他的亲历、亲见、亲闻；作风踏实，考订细实。四是特，眼光独到，人无我有，人弃我取，人弱我强。重视图册，编《三才图会》，重视社会基层知识，搜集民间故事，均不同凡响。

王圻的著述活动是明代上海地区重视实学、文风昌盛的重要表现。上海地区自唐代建立华亭县以后，经济、社会、文化稳定发展。南宋与元代，朝廷重视发展海运，上海地区发展更快。元末明初，战事不断，内地避难文人相继涌入相对平静的松江府，松江地区由此文气大盛。及至明代，松江已与苏州并称"苏松"，为全国经济文化最为发达的地区。至嘉靖、隆庆、万历年间，上海地区文风更盛，科考成绩再创新高，士绅眼界更显开阔，风气更加开明。随着财富的积累，文人的汇聚，元末明初，上海地区就开始出现汇编、刊刻大型图书的现象，陶宗仪《南村辍耕录》三十卷、《说郛》一百卷开其先河。此后，这一现象渐成风气。嘉靖二十三年（1544），上海人陆楫汇编《古今说海》一百四十二卷，这是中国历史上第一部小说汇编丛书；嘉靖三十五年之前，上海人张之象已编就《唐诗类苑》二百卷、《古诗类苑》一百三十卷，这是现存最早、规模最大的分类唐诗总集与古诗总集[1]。王圻的上述

---

[1] 贾雪飞：《明中后期上海地区的四次大型图书编纂活动》，《中国出版史研究》，2018 年第 2 期。

著述、汇编、刊刻活动，便出现在张之象之后。再往后，则有徐光启编撰的《农政全书》六十卷，陈子龙等人编辑的《皇明经世文编》五百零四卷。

包括王圻在内的上述众多士绅搜集、汇编、刊刻大型文化典籍，是中华文化发展到一定阶段的某种文化自觉。这种文化自觉，既是对以往文化成就的汇集、梳理与总结，也是对以后文化发展的推动与指引。参与此项活动的，并不只有上海地区的士绅，苏州、杭州等地也所在多有，但是，上海地区士绅显然起了至关重要的引领作用。在这个意义上，王圻汇集、编撰、刊刻的《续文献通考》《三才图会》《稗史汇编》等典籍，在上海文化史上，具有创榛辟莽意义，在中华文明传承史上具有无可替代的价值。

王圻是上海地区、也是整个江南文化的杰出代表，在明代学术史、中国史学史上都具有重要地位，值得我们花大力气研究。此前，学术界对于王圻已有一定的研究，向燕南的《王圻纂著考》(《文献》1991 年第 4 期)、《王圻行实系年》(载《历史文献研究论丛》，广西师范大学出版社 1998 年) 与常振钰的《王圻年谱》(辽宁大学 2018 年硕士学位论文) 为其著者，可惜的是还缺少一部系统的、有分量的评传。叶舟博士的这部《梅源记贤：王圻传》在一定程度上弥补了这一缺憾。

本书首次全面、系统地梳理了王圻的生平，包括家族传统、个人性格、治学路径、日常生活和交游网络。作者以世见人，知人论世，将王圻的政治作为、学术成就置于明代政治环境变化、江南地区经济发展、上海地区学风嬗变、世家大族社会网络的相互作用中进行考察，揭示了其间错综复杂的关系，从而对王圻的学术旨趣有了更为清晰的认知与把握。全书视野宏阔，内容翔实，脉络清晰，考订细密，富有卓识，文字朗畅，是迄今研究王圻生平事功、学术成就的第一部最为翔实的学术著作。

叶舟博士是卓有成就的明清史、江南史专家，对江南历史，特别是常州历史、明清上海历史下过很深的功夫，著有《江南文明通鉴》（上海辞书出版社 2021 年）、《诗礼传家：江南家风家训的传承》（上海书店出版社 2021 年）、《上海地区家风家训文献汇编》（上海社会科学院出版社 2021 年）、《近代上海的江南人》（上海科学技术文献出版社 2023 年），担任《上海通史》元明卷主编、《上海简史》古代史主编；所著《清代常州文化系年》获江苏省哲学科学优秀成果奖，《诗礼传家：江南家风家训的传承》获上海市哲学社会科学优秀成果奖。正是基于如此丰厚的学养，书中对于王圻的论述，卓识纷呈，随处可见。

比如，作者论述经济繁荣与科举发达的关系。明代上海地区由于社会经济的繁荣，读书人口越来越多，通过科举考试实现阶层跃升的人也就越来越多。作者如数家珍地列举了明代上海众多达官显宦都是出身平民，如陆深、潘恩、陆树声、徐阶、徐光启等，王圻所处时代在陆深等人之后，在徐光启之前，通过科举考试实现阶层跃升便在情理之中。这便有力说明，读书做官在那个时代具有社会正当性。

又如，作者论述家规家训与家族兴旺的关系。明代江南大家望族普遍重视家规家训，重视子孙教育，就是因为这套东西在那时确实管用，王圻的父亲督责王圻，徐光启母亲严教徐光启，陆树声管教子孙，都取得了比较理想的效果，在社会上也就具有一定的示范意义，这便是卓越的家族何以绵长的道理。书中写道："虽然上海家族的崇文重学有其一定功利性，但也由此形成了一种守先绪、承后学、传递家族文化传统的强烈责任感，这也正是这些书香门第、耕读世家代代相传的重要原因。王圻出生在这样的环境下，从小耳濡目染，自然形成了一种努力读书的使命感。"这样的论断，坚实饱满，令人信服。

再如，作者论述科举中式之难。明代上海县学，除乡贤奉祠生及告老衣巾生而外，每年参加岁科考试的廪生、增生、附生约有六百五十余名，以松江府一府五学计之，全府大概有秀才三千余名。有一次华亭县举行院试，参考生员过多，酿起一出惨剧。凌晨时分，考试院门一开，三千考生蜂拥而入，门狭人众，导致严重的踩踏事故，震动一时。三千考生，每次最多也就二十多人中式，百里挑一还不到，其难度远在今日考取"211""985"高校之上。如此翔实而生动的资料，对于今人了解三四百年以前的科举考试难度，既直观，又深刻。

作者对于王圻在上海文化史中的地位，作了高度的概括与周密的论证。书中指出，王圻身上体现了古代上海文化乃至江南文化的一些最为重要的品质，经由他传承发展而蔚为大观。这些品质包括崇文好学、博采汇通、经世致用、海纳百川。作者认为，这些品质也体现在与王圻同时代的陆深、徐光启等人身上。陆深、王圻、徐光启等人"有着相近的出身、相似的经历，奉行相同的宗旨，共同为上海文化做出了卓越贡献，他们都是上海这片文化土壤中长出的硕果，都是上海文化星空中最闪亮的星辰。王圻的名字和他们一样，也将永远铭刻在上海文化发展的历史丰碑之上。王圻的意义，也正在于此"。所论于史有征，至为精当。

本书是在闵行区政协资助下完成的。近些年，优秀传统文化受到空前重视，各地竞相发掘本地优秀传统文化资源。闵行区政协在这方面真抓实干，投入了巨大的热情与精力，成效显著。前两年首次系统整理了卷帙浩繁的《王圻全集》，我有幸参与其事，受邀作序。这次，又资助编写了第一部系统的王圻传记，我有幸先睹为快。全集加传记，构成王圻研究相当坚实的基础。笔者这些年相当部分精力投放在江南文化与上海历史研究方面，在披览王圻主要著述，细读这部传记之后，深感无论从上海、江南还是全国范围，无论从历史学、文献学还是图像学方面，无论从行政、治学，还是修身、养性方面，王圻都是值得花大力气深入研究的重量级人物。在这个意义上，这部王圻传记开了个好头。接下来，还有很多工作可做。

是为序。

2024 年 8 月 18 日

（作者为上海社会科学院研究员，上海市文史馆研究馆员，中国史学会原副会长，上海市历史学会原会长）

目录

第一章

天降洪洲诞英才

襟江带海萃人文：明代上海地区的人文环境

很多不了解上海的人，都认为上海在古代只是个小渔村，到了近代才得以迅速发展。但事实上，今天的繁华都市上海，有着源远流长的历史。清代著名学者侯方域曾以"云间面大海，襟带三泖滨。阴阳荡潮汐，往往生伟人"的诗句，赞美了上海独特的地理位置和人才辈出的盛况。的确，历史上，上海的人文传统就如同东海般波澜壮阔，一浪高过一浪，又如淀、泖湖水，源清流洁，生生不息。

三国时，陆逊初封华亭，"华亭"一词最早见于正史。唐天宝十年（751），设华亭县，标志着上海地区开始有了相对独立的行政区划。元至元十四年（1277），华亭县升为华亭府，次年改称松江府，仍以华亭为首县，这是上海地区第一次设州府级行政单位。南宋时，上海逐渐成为重要的港口，遂设上海镇，并建有提举市舶分司。至元二十九年，置上海县，这又是上海历史变迁中的一个重要节点。明嘉靖二十一年（1542），设青浦县，后虽一度撤销，但又于万历元年（1573）重设。明代时，松江府辖华亭、上海、青浦三县及作为军事要塞的金山卫，而今天属于上海地区的嘉定、崇明二县，在当时隶属苏州府。

上海人文传统最早可以追溯到西晋。华亭侯陆逊的两个孙子陆机、陆云名重一时，以"弘丽妍赡，英锐飘逸"的绝世风姿，为这片土地播下了人文的种子，被誉为是上海人文之祖，深深影响了此后上海一代又一代的文人。陆机叹"华亭鹤唳"，陆云自称"云间陆士龙"，从此，

"华亭""云间"都成为上海的别称。

历史的车轮滚滚向前，上海地区到宋元之际，文物大盛，本地竹枝词有云："宋元之世启文风。"唐宋之时，大量北方士人南迁，在诗书礼乐熏陶浸淫之下，上海地区人文得到较大发展，力学之士众多，松江、嘉定等地的学校相继创建，营造了读书习文的文化氛围。至南宋末年，上海地区崇文之风已盛，所谓"虽细家中人，衣食才足，则喜教子弟以读书为事……秀民才士往往起家为达官，由是竞劝于学，弦歌之声相闻"。入元以后，江南大地沦为战场，只有松江在当时僻处海滨，拥有一段难得的承平时光，四方名流如赵孟頫、杨维桢、顾瑛、陶宗仪、王逢、贝琼等文坛巨擘流寓于此，带来了外来文化的新声，丰富了本地文化，营造出了上海地区独特的人文景观。其中，陶宗仪就对日后王圻这样的上海本地学者产生了深远的影响。当地的文人活动也逐渐活跃，唱和日趋频繁，袁凯、管讷、董纪、朱芾、陆居仁等相继崛起，他们与流寓文人一起形成了一个庞大的文人群体，赢得了"华亭壮邑，业儒者众"的美誉，为日后的辉煌奠定了坚实的人文基础。

经过宋元的沉淀与积累，上海地区的人文传统如同燎原之火，渐渐蔓延开来。到了明朝，这片土地上的文化氛围达到了鼎盛。当时，上海地区流传一句谚语，称云间为"诗窠、棋囤、字仓场"，足以见证其浓厚的人文风尚。

不过历史的道路并非一帆风顺。明朝建国后，朱元璋颇为敌视那些亲近张士诚的吴地文人，对苏州、松江等江南地区采取高压政策，上海文化曾一度受到打击。一直到明前期，这里的文化氛围较为沉寂，上海地区的文化仍然属于输入型，受外来影响较多，缺乏有全国影响力的学者，少有原创性的思想，更类似于苏州的附庸。

到了弘治（1488—1505）、正德（1506—1521）以后，明朝政府已经脱离了初建时期的混乱，政治日趋稳定，上海地区随着商品经济的迅速发展，厚积薄发，人才辈出，群星闪耀，一批批才华横溢的文人脱颖而出，他们用自己的才华和智慧，为上海的文化繁荣贡献了重要力量，涌现了一大批才华出众的文人，上海地区在当时已被认为是"文物衣冠蔚为东南之望"。

明代上海的文化繁荣如同一颗璀璨的明珠，在科举的舞台上熠熠生辉。松江府在宋元时期所营造的良好人文基础上，科甲兴盛，人才如雨后春笋般涌现。"时松郡应举者十有三人，甲科为特盛"，有明一代共计开科 89 次，共录取进士 24866 人，明代松江府共有进士 466 人，此外嘉定县有 77 人，崇明县有 4 人，总计进士数 547 人，占全国总数的 2.2%。状元、榜眼、探花、传胪等荣誉接连不断，为上海的文化史册增添了浓墨重彩的一笔。明代上海进士总数虽然不如苏州和常州，但单以县论，松江府的附郭县——华亭县的进士人数名列全国第一，上海县也在全国前十之列，可以说明代是上海科举历史上成就最为辉煌的时期。科举繁荣，不仅彰显了其政治和经济的优势，更展现了上海地区深厚的人文底蕴。

除了科举的成功之外，上海的文化更能够紧随时代的潮流，逐渐形成属于自己的独特风格，可以与当时全国文化的中心之一——苏州相提并论。宋徵舆在《江南风俗志》中曾言："松江，本县也，既更为府，乃与姑苏并称。"这并不只是行政区划意义的"并称"，而是在经济、文化诸方面的相提并论。到嘉靖以后，何良俊评价苏、松人才"亦不大相远"，王圻就认为松江虽然面积不及姑苏之半，但人文挺秀，"贤良科甲之胜"相差无几，这种自豪感溢于言表。

整个明代，上海诗词歌赋、琴棋书画、戏曲曲艺等艺术形式交相辉映，形成了独特而丰富的文化景观，这就是为什么人称云间有"诗窠、棋囤、字仓场"之说。大致而言，上海文化以陆深为先导，紧随当时的复古浪潮，在嘉靖（1522—1566）、隆庆（1567—1572）间以陆树声、徐阶、潘恩、朱邦宪及"云间四贤"徐献忠、张之象、董宜阳、何良俊等为代表，在万历间（1573—1619）则以王圻、徐光启、陈继儒、董其昌、唐文献及"嘉定四先生"唐时升、程嘉燧、娄坚、李流芳等为代表，而到明末以陈子龙、夏允彝、黄淳耀、侯峒曾等为代表。他们个个才华横溢、惊世绝伦，均能自成一家，如云间画派、云间词派、嘉定文派，形成了众星拱辰的文化格局，使得上海地区的人文传统绵延不绝，在中国文化史、思想史、艺术史、文学史上都有深远的影响。晚明学者杨肃在《几社壬申合稿序》中称"云间之文为海内首"，另一位松江府名士杜麟徵更自豪地宣称："文章起江南，号多通儒，我郡为冠。"

上海地区在明代取得如此耀眼的文化成就，背后的原因是多方面的。首先是上海地区经济的迅速发展。元贞年间（1295—1297），黄道婆从海南岛归来，带回先进的纺织技术，大片不宜种粮的卤瘠之地转为植棉良田，优质的棉、纱、布成为上海地区特产。上海地区东贫西富的格局得到了明显改善，由此也一举突破了上海地区之前单一粮食生产格局，发展出以棉花为中心的商品化种植业，并成为全国棉纺织业的中心，生产的布匹不仅享誉国内，上贡宫廷，而且远销海外，赢得"衣被天下"的美誉。棉纺织业的发展还带动了商品市场网络的形成，城乡之间商品流通空前活跃，上海地区逐步成为全国最富裕的地区之一。永乐元年（1403），主持治河的尚书夏原吉采纳华亭人叶宗行的建议，疏浚范家浜，接通黄浦江流入大海，成功地解决了吴淞江水患问题。此后，大船可由海上直接驶至上海县城，奠定了上海良港的基础。到明中期，上海县城已经"谚号为'小苏州'"。

明代的上海，一股重教兴学的热潮在地方官员的引领下悄然兴起。这些官员们深知教育的重要性，他们不仅倡导尊师重教，还身体力行地参与到教育事业中。这些地方官兴教化、礼贤士，力图在本地营造重文尚儒的氛围。上海地区的府县学、书院、社学的创建和增扩修葺基本上都由他们出面，或是倡修，或是督建。正是在地方官员的用心经营之下，明代松江府形成了良好的人文发展和优越的科甲风尚。

上海各家族对于学校的兴修和发展也非常重视。自南宋起，唐时措、唐时拱、费拱辰、瞿霆发等士绅就在上海县学的学舍修葺、学田捐助等方面费心费力，直到清末当地还有竹枝词流传："宋元之世启文风，大姓唐瞿费首功。建学置田垂志乘，簪宗食报礼宜隆。"明代士人对府县学田捐助也日益增多。如著名的徐阶家族便在嘉靖四十五年（1566）至万历三十七年（1609）近半个世纪间，屡屡捐田助学。先是徐阶的弟弟南京刑部右侍郎徐陟置义庄以赡族人，立学舍以资寒士，捐田六百五十亩、房九十间于府学及华亭县学，以资膏火，筑桥梁以便行旅，施棺药以济贫病。此后徐陟次子徐琳又捐田一百八十亩于府庠、一百五十亩于县庠，以资多士膏火。徐阶孙徐肇惠捐田六百亩赡族外，又捐田八百亩以助华亭、上海、青浦三学诸生。王圻专门为徐氏捐助学田撰《松江府学义田记》以示表彰。上海地区其他望族也在这一方面非常积极，如万历十二年，董氏家族的举人董晋助华亭县学田四十一亩一分三厘。万历二十六年，林氏家族的太仆寺卿林景旸助华亭县学田九十八亩三分八厘。天启五年（1625），按察副使朱本洽助华亭县学田一百亩有奇。万历中，监生顾定芳捐上海县学学田一百亩。此外，商人也参与进来，万历四十二年，商人方良捐田一百零六亩于青浦县学。

正是在这种情况下，上海地区的教育日益发达，营造出一方浓郁的读书氛围，由此造就这里的人文之盛。王圻正是产生于这片文化沃壤，并成为明代上海文化星空中闪亮的一颗星，成为明代上海文风的典型代表。

如今，当我们漫步在上海的街头巷尾、乡村阡陌，依然能感受到这座城市深厚的文化底蕴和人文气息。那些古老的建筑、传统的艺术、丰富的历史遗产，都在诉说着上海人文传统的悠久历史和辉煌成就。

家住淞滨上海西：家乡与家世

　　1951 年的《亦报》上有名为沈伐写的"上海老话"专栏，6 月 3 日这天写的是《梅源市》，说："在宋元间以财货称雄的华漕市，是在吴淞江南岸，其对江之地，名为梅源市，却是一个'幽雅'的地点，到明代万历间，更因邑人王圻筑室江滨，加植梅花千树，并名其藏书楼为'梅花源'，愈驰令誉。王圻以马端临编辑的《文献通考》所采不及金元二代事，乃尽力搜罗辽、金、元、明四朝典故，辑成《续文献通考》二百五十四卷，为典章制度一大著作。还是与他的藏书之丰和著述环境适宜有关的。王圻的梅花源藏书，号称为万历间松郡四大家之一，其他三人是宋幼清、施石屏和俞（仲）济。梅源市人、书、地、花，四美兼具，是邑乘上的佳话。"

　　这里说的华漕"以财货称雄"，在邑志中就有记载，弘治《上海志》称："华漕在三十保，宋元间道接青龙江，故多夷贾贸易，漕边富家以奇货相雄。时惟倪氏为最。"方志上还记载了曹时和《拜朱贤母诗》："夜舣华漕月，晓登贤母堂。辛勤出鸡黍，珍重市春浆。熊胆文章窟，机声薜荔墙。出门风景淡，乔木两三章。"如果从天空俯瞰就可以发现，我们身处的太湖平原是以太湖为中心的一个像碟子一样形状的洼地，四周高中间低。上海位于这个碟形洼地东缘部分，宛若从东向西倾斜的半个碟子。全区东、北、南三面略微高起，海拔约 4—5 米，这是上古时期在沿岸水流、潮流和波浪的共同作用下形成的贝壳沙堤，地势相对高爽，俗称"冈身高乡"；中部黄浦江两岸次之，约 4 米；西部青浦淀山湖一带地势最低，水系辐辏，港汊纷纭，湖泊众多，俗称"淀泖低乡"。万历四十四年（1616），华亭（今上海市松江区）人董其昌曾绘有《九峰寒翠图》，今藏于天津博物馆。画中将深秋"九峰三泖"的美景展现给了世人。湖面宽广平静，远处九峰连绵起伏，给人以宁静安逸的感觉。华漕就处于从冈身到淀泖的过渡地带。

熟悉中国地理的人都知道，中国所有的水系基本上呈西高东低，但是由于冈身的出现，太湖地区从淀泖到海边，呈东高西低之势，淀泖地势低洼，只依靠自然形成的水系，很难将淀泖湖水排出；冈身较高，又容易导致海水倒灌。在这种情况下，在原有水系的基础上构建人工河道就成了唯一的选择。在太湖东部地区，湖水入海主要经过三江。《尚书·禹贡》有所谓"三江既入，震泽底定"的说法，说的是大禹开凿三江，震泽（古太湖）洪水始得畅通地排入江海，不致泛滥成灾，震泽周边，因之得以安定。

至于何谓"三江"，历代各有解释，一般指东江、娄江和松江。按照学者张修桂先生的说法，松江相当于今吴淞江，下游至今上海注入东海；娄江大致即今浏河，东北入长江；东江则自今澄湖经淀山湖，东南入杭州湾。到北宋以后，东江、娄江先后湮废，就只剩下一条松江。

吴淞江古称松江，又名松陵江、笠泽江，长期以来一直是太湖地区排水出海的主要干道。早期吴淞江河道宽广，水势广泛而强大，浩瀚无涯。董其昌曾画了一幅《吴淞江水图》，今藏于上海博物馆。董其昌还手题了元末明初著名画家倪瓒的《赠杨廉夫》诗："吴淞江水春，汀州多绿蘋。弹琴吹铁笛，中有古衣巾。我欲载美酒，长歌东问津。渔舟狎鸥鸟，花下访秦人。"画中烟波浩渺的吴淞江及云气缭绕中秀美的松江群峰，展现出了一幅如梦如幻的吴淞江春景图。正因为吴淞江宽广，直通大海，传说孙权曾在吴淞江上造青龙战舰，这段河流就名为青龙江，唐朝时在此设置青龙镇，这里成为古代上海地区城市化进程的起点。

青龙镇港阔水深，逐渐发展成为"海商之所凑集"的通商大埠，曾经是整个太湖流域最重要的港口。这一时期，随着江南经济地位的日益提高，江南市场与国际市场联系日益加强，对出海港口的需求也日益迫切，青龙镇正好成为"人烟浩穰，海舶辐辏"的枢纽，极大地提升了上海地区的发展水平。

近年人们在对青龙镇的考古发掘过程中，发现了大量瓷器。青龙镇不是瓷器生产地，而是瓷器的集散地和中转站，大量瓷器经由此地销往世界。从文献记载和考古发掘来看，和青龙镇有密切往来的国家大致有日本、新罗、交趾以及大食等。据记载，当时自杭州、苏州、湖州、常州等地而来的商人"日月而至"，福州、漳州、泉州、明州（今宁波）、越州（今绍兴）、温州、台州等地的商人一年"二三至"，越南、日本、朝鲜商人一年"或一至"，青龙镇因此成为"富商巨贾，豪宗右姓"会聚之地。北宋熙宁十年（1077），青龙镇上缴的商税为一万五千余贯，当时青龙镇属于华亭县，而华亭县商税仅为一万贯，这说明青龙镇的税额甚至要高于本县，由此也可见当时青龙镇贸易繁荣的景象。北宋诗人梅尧臣曾撰写过《青龙杂志》，据该书记载，当时青龙镇有"坊三十六、桥二十二"，光绪《青浦县志》记载有"三亭、七塔、十三寺"，万家烟火，衢市繁盛。镇上还专门设有来远坊，供外国商人居住。政和三年（1113），华亭县设置市舶务，作为两浙路市舶司下的分支机构，并专任税务监官一员主管青龙镇（政和间改名通惠镇）市舶事宜。到了南宋绍兴二年（1132），两浙路市舶司被移到了华亭县。当时商贾舟船多从吴淞江经江湾浦进入青龙镇。华漕镇，因靠近吴淞江的支流华潮浦而得名。南宋绍熙《云间志》记载："华潮浦，在县东北六十五里。"这里紧邻青龙镇，可从青龙江直抵港口。伴随着青龙镇的繁华，华漕镇自然也成为众多海外商人的聚集地，一度非常繁荣，就成了"富家以奇货相雄"的地方。

但是和当初的娄江、东江一样，吴淞江的淤塞进程同样是不可逆转的了，而随着吴淞江的淤塞，青龙镇自然也就逐渐衰落了。

吴淞江淤塞是多种因素形成的。首先，据学者谭其骧的研究，从唐中期以后四百多年间，上海地区的海岸线向外扩展二十多公里，到达川沙、南汇县城以东一线。随着海岸线的伸展，吴淞江河道自然不断延长，河水流速就越来越小，冲淤能力也越来越弱，吴淞江开始逐渐淤塞。

其次，吴淞江河道环绕屈曲导致排水不畅，也是一个重要的问题。《吴郡图经续记》曾经说过吴淞江"自湖至海，凡二百六十里"，两岸有百余个"浦"，很多都是"环曲而为汇者"，需要持续疏浚，才能免于水患。根据正德《松江府志》记载，吴淞江"自湖至海，凡五汇、四十二湾"。五汇就是安亭、白鹤、盘龙、河沙、顾浦。所谓"汇"就是河流会合之地。所以古人说"九里为一湾，一湾低一尺"。由于太湖水自吴淞江一路东下，在今上海西部地区遇到海潮，上游带来的泥沙就会淤积沉淀在这些弯弯曲曲的"汇"里。华潮浦就是百余个"浦"之一，五"汇"中的"盘龙汇"其实就是华潮浦的中段。由于吴淞江开始淤塞，在北宋景祐二年（1035），范仲淹曾提议疏通五"汇"，但没有付诸实施。宝元元年（1038），叶清臣出任两浙转运副使，开新河道，拉直盘龙汇河道，让水流加速流动，以消除水患。

但是吴淞江的淤塞仍然在加剧，而且人为的生态破坏扮演了至关重要的角色。王圻就经常提到，从唐代到北宋时吴江长堤、长桥的修建，虽有利于航运的发展，但也让广阔的吴淞江进水口越发分散狭窄，进水量因之逐渐减少。

也正如王圻指出的，历朝官员们一切以漕运为最高目标，导致圩田、闸坝系统被破坏。比如北宋端拱年间（988—989），转运使乔维岳为了转漕舟楫方便，将原有的圩田、闸坝系统全部毁掉。而且朝廷派来治水的官员都是"远来之人"，不了解本地的地势以及历来治水经验得失，一味盲目行动，最终导致吴淞江积淤每况愈下。

另外，盲目围垦更加速了吴淞江水系紊乱。绍兴间（1131—1162），淀山湖豪强势力筑坝拦水，"濒湖之地"被本地豪强或者官员侵占为田，导致淀山湖水源壅塞，一旦水害泛滥，就没有宣泄通道。这些围湖开垦和修筑坝堰的行为，也阻碍了水流进入吴淞江。

种种因素叠加，使吴淞江淤塞的进程迅速加剧，整个宋代吴淞江江口段已经由唐代的阔二十里变为九里，缩窄了一半多。生态环境的破坏更导致水灾频仍，同时也令青龙镇逐步走向衰落。南宋后期，青龙镇的市舶务撤销，到了元代，青龙镇昔日大港的位置最终被上海取代，上海也由此从建镇到立县，最终发展成为今天举世瞩目的东方大港。

不过，华潮浦最初并没有随着青龙镇的衰败而走向没落。宋、元两朝吴淞江运送漕粮，都是随吴淞江转华潮浦，入横泾，顺漕河泾，沿龙华浦进黄浦江出海，由此，华潮浦因为是漕运要津之地，而被命名为"华漕"，潮水的"潮"改成了漕运的"漕"，华漕市井继续保持繁华。

但到了元末，吴淞江下游河段的淤塞益发严重，从江口河沙汇嘴到赵屯浦七十余里，"地势涂涨，积渐高平"。最终，明永乐元年（1403），奉命到江南治水的户部尚书夏原吉上疏治水策略，正式提出了日后影响深远的"掣淞入浏"和"黄浦夺淞"计划。大致而言，包括两个部分，一是放弃积重难返的吴淞江下游，通过夏驾浦导吴淞江中游入刘家河出海。二是听从华亭人叶宗行的建议，开凿范家浜，引流接通黄浦，使其深阔畅泄，解决淀泖泄水问题。

地方志记载，王圻三代墓都在东沙洪九曲口。嘉庆《松江府志》言："东沙洪，长一千丈，承虬江水，南流，历福田寺前，又南至大兴桥，达松江。"嘉庆《松江府志》记载东沙洪时，曾载其经"福田寺"前。福田寺，后面会讲到，其实是王圻家族的家庙，王圻家族墓地就在这里。

所谓"虬江"，又称"旧江"，意思就是吴淞江旧河道。明代以后，吴淞江放弃了旧江，即虬江，从潭子湾处，沿宋家港，再接深阔的范家浜（黄浦江的一段），由此进黄浦江而入海，这就是日后人们所称的"苏州河"，此后吴淞江变成了黄浦江的支流。吴淞江改走新的河道，留下的旧河道就被弃置，听其淤塞，因江中沙洲聚积，明代当地人称之为"沙洪"。东沙洪其实就是吴淞江旧河道逐渐积淤的那部分。由于朝廷官府对旧河道不管不问，这里积淤也就越来越严重。在同治《上海县志》中仍有东沙洪的记载，但是到了更晚的时候，光绪《松江府志》和民国《上海县续志》都记载东沙洪已经淤塞了。

积淤的河道不仅水运不畅，而且一遇大水，就容易发生水灾，华漕镇这样依靠水运的市镇逐渐失去了漕运要津的地位，市井中落。同治《上海县志》就说，当时的华漕浦长二里，水流极小，"仅涓滴"，市肆寂然。王圻家族亲历了吴淞江的淤塞过程，市井日益衰落，农业凋敝，更亲眼看见水灾频仍，荒年颗粒无收的惨景，这是王圻日后致力于吴淞江水利，并不断提出修浚吴淞江及其周边河道方案的最重要原因。

王圻所在的梅花源，又名王家庵，清代后为梅源市。乾隆《上海县志》云："梅源市，在三十保，俗名王庵，去县西北三十六里。明提学副使里人王圻艺梅数千亩得名。今其地方幅十余里，土人俱植梅树，花开时香闻数里外，画船箫管，杂遝而至，人比之小邓尉。""梅花……邑西北梅源市种植最多，每春时花开，晴雪千村，暗香十里，不减吴中邓尉。"嘉庆《松江府志》称："梅源市，在三十保，俗名王庵，王圻艺梅处，昔人比之小邓尉。"同治《上海县志》写道："三十保区二，图十一，县治西北一图诸翟镇、张方庙，二图陈思桥，三图王河桥，四图陈思桥，东北五图华漕市，六图汤家荡，七图福居寺，八图野鸡墩，九图庵上，十图王家庵，东南十一图江栅桥。"无论是王家庵，还是梅源市，都应该与王圻家族有关，可以说这个地方与王圻紧密相连。不过，王圻家族并不是在这里土生土长的。王圻晚年整理族谱，撰有《家乘序》。根据他的记载，王圻本为陈姓，为嘉定人，当时富甲一方，元时嘉定为州，所以乡人称其祖先为"半州公"，意思是说他的财产相当于一州财富之半，可见其豪富程度。洪武三年（1370），户部官员曾向朱元璋报告：以田税多寡统计，淮西多富民巨室。以苏州一府为例，民岁输粮一百石以上至四百石者，四百九十户；五百石至千石者，五十六户；千石至二千石者，六户；二千石至三千八百石者，二户。共计五百五十四户，岁输粮十五万一百八十四石。嘉定在明代属苏州府，“半州公”很有可能就在这份报告统计的输粮最多的二户之中。

明太祖朱元璋打击豪强富室，吴元年（1367），下令“徙苏州富民实濠州”，洪武二十四年（1391），又下令徙全国富民凡五千三百户。“半州公”当然不可避免名列其中，据说是迁往云贵，全家从此远徙。只有小儿子陈士衡因为抱养在舅舅王仲华家而得免，从此改姓为王，迁至上海县西北境。没想到王仲华竟然绝嗣，改名后的王士衡居然成了王家的唯一血脉，也就成为这支王氏的始祖。

王圻家族迁居的这片新址当时位于上海县与嘉定县的交界处，万历间，上海县和华亭县部分土地被辟为青浦县，这里又成为上海、嘉定、青浦三县交界处。王氏家族选择这片土地，应该考虑到这里地理环境、水土状况基本上和嘉定相差无几，而且地处州县交界，管理较为疏略，方便应对各种变故。王士衡之子就是王圻的高祖王璇，字孟全，继承了当年半州公的经营天分，家产渐充，被称有“半州之风”。曾祖王鈇，字守忠，风流倜傥，好义慈善，在乡邑中为表率，但产业稍有衰落。祖父王槐，字石泉，业儒不就，以勤苦恢复旧业，家境又至富裕。

王槐有两个儿子，长子王爚，别号怡默；次子王熠，字子韬，别号怡朴，即为王圻之父。王熠生性警敏，卓尔不群，少年时曾随经师授《诗经》，通晓儒家经典大义。只是因为家累而放弃举业。王熠日后曾亲授王圻《礼》，并让王圻科举专攻《礼经》，对王圻影响至深，可见他对儒家经典应该有相当的研究和认识。王熠放弃举业后，曾感叹道：“天下书汗牛充栋，除了举子书难道没什么可读的了吗？"于是，关于占卜、医药、方术诸书，他无所不读，且言谈彬彬有礼，颇有儒者风范。王圻日后博览群书，无书不读，应该也是受到他的影响。

壮年时，王熠游历京师，受到众多北京显宦的欣赏。回松江后，松江知府何继之、上海县令张秉壶对他相当器重，尤其看到他医术高超，故令其担任郡府医学正科。虽然此非王熠之志，但是他仍然兢兢业业，勤于职守。嘉靖二十四年（1545），松江大疫，王熠出钱调配草药，施医送药，救活无数病人。他看到有很多人因疫情去世，无法及时埋葬，就专门出资修建一座大坟，安葬那些贫苦的人。王圻家乡土瘠民穷，无数人因徭役而倾家荡产，乡民们聚在王熠家门口，觉得他在郡府为医学正科，认识知府和知县，应该可以为民请命。结果他真的带着乡亲父老到府县衙乃至省城申诉，免了本乡的徭役。王圻日后提倡均田均役，帮助本乡折漕，当然也是受了父亲的影响。

前面说到，王圻家附近有座福田庵，为元至正间（1341—1370）建，后毁于兵火。王槐曾在旧址上创建大士堂，并交给长子王熠。乡间传说，王熠当年因为父母生病，他从旁照顾，日夜不休，忧心忡忡，导致两眼昏眩。王熠心想，如果父母能够康复，我就算瞎了也没什么，可如果我现在瞎了，就无法照顾父母了。医生看不好他的眼睛，有人就建议他去武当烧香，看看有没有用。他也决定试试。刚刚启程，在路边休息时，突然有个神仙出现在他梦中，说道："你家附近不是有座福田庵吗？那就是我的行宫。你根本不必跑去武当。只要能够修好这个庵，不但你的眼睛能看得清，日后子孙后代更是福气无穷。"

王熠醒来后马上回程，发现原有的庙宇已经倾颓，但是此地已属兄长王燨，所以他就捐出家宅东边的一块地，在离福田庵旧址半里的地方别建庙宇，将观音大士像迁至其中。这一年正是嘉靖四十三年（1564）甲子，王圻于此年考中举人，王燨眼睛也奇迹般地康复。

又过了四十年，时间来到了万历三十二年（1604），王圻已经致仕退居乡间，晚上突然梦到一个长髯长须的僧人伛偻着身子说："原来我的旧庙被人占领了七十年，你应该帮我恢复，否则对你们家有大不利。"不久，王燨的后人正好将原来的庙基转售给了王圻，王圻想起了这个梦，就将王燨当年别建的庙宇迁回旧址，在旧基上重新恢复福田庵。王圻和徐璠还专门为新修的福田庵撰写碑记。福田庵今天虽然已不存在，但王圻和徐璠的两篇碑文依然保留着。

嘉靖九年（1530），就在新年刚过不久，喜报就降临王家。正月二十一日，马氏诞下了一个儿子。按照家族的规定，这一行辈的名字中应该含"土"，二十岁的王熠激动地抱着刚刚出生的儿子，给他起名为王堰，字公石。"堰"即水坝，王熠在给儿子起名时，是不是也心心念念门前的吴淞江呢？也许一语成谶，王圻直至临终，也和他父亲一样想着吴淞江。不过后来王圻读书时，学使将他的名字改名为王圻，更字元翰，号洪洲。"圻"在古文中有京畿、边境、疆界之意，《周书·职方》云："方千里曰王圻。"王圻之名的出处应该就是这个。"王圻"就是王国之境。"元"者，首也；"翰"，古代最初指长而硬的羽毛，后来引申为文墨；"洪"者，大也；"洲"，是指水中的陆地。学使为王圻改名，应该对他寄予厚望，希望他能文采斐然，举国扬名。王圻也终不负父亲和学使的期望。一位伟大的学者就此诞生。

少年声价动连城：早年经历

和很多历史上的名人一样，现存所有王坼的传记，无论是墓志、行实还是行状，都记载说，王坼生下来就非常聪慧，三年的时候开始认字，从此开启读书生涯。王坼四岁的时候，父亲王熠就教授他基本的句读。王坼的聪明得到了长辈的认可。祖父王槐据说有鉴貌识人的本事，看一个人的面相就能预测他未来的成就。王坼出生时，祖父激动地抱了过来，他慈爱地抚摸着可爱孙子的脑袋时，突然觉得他未来前途不可限量。不过想到他几个舅舅都长得比较矮，心中还是有点儿担心。于是他对旁人说："这个孩子将来一定能考中科举，成为官员。如果他不像他的外家那样长得矮，成为高官又有什么难的呢？"

王坼家族虽然饶有资产，但是从来没有在科举上取得过什么成就，无论是王熠还是王槐，都因为种种原因放弃了科举，这也成了他们的一块心病。如果这个聪明的孩子王坼能够了却他们毕生的心愿，像王槐预测的那样在科举上面取得成就，将来有个一官半职，为家族增光添彩，列祖列宗在天之灵，也会觉得欣慰。而且根据相关传记资料，王坼应该没有兄弟，只有四个妹妹，于是王槐和王熠把科举有成的希望都寄托到王坼一个人的身上。王坼曾得祖父的亲自教诲，加上王熠朝夕督课，王坼方能在日后从科第起家。多年以后，王坼追溯自身举业成就时，就提到了祖父的奠基之功，感慨他当年深谋远虑，造就了自己，对于祖父的教诲他始终铭刻于心。

正如学者吴仁安先生所言："科举入仕是最为重要的途径，因为做官既可以提高个人乃至家族的声望，又可以迅速增大财富，所以族人出仕为官且'代有高官显宦'乃是望族能够形成和经久不衰的关键所在。"中国古代，许多家族重视读书，归根结底是希望子孙通过应举入仕而显亲扬名，而在科第发达的上海，他们比其他地方更加多了一份执念。

不过，科举的意义就在于给普通人提供改变命运的机会。明代上海，很多科举成功的名宦大多是平民出身，对上海文化影响颇深的明代著名学者如陆深、潘恩、陆树声、徐阶、徐光启以及王圻等人都是如此。潘恩是府郡胥吏后人，他显贵之后，曾经有人自称是"宋世簪缨"，来讥讽他的身世。可潘恩根本不以为然，回家后对几个弟弟说："人们端须自顾，汉家名臣多从刀笔起家，尽有穿着章缝袍的祖宗！今宋社已冷，犹作热面向人，若是稍读书籍，便不至于有这样的意气。我正当用谦雅的态度应付。"

和王圻同年中进士的陆树声，叙述本族起家经历时也说，我们陆家世代务农，两个伯父都业儒，去世时还是诸生，没有资格参加科举，到了我们兄弟才通仕籍。陆树声本人开始还冒了林姓，等到科举及第，在科举题名录中仍叫林树声，直到做了官后，才复姓陆氏。陆树声小时候要下田干活，有空才读点书。徐阶家族也是务农出身，祖父徐礼从青浦小蒸入赘松江，才开始过上城市生活。徐光启的曾祖徐珣因为徭役繁重，家境中落，务农为生。父亲徐思诚一度务农自给，祖母和母亲从早到晚纺纱织布，寒暑不辍，贴补家用。

可见，明代上海最有名的陆深、徐阶、徐光启、陆树声乃至王圻等家族，恰好赶上了嘉靖、万历年间上海经济繁荣，科举考试最兴盛的那一拨时机，产生了一批科举成功的精英，才成为闻名全国的所谓望族。

一个平民家族之所以能够在科举方面取得成就，关键就在于教育。正因为他们白手起家，所以特别关心子女教育，讲究尊师重教，所谓"士子多以读书世其家""崇诗书，敦礼让……弦诵声比屋而是"。华亭柘林（今上海市奉贤区柘林镇柘林村）人何良俊的父亲何孝，和王圻的父亲一样，严格教习子孙读书，从来不务姑息，每日都亲授经书，亲自考核，盯着儿子们诵读到深夜。他还每每反思，我的子孙虽然读书守礼，坚持道义，但是还没有通过科举出名，难道祖先留下的基业到我这里就这样衰败了吗？所以他从早到晚，一刻不停地以教育子孙为念，就是希望他们通过科举来改变命运。何孝本人通"四书"、毛氏《诗》，旁及孔安国《尚书》，皆能背诵，没有一字遗漏差错，诸子百家亦能涉猎，对何良佐、何良俊兄弟讲诵不辍，耳提面命，所谓"一岁无废日，一日无废时"，何氏兄弟虽未曾经过老师教授，对于经史诸书已经能够通晓大义。

徐光启也曾回忆，自己的母亲钱氏太夫人除了从早到晚纺纱织布外，主要就是教育徐光启及其姐妹。母亲从来不打骂他们，如果他们做错了事，母亲就连续几天都不说话，没有笑容，要等到徐光启他们侍立在边上，边哭边认错悔改，她才会稍稍露出一点儿笑容。

这些家族不光重视学习，而且在教育子孙时，更将维系家族文化命脉的目标放在非常重要的位置。因为这些家族都很清楚，在传统社会，科举成功者毕竟只是少数，没有哪个家族可以保证一定能够取得科举成功，大部分家族只要偶露峥嵘就已经心满意足了。因此，对大部分家族而言，其基本策略只能是在保证人丁兴旺和财产资源的前提下，不断维系家族的文化命脉，以保持甚至增强本家族获得成功的概率。这也就是为什么上海很多家族经常会把子孙能读书，特别是做个好人看得比短期获得科第成功还重要。

王圻家族自己的家训载在地方志上，清代陈其元在《庸闲斋笔记》中也转引了这一条：子孙天分，即使有限，不管怎么样，都不可以不让他们读书，就算家境贫寒，也可以通过给别人训蒙，做个教书先生来谋生，但是读书种子不能断绝。

其实类似的家训并非只有王圻一家。陆树声曾告诫子孙，若要"绵诗书之泽"，子弟"务惇孝友、笃伦常"，不要忘记贫贱而仰慕奢华，不要长骄慢之心而失礼让之本，不要因为私情而忘记自我约束和检点，不要做吝啬或者过分节俭的事招致别人的怨恨。徐三重在《家则》中如此写道：子孙读书，一旦侥幸出仕做官，当以国事为家事，民心为己心，不应该贪图荣华富贵，只图谋一己私利。不要用苛刻来博取名声，不要卑屈以侍媚权贵，不要枉法以徇私。华亭泗泾（今上海市松江区泗泾镇）秦氏家训"教子孙"条也有类似规定：做父母的，当教子弟知礼义、习经史，以后穷困的话，也可以为师为友，一旦显达就可以为卿为相，光耀门户。就算资质庸下的，亦当教他们读书，粗知礼义、节文、廉耻，务农桑，学技艺，勤俭劳动，这样才不会心志放荡。由此可见，"绵诗书之泽""书种不绝"是这些家族的最大关怀。虽然上海家族的崇文重学有其一定功利性，但也由此形成了一种守先绪、承后学、传递家族文化传统的强烈责任感，这也正是这些书香门第、耕读世家代代相传的重要原因。王圻出生在这样的环境下，从小耳濡目染，自然形成了一种努力读书的使命感。

　　嘉靖十五年（1536），王圻七岁，就开始学习《大戴礼记》，父亲亲自课读，为王圻以后以《礼经》中举，并研习礼学、著书立说，打下了基础。

　　这里必须先介绍一下明代科举的"专经"问题。明代科举第一场考"四书"和"五经"，其中"四书"的三道题必考，"五经"——《诗》《书》《礼》《易》《春秋》，每经各考四道题，考生只需从"五经"中选择一经应试，就该经所出题目阐发义理，作经义文。而士子所选择应试的儒家经典，通常与其平时修习的经书一致，这就是所谓的"本经"，又称"专经"。明代乡试、会试虽均考三场，但尤重首场"经义"，有时甚至出现阅卷考官仅凭首场试卷定高下，而不论第二、三场试卷的情况。所以试经在很大程度上决定了明代士子的科举成败，这也使得不少士子皓首穷经，终其一生研习本经。和今天高考选文科还是理科，选医学还是工学一样，对于明代的士子来说，选哪一经钻研是一门学问。

　　正如很多学者指出的，就以上海所在的南直隶来说，"五经"中式的分布并不均等，存在着严重的偏经现象。据丁蓉在《明代南直隶乡试试经流变考述》一文中统计，整个明代，就在王圻所在的南直隶（即今天的江苏、上海、安徽），中式《诗》者最多，占比 36.35%，《易》者居次，第三是《书》，中式《春秋》《礼记》者最少，分别占比 7.24% 和 6.12%。大部分学者认为，这大概是由于《诗经》文字较少，易学易懂，而《春秋》《礼记》的本经及注疏字数最多，加上内容繁芜复杂，容易对士子的修习造成沉重的负担，所以使得修习这两经的人偏少。当时嘉靖间松江府人何三畏就说："吾松诸生，习《诗》者十之七，习《易》习《书》者十之三，习《春秋》《礼经》者，盖百不得一焉。"从这一点来说，王圻似乎是选了一条艰难的道路，嘉靖四十四年（1565）他中进士时，松江府的同榜进士中，只有潘允哲和他一样专经。王圻举秀才之后，一度蹉跎场屋，咫尺不获中举，很有可能有这一方面的原因。

但换个角度来讲，这条赛道也不一定就是最艰难的。原因很简单，专经的人少了，赛道上的竞争对手就少了。南直隶的情况由于资料缺乏，情况不太清楚，但是其他地方还有一些相应的数据。比如说李应科在《江西乡试录序》中，曾就各经应试人数与录取人数之间的比例作了记载："就试之士业《易》《诗》者皆千五百有奇，业《书》者七百有奇，业《春秋》者百九十有奇，业《礼记》者百有奇，凡四千有奇……士之中式者九十五人，《易》三十有一人，《诗》三十有三人，《书》十有八人，《春秋》八人，《礼记》五人。"据此可以推知该科江西乡试的录取比例大致为《易》四十八人取一人，《诗》四十五人取一人，《书》三十九人取一人，《春秋》二十四人取一人，《礼记》二十人取一人。从这一点来说，治孤经可能是一条中式的捷径。不过在整个松江地区习《礼》的人"百不得一"的情况下，要走这条路，其实也是冒险之举。

王圻为什么选《礼记》，是王熠研究之后的精心安排，还是随机选择，文献资料里没有给我们一种说法。但正如陈时龙、丁修真等学者指出的，就在王圻参加科举的时代，人心思变，江南科举也在变，专经虽在，但难以一家独大，多样化是这一时期的主旋律。陈时龙就认为，明代后期专经不专，或者说专经常变，其实是与明代社会条件下经学资源的自由流动相关的。随着科举越来越"卷"，宦游者、游学者、移民、教馆塾师开始广泛流动，使经学资源从优势地域流向不具有优势的地域，从而使彼此间的差距慢慢被平衡。明代负责教育工作的提学官员也起了一定的作用。他们通常会鼓励治内的生员们尝试从未敢尝试的经典，选择竞争少的赛道，以便异军突起，弯道超车。当然，对经学资源的流动与配置起到关键作用的，是晚明的商业出版。大量举业书因为有利可图而被书坊反复刊行。相对于之前更常见的“口耳相传”的教授、“手手相传”的传抄，出版使经学著作不胫而走，在无限范围内被传播和复制，从而使之前那些具有优势的专经地域的著名经学人物、经学世家的“秘义”得到公布，成了公共资源。家传经说逐步开放，各地同一经典的肄习者之间有了越来越充分的交流。丁修真就举例，比如与王圻家乡相邻的昆山地区，原来专经《礼记》的人极少，但是嘉靖以后方元儒、张宪臣等人相继以《礼记》中式。王圻选择《礼》，是否也是受这一潮流的影响，尚未可知。但不管怎么说，他最终乡、会蝉联，从结果来说，当初的选择应该是正确的。更重要的是，王圻日后关注典章制度，强调移风易俗，都应该是他研习《礼经》种下的因子。可以说，也许当初父亲授读王圻《大戴礼记》是一个偶然的选择，却决定了王圻一生的治学宗旨与人生理想。

幼小的王圻像一块海绵，拼命地吸收学习知识。七岁的时候，王熠觉得应该给他找一个老师，更上一层楼。王圻受父命，负笈数百里，备好束脩，到松江府城，拜访名师盛如川先生，向其求学。跟随盛如川先生之后，王圻如鱼得水，成绩突飞猛进，到了嘉靖二十二年（1543），十四岁的王圻举秀才，补邑庠生。王圻也成为王家第一位秀才，这一成绩让王熠感到非常欣慰。十六岁的时候，王圻成为廪生。明、清时，政府按规定名额发给府、州、县学生员廪膳，以补助其生活。享受廪膳的生员，就称“廪生”。这样，王圻就可以在县学中读书，有了更好的学习条件，能够接触更多府、县的知名学者。

王圻生性好读书，又好藏书，但是之前家里没有很好的读书条件，现在他如游鱼入海，飞鸟投林，在书籍的海洋、知识的天空中尽情翱翔，经史子集、百家之言及《性理》《纲目》诸书无所不读，县学中每次测试，他都是群生之冠，师生们已经将其视为古之通儒般的人物。有些经生学士穷尽一生都没法研习完成的学问，他都可以通贯古今，学有心得。当时松江府、上海县的地方官员都知晓王圻的大名，对他非常赏识。嘉靖三十七年（1558），明代著名水利官员潘季驯的哥哥潘仲骖（号天泉）从翰林贬为松江府同知，潘仲骖生性孤傲，轻易不许人，但是对王圻非常敬重，延请王圻为塾师，教导自己的儿子读书，尊礼备至。由此可见当时王圻学问之高。

虽然王圻中了秀才，已经是件很了不起的事，可这只是万里征程的第一步。明末清初人叶梦珠在论及松江学校时，曾经描述当时松江府科举的盛况。当时上海县学除乡贤奉祠生及告老衣巾生外，每年参加岁科考试的廪生、增生、附生，大约有六百五十余名，以一府五学计之，整个松江府大概有秀才三千余名，从前三年两试，考取的新秀才每县大概有六十余名。由于生员过多，天启四年（1624），在华亭县举行院试时甚至酿成一出惨剧。从前考试时，一般黄昏时开院门，考生们陆续进入，卧于试院中。这次知县不允许，让大家聚集在门口，到了五更天时，考生们已如"蜂屯蚁聚"一般。大门一开，大家一拥而入，门狭而人众，结果导致踩踏事故，震动一时。可三千多名秀才，参加每三年一度的乡试，每次能有二十多人中式，已经是很不起的事情了。在如此激烈的竞争下，中式与否有时候往往只是走运或者不走运而已。

虽然从嘉靖二十二年（1543）起，王圻屡次参加乡试，都铩羽而归，但是他从来没有放弃过。王熠曾经找到王圻分析屡试屡败的原因所在。他心里默念着：难道真是造化弄人，是上天要困住我儿吗？不过，他又觉得应该还是文章写得不够完美，不符合考官的口味。于是，他又开始像当初一样，每天督促王圻读书作文。王圻也没有放松自己。

王家有很多土地，在松江府算是大户，按当时的规矩，要承担如粮长、里甲之类的徭役。王圻只是一个普通秀才，按照松江府给予有功名的人的优免条例，秀才最多只优免一百亩的承役田粮，但不能免除差役，所以王圻自己要去当差。由于王家的田产遍及各处，又要承担运粮等差役，王圻当差时，往往要前往离家四五十里之遥的地方。往返的路途上，王圻就给自己出三道八股试题，一边走一边构思，等到了目的地，差役完成了，文章也就写成了。

江南是历史上突出的重赋区。安史之乱后，江南作为全国经济中心地位逐渐确立，这里的赋役之重已初露端倪。唐中期时，韩愈已经说："赋出天下，而江南居十九。"到了明代，江南赋重已经成为上下共识。有明一代，江南田地仅占全国的 6%，而税粮占全国近 22%。各地上缴朝廷的税粮，每五石就有一石多是由江南提供的，江南以十六分之一的田土交纳了五分之一的税粮。江南的亩均税粮数也是遥遥领先。范金民先生根据洪武十二年（1379）的数据统计，苏州、松江二府大致以全国五十七分之一的田土，承担了全国近七分之一的税粮。当时全国平均亩税仅为 0.035 石，而苏州高达 0.285 石，松江高达 0.238 石，苏、松合计，亩均缴纳税粮数是全国平均数的七倍半。

而且这些数字还只有赋税，除此之外，江南还要承担输送漕粮和白粮的任务。如为了供给皇室、官员及兵丁等米食，全国每年要输送大约四百万石的漕粮，而江南八府输送的漕粮占其中的百分之四十以上。也就是说，每五石漕粮，就有将近二石是江南输纳的。更何况，明代苏州有一府七县，松江府开始仅两县，增设青浦县，也只有三县。从每县平均负担数看，松江比苏州还要高，所以又有"江南之赋税，莫重于苏、松，而松为尤甚"之说。松江府人一贯都认为"吾乡赋税，甲于天下"，由此可见当时松江地区民众对国家贡献之大，这一地区百姓的负担之重。

除了赋之外，还有役。万历时松江人范濂就说，松江府正额的赋税，百姓已经不堪，额外又有均徭，练兵、开河、织造、贴役、加耗，种种不经，难以枚举。如果逢到凶年，还要赔纳，百姓耕田根本没有什么快乐可言。他更满腹牢骚地说，赋役是东南重务，不只是国计所关，也涉及民生之存亡。历任地方官只要留心民事，都会首谈赋役，但是天天讨论减赋，赋越减越重；天天讨论减役，役越减越沉。

役由谁来承担呢？在明代，自洪武起，形成了所谓的粮长制度。在松江府，粮长一般是选择富有田产、在乡间有一定名望的粮户充当，专管本区银米的催征。王圻家因为富有田产，自然而然就要担任粮长。到嘉靖末、隆庆初，又改以里长负责粮长的差役，粮长之名遂被革止。一般居民以一百一十户为一里，选取丁壮或税粮多的十户，每年轮换充当里长，余下一百户分为十甲，每十户一甲，每年轮流充当甲首，当年轮值的为"现役"，等候的其余九人称"排年"。这就是文献中常提到的"里甲正役"。不过实际上可以一户"独充"，也可以二三户"朋充"。里长和粮长名称改换，实际上是换汤不换药的。

　　松江府的士绅官员众多，官员本人和家人免服徭役（主要是杂役），而且根据品级，还可以免纳一定数额的田粮（承役田粮，而非正赋），是作为对明代官员低薪的一种补偿性福利。士绅们往往将这种合法的权益肆意扩大，谋求法外收益，就是所谓的"优免冒滥（滥免）"之弊，他们采用各种办法兼并土地，荫蔽人口，擅自扩大优免田粮的数量和范围，拒绝承担优免范围之外的里甲正役，甚至公然欠赋，转嫁责任。像王圻家这样没有功名的富裕地主就成为承担徭役最多、负担最重的人群。

　　家世情况和王圻差不多的何良俊在《四友斋丛说》里也说，自己家从祖父一代开始，当了近五十年粮长，后见时事不佳，遂告脱此役。何良俊家不愿做粮长，就是因为粮长、里长负担愈来愈重。而之所以能不做粮长，就是因为何良俊兄弟都中了秀才，郡县与监司诸公皆见赏识，"此役遂不及矣"。徐光启曾祖徐珣也是"役累中落"，大概是因为承担了粮长之役，最终差点儿破产，不得不耕作于田野。可见，他们几家的情况应该都差不多，有一定的财产，却没有功名，就要承担大户的义务——粮长，要避免粮长带来的负担，就只能通过子弟读书科举进入士大夫之列。正如日本学者滨岛敦俊在讨论何良俊个案时指出的，这也应该是明代中期江南的普遍现象。

　　青年时不远数百里一边赴役一边写文章的经历，让王圻可以近距离地接触基层社会，感受社会底层的不幸，洞察社会问题的症结所在，他的学问讲究经世致用，也许就是这段经历所致。

　　另外因为重赋重役，所以松江一地从地方到官员都在不断探索解决办法。正统时期，应天巡抚周忱就提出征纳金花银，利用财政杠杆，将地租与货币税合一，以减轻百姓负担。隆庆间，海瑞在松江等地实行一条鞭法，推行役法改革。王圻做官后在各地推行一条鞭法，在晚年致力于松江均田均役的改革，也可以归因于少年时期家族这段担任粮长的经历。

正在王圻努力读书时，一场意想不到的灾难打破了他平静的生活，这就是著名的嘉靖大倭寇事件。

所谓倭寇，是指在朝鲜半岛、中国沿海及内陆、南洋活动的包括日本武士与中国海盗、商人在内的沿海武装集团。根据樊树志先生等学者的研究，当时在中国沿海及内陆活动的倭寇"大抵真倭十之三，从倭者十之七"，大部分海盗头领都是福建、浙江沿海的中国人，真正的倭寇可能只有十分之三。明代倭寇之乱的形成因素非常复杂，在外方，日本、葡萄牙等沿海走私团伙猖獗，在中方，海禁严厉、海防废弛、政治腐败，加上因为灾荒民怨丛生，海寇势力与地方势力合流，最终形成了越来越严重的"倭乱"，上海地区就成为其中的重灾区。

当时松江府与华亭、上海、青浦、嘉定、崇明诸县皆受到倭寇的严重骚扰，在这几年中几乎月月有警。上海县由于当时没有城墙，在嘉靖三十二年（1553）四月至六月间，接连遭受五次寇祸，一次比一次惨烈，县署、民居尽为火焚，街市半成焦土，停在江中的"粮艘悉被烧毁"，民众流离失所，由此直接导致上海县城的被迫兴建。

这股倭乱也波及王圻家中。嘉靖二十九年（1550），一天听说倭寇将至，大家都惊慌失措，准备逃亡避难，又担心离开后家园被毁。王熠考虑说："我觉得那些贼子要的只是财物，可财物只是身外之物，而我要谋的是一方平安。"他在离开时，专门拿出自己的衣服布绢等财物放在了中堂，厨房里也备好粮食、肉和酒，并在大门上写道："财货食物，随便你们拿，但是小民房屋，希望不要加害毁坏。"第二天倭寇进入村庄后，果然只拿走了财物，村中的房屋完全没有毁坏。王熠的办法出于无奈，但他用自己的财物保住了全村的房屋，可以说是全村的功臣。

这次倭乱在王圻心中造成了深深的阴影。虽然自己的家和村子损失不大，但是他亲眼看见了很多亲友和乡邻的凄惨遭遇。比如他的堂姐夫侯士方在战乱中带着祖母逃亡，祖母年纪大，行动不便，侯士方就背着祖母逃，脚跟都磨出了血，没有一句怨言。逃难路上，他尽可能找到好吃的食物给祖母，安慰祖母说："有孙儿在，不要担心，放心吃饭。"侯士方是幸运的，最终保住了自己和祖母的性命。王圻的妹父刘伯忠家也是因为遭遇兵火而逐渐衰落。无数平民百姓在战火中或是丧失生命，或是流离失所，王圻目击心伤，痛苦不已，不断对倭乱之由进行反思。他在《续文献通考》专列"市舶"一门，最后专门讨论倭乱，起源就在于此。

《续文献通考》中写道，倭乱的起源是在于"商道不通"，"利之所在，人必趋之，不免巧生计较，商转而为寇，商道既通，则寇复转而为商"，引述这条是他作为史学家的洞察力。但是作为一个亲历者，他不能对"寇"所造成的祸害视而不见，所以他也不接受"倭寇之为害，起于市舶之不开"的辩护，因为市舶不开，并不是倭寇为害地方、烧杀劫掠的理由。这是他作为当事人的愤怒和控诉。正是因为兼具了这两方面，王圻才所以成为王圻。

就在嘉靖倭乱差不多一甲子之后，即万历四十年（1612）左右，居乡的王圻偶然翻阅《邸报》，见兵曹题请御倭二疏，虽然事在浙江，但是六十年前那场灾难马上浮现在王圻的眼前，他马上给时任应天巡抚的徐民式写信，指出苏、松两郡海防，较之浙中更加关键。嘉靖壬子、癸丑之变就是一面镜子。六十年后，倭寇再次露头，可见已到了思患预防之秋。他更指出松江府两面濒海，较之苏州更为危急。但是大家仿佛忘记了六十年前的事，文武百官不加意，而沿海官民"犹然玩愒"，希望徐民式大加整顿，以防当年的悲剧重演。万历三十五年，时任松江府同知的朱勋委托王圻纂辑万历三十五年之前的海防事宜，汇成《云间海防志》八卷四册，他在给徐民式和曾任松江知府的臧继芳的信中都提到了这件事。他之所以接受这个工作，就是要替地方政府谋划海防，防止倭寇卷土重来，避免当年的悲剧再次重演。

嘉靖三十五年（1556）正月，官军在松江大败倭寇，这场倭乱差不多已经到了尾声，一切开始回到正轨，王圻重新踏上了科考的征程。又经过了几年，终于在嘉靖四十三年，王圻在南京参加乡试，中了举人。这一年，著名学者耿定向督学江南，对王圻的文章颇加赞赏。要知道，王圻曾多次典试乡试，他所作的科举程策（即范文）为朝野上下称颂不已，可见他的科举文章是没问题的，只是在等待合适的时机和欣赏他的人。

好在二十年的读书生涯，特别是多次参加的县试、府试和乡试，让王圻结交了很多朋友，算是读书的收获。其中关系最为密切的就是邻村的龙江侯氏。

龙江村就是今天的闵行区诸翟镇，位于盘龙江北岸，当时又叫诸荻巷村，又有白鹤村之称。这里离王圻的家不远，东沙洪和盘龙江相通，乘小船一会儿就到。龙江村不大，东西沿江约一里，南北长仅半里。当时村中有著名的龙江七老，其中侯廷用、侯尧封父子，侯卓及沈允中（字守吾），都和王圻有姻娅之好。侯氏家族是当时龙江最富有的家族之一。

侯尧封和王圻就是同学好友。侯尧封（1515—1598），初名栋，号龙泉，又号复吾。侯尧封比王圻大十五岁，王圻将其视作长辈和老师，曾将自己的文章交由侯尧封指点。侯氏当时和王圻家族一样，都略有资产，但科第乏人。侯尧封父亲侯廷用也和王圻的父亲一样，终日督促侯尧封读书。侯尧封牢记父亲的苦心，皓首穷经，只不过他的求学之路比王圻还要艰难，直到隆庆五年（1571）他五十七岁时才考中进士。考中进士后，他曾任监察御史、湖广佥事、福建参议，和王圻官同台，宦同地，大部分时间相距不远，加上家世相近，性格相亲，宗旨相同，所以关系日近。侯尧封有子六人，侯尧封常教诲他们说："不愿汝辈它日为第一等官，但愿为第一等人。"这几个儿子和王圻关系也极好。比如长子侯孔诏，号一贞，去世时，王圻曾撰祭文哭之。四子侯孔鹤则是王圻的孙婿。侯孔诏之子侯震旸以直声彪炳史册，孙侯峒曾、侯岐曾更是名垂千古。

王圻和侯尧封生平都不重名利而重名节，不逐时好为向背，人品、文品泽被后世。明末清初易代之际，嘉定卷入战火，侯峒曾、侯岐曾率领这里的人民上演了一幕幕可歌可泣的壮烈故事，正可以看成是对王圻和侯尧封气骨和节操的传承发扬。

王圻曾撰有《重修关王庙记》，说侯尧封参加乡试前，侯廷用到关帝神像前祈祷："我儿子如果有幸中举，我发愿一定要建座关帝庙。"果然侯尧封于是科中举，侯廷用就在屋旁耗尽家财建了座关帝庙。奇妙的是，王圻中举的那一年，也正是王熠建福田庵的那一年。而且传说福田庵僧人有道行，可以将一个大碗直接吞进肚里，其他地方下大雪，只有这里晴空万里。乡试结果还没出来，僧人就到处说，城隍土地可以去贺喜了，没几天，报捷的人果真来了。这也许是巧合，也许是偶然，但是古人愿意相信这些故事，正如他们愿意相信只要付出努力，终会有收获。

根据《松江府志》，嘉靖四十三年（1564），王圻是年乡试的同年有这样几位：彭汝孝、陆万锺（松江府学）、盛当时、陆从平、宋尧明、季鹰、姚弋（华亭）、徐汝翼、乔懋敬、唐继贤、戴大登（上海），潘允哲（顺天）、陈纪（贵州）、李时英（浙江）、李自华（浙江）。其中，陆从平、陆万锺、唐继贤等都是王圻的好朋友。陆从平，字履素，号自斋。其父亲是陆应寅，号鹤江，嘉靖七年举人。陆从平后来于隆庆二年（1568）中进士，官至两浙转运使。有意思的是，陆从平是陆应寅的第五子，他的侄子，陆应寅长子陆从大的儿子就是同在是科中举的陆万锺，叔侄同榜，可谓一时佳话。更有意思的是，陆万锺还是王圻嘉靖四十四年的进士同年，比叔叔陆从平还要早中进士。陆万锺的弟弟陆万言是万历四年（1576）的举人。陆从平、陆万言、陆万锺都是王圻的好友。

另一位好朋友是唐继贤。唐继贤出自上海望族。明朝洪武初年，祖先唐英官上海县乌泥泾税课局大使，始占籍上海。唐英玄孙唐瑜，字廷美，景泰二年（1451）进士，官至右副都御史，巡抚甘肃。弟弟唐珣，字廷贵，天顺元年（1457）进士，官至右都御史，总督两广。下一代唐锦，字士绸，号龙江，弘治九年（1496）进士，官至江西提学副使，撰有著名的《龙江梦余录》。唐继贤是唐锦的孙辈，他的堂兄唐继禄，为嘉靖三十二年（1553）进士，官至右副都御史。唐继贤比王圻小八岁，这一年冬天，他和王圻结伴准备赴京参加会试考试。

古代的时候，从上海到北京是一条漫长的路程。对于上海士子来说，赴京考试，可以走陆路，也可以走水路。陆路会快一点儿，但要吃苦，经受乘坐骡轿的颠簸，每天装卸行李，上上下下至少四次，体质羸弱的书生，难堪重负，更不用说还会时常面临被盗匪劫持的危险，一路上胆战心惊。相较陆路，走水路也许会延迟，但要安逸许多，舟船随行，粮食等物资尽可以多带，沿途花费也少。一般来说，从上海出发，沿着江南水路，先从吴淞江到苏州，经大运河北上，至镇江，渡过长江至淮安地界，过黄河，上溯至山东境内，最后经天津抵达北京，前后大约会耗费四十余天。参加会试的路上往往正值冬天，天气多变，如果遇上寒潮，大雪纷飞，天寒地冻，要是运河结冰就更麻烦了。王圻曾作《商丘早行遇雪》一诗，写的就是雪天行程之难：

> 云暗高辛野，天连葛伯城。
>
> 怀人宵不寐，奔命雪仍行。
>
> 黄叶和烟起，瑶华带雨倾。
>
> 貂裘寒欲透，客泪洒尘缨。

更何况，一路上难免会有种种意想不到的事情。王圻踏上征途时，父母千叮咛万嘱咐，让他一路小心。可是天有不测风云，意外还是发生了，而且是王圻没有思想准备的意外。就在到达山东境内时，王圻忽患眼疾，疼痛不能前行。可是考期临近，行程紧急。王圻就对唐继贤说：
"你自己一个人努力前往吧，我就不去了。你不用担心我。"可唐继贤回
答道："我怎么能够留下生病的你一个人走呢？如果你决定放弃，我就
陪着你回上海。"王圻遂忍病前行，方不误日程，及时到达了北京。患
难见真情，从此王圻和唐继贤结下了延续近半个世纪的情谊。

有时只要咬牙坚持一下，难关就会过去。当王圻经过高耸的北京城
门时，他看着远方巍峨雄壮的紫禁城，眼疾的痛苦已经烟消云散，他兴
起了满怀的豪情，准备奋力一搏，去展开人生新的旅程。

第二章

仕能易地心不易

湖海襟期剑气冲：清江、万安知县任上

嘉靖四十四年（1565），三十六岁的王圻赴京参加会试。会试就是俗称的进士试，是明清科举中带有决定性的考试，在北京的贡院举行，由礼部主办，每逢农历丑、辰、未、戌年进行，考期在春季二月初九日、十二日和十五日三天，所以又称"春试"或"春闱"。

这时的北京并不太平，之前在都城势焰熏天的严氏父子已经倒台，严世蕃本来还有一线生机，被时任首辅大学士的徐阶以"多聚亡命，南通倭、北通虏，共相响应"的谋反罪名上达嘉靖皇帝朱厚熜。本来大臣们嚷嚷着要让严氏父子为沈炼、杨继盛抵命的，可这二人就是朱厚熜自己下旨处死的，皇帝怎么会承担这个责任。徐阶的谋反罪名定论一上，朱厚熜看到与自己脱了干系，马上正义凛然地宣布处死严世蕃。可是严氏父子一死，朱厚熜再也没有值得信任的人，再也找不到事事听从自己、甘愿当自己工具的走狗，他的生命也即将走到尽头。

朱厚熜迷信丹药方术以求长生，他吃的丹药有不少是水银制成的剧毒品，长期服用，会慢性中毒，身体自然越来越差。这一年的正月，陕西方士王金等人为了讨朱厚熜的欢心，特别上了《诸品仙方》《养老新书》，与炮制的金丹一起献上。这些药如同压垮骆驼的最后一根稻草，服下后，朱厚熜马上感到头晕目眩，鼻孔鲜血直流，很快就不省人事。太医们手忙脚乱，抢救了很久，朱厚熜才慢慢苏醒过来。此后，他的身体彻底垮掉，一直卧床不起。

本年会试，由大学士高拱主考，会试有三场，按惯例第一场是四书义三道，经义四题，第二场是论，第三场是策。其中经义四题是举子根据个人从事的经学科目分别答题。如王圻治的是《礼记》，就答《礼记》相关的题目。高拱出的题目很快就呈到了朱厚熜的面前。是科四书义三道题为"绥之斯来"二句、"人道敏政"一节、《诗》曰"天生蒸民"一节。

看到这个题目，向来极其敏感的朱厚熜顿时火冒三丈，病也仿佛加重了几分。原来第一题"绥之斯来"出自《论语·子张》最末几句："所谓立之斯立，道之斯行，绥之斯来，动之斯和。其生也荣，其死也哀。如之何其可及也？""绥之斯来，动之斯和"这几句，本来是子贡称赞孔子的话。说孔子如果治理国家，他想树立礼乐道统，就必然能树立起来；他要引导百姓，百姓就会跟随他行动；他安抚百姓，百姓就会不远万里地跟过来；他要动员百姓，百姓就会配合他齐心协力地做事。所以他活着的时候，就已经非常荣耀了；一旦去世了，人们也会哀痛地怀念。敏感的朱厚熜一看到"其生也荣，其死也哀"中那个特别显眼的"死"字，就觉得那是高拱在嘲笑、诅咒他，暗示他快死了。所以他直接把徐阶找过来，准备要治高拱的罪。但他又不好直接发火，就想引导徐阶说出那个令人恼火的字。他问徐阶："这段话出自《论语》，你还记得全文吗？"徐阶可是个聪明人，他自然不会说那个敏感词。他慢条斯理地说："啊，微臣真是年纪大了，没想到以前记得滚瓜烂熟的东西现在已经完全记不得了。不过，微臣还是有点儿印象的，因为前面有微臣的名字，这个应该是忘不掉的，就是'夫子之不可及也，犹天之不可阶而升也'。"徐阶引用的这句话正好是试题前面的一句，徐阶名"阶"，字子升，这里正好有"阶"和"升"。徐阶的急智让朱厚熜不便发怒，也救了高拱一命。这时，高拱和徐阶还在同一阵营中，刚刚共同取得了反严嵩的胜利，徐阶没有必要落井下石，而且如果这时他说出那个敏感字，自己也不会有什么太好的下场。

试题造成的风波虽然平息了，但是朱厚熜还是余怒未消，他就把怒火发泄到无辜的士子身上。他专门下令，史上第一次派御史李邦珍、鲍承荫负责监视考场秩序，另外派周弘祖、顾廷对场外搜检。他专门下令，要严肃处理考试夹带传递的问题，如果考生违反规定，要先于礼部前戴枷示众一个月，再送法司定罪。从此以后，士子会试入场前，都要进行严格搜检，甚至要解衣、脱帽、脱鞋，一搜再搜，士子的人格荡然无存。

不过北京城中的这些糟心事，影响不了王圻和那些参加考试的士子们，他们只想着埋头考试，在这场科举的征途中完成最后也是最重要的两次考试。会试结束后，王圻收到了中式的喜报，还没来得及庆祝，三月十五日，他马上参加了殿试。这是由皇帝亲自主持的考试，经过这次考试，才能正式录取为进士，并根据这次考试确定其等第。这次朱厚熜出的殿试策论主题倒是挺切合当时的时势的。

题目是这样的：朕听说，治理天下要审慎选择所推崇的价值观，比如说夏尚忠，殷尚质，周尚文，这都是圣人救弊之政……朕多次诏告百司要求切实有为，希望有人能够符合朕的意图。但是朕慢慢观察发现，那些所谓的修政者可能只是表面上做得好看，听上去好听，根本没有建国保邦之业；那些所谓献议者，可能只是擅长言辞，没有真正帮助解决时代的问题；那些所谓爱民者，可能只是说些好听的话，没有真正关心民众；那些所谓任事者，可能只是虚张声势，很少真正遵守上级的规矩，也很少保持自己的独立性。他们不是不知道"致身之义"，只是很少有人能够坚持履行；他们不是没有听说过"慎独之训"，只是大多数人还是懒惰。这种情况下，希望百姓忠心耿耿，显然是非常困难。古代的人民不需要奖赏就能被激励，不需要愤怒就能感到威慑，但现在的士大夫甚至做不到这一点，这是为什么呢？你们这些士子饱读古今诸书，肯定对这些情况有所体悟，所以就由你们来为朕寻找弊端的根源，并提出挽救之术。

从前曾有人评论朱厚熜为英主。平心而论，他在即位之初，做过很多革除正德弊政的改革，但问题是这个人既敏感又专横，刚愎自用，在他的眼中，从严嵩到徐阶，这些臣子全是他玩弄权术的工具而已。他临终前最后一次殿试出的题目，看似是对时政的反思，其实又一次将责任推卸到他的那些臣子身上。只是他没想到，就在这一年的十月，有个"不识相"的官员海瑞直接上疏，当面指责他"一意修真，竭民脂膏，滥兴土木，二十余年不视朝，法纪弛矣；数年推广事例，名器滥矣"，导致"吏贪官横，民不聊生，水旱无时，盗贼滋炽"。朱厚熜又羞又怒，虽然经身边人劝说暂时放过了海瑞，但是次年二月，有仇必报的朱厚熜仍然把海瑞下了狱。这次上疏事件严重打击了他的尊严，身体也每况愈下，就在那年的年底，朱厚熜离开了人世，终究还是没有实现长生不老的美梦。

不久，殿试的结果出来了，乌程范应期、嘉兴李自华、南昌陈栋成了本次殿试的前三名，就是俗称的状元、榜眼、探花。虽然李自华籍贯是嘉兴，但其实是华亭（今上海市金山区枫泾镇）人，地方志基本上都将其归入本地。即使去除李自华，松江府此次考试的结果也令人满意，

中式的有华亭陈懿德、华亭张明正、华亭盛居晋、上海徐汝翼、上海乔
懋敬、华亭盛当时、华亭陆万锺、上海潘允哲、华亭陆树德、华亭季膺
以及上海王圻，其中王圻是第二百二十九名。虽然他在这一科的松江
府中式士子中排名最后一位，但能够中进士在当时就是天大的喜事了。
明代会试，每次中式最多不过四百名，大部分都是三百名出头，嘉靖
四十四年这一科中式四百人，在明代中后期已经算是最高的一科了。根
据高拱所撰是科《会试录序》，这一科应试的有四千六百二十五人，中
式者只有四百人，录取率仅为 8.7%，更不用说之前乡试又删掉了一大
批士子。王圻能够进入这四百人的范围，而且排名中游，是极其难能可
贵的了。从今天的角度来看，松江府中式的这批人当中，甚至在整个嘉
靖四十四年乙丑科四百名中试者中，王圻都是数一数二的杰出人物。

后人提到这一科时，除了王圻之外，另一个被人津津乐道的著名人
物就是昆山归有光，他在当时就享有盛名，此前曾经创造了八科不中的
纪录，直到嘉靖四十四年这一年，他才以六十岁的高龄考中进士。归有
光和王圻一样，也只中了一个三甲进士，毕竟中了进士，也算了却了他
一生的心愿。不过对于刚刚三十六岁，正当壮年的王圻来说，中式只是
他实现自己理想抱负的第一步，在兴奋、激动、觥酬交错、衣锦还乡之
后，王圻收拾心境，开始了他的仕途之旅。

明制，进士一般在释褐（即脱去士子服，服官服）之后，前三名照
例是状元授翰林院修撰，榜眼、探花授编修，从此成为皇帝侍从之臣。
二甲中的优异者亦可入翰林。其他二、三甲则或在京为六部司道官员，
或授外官，任外官者多为知县或府推官。王圻被任命为江西清江知县。

清江县，治所属今天的江西省樟树市。临行前，父亲再三关照王

圻，做官一定要"平操断，洁检守"，就是处事一定要公平端正，做人一定要廉洁自律。王圻为官期间，一直奉这六个字为座右铭。到任后，父亲还四处收集古代便民利国的理论说法寄给王圻，希望他当作参考，做好一方父母官。

王圻在清江知县任上最重要的工作是清丈土地。明代初年，朝廷建立赋役黄册制度，以黄册和鱼鳞图册为准，按户问赋，从田课税。但进入明中期以后，赋役册籍久不登造，世家大族凭借特权优免冒滥，奸民与官吏、里胥相勾结，隐没土地，篡改图册，加上粮长制渐趋瓦解，都给赋役制度带来了冲击。嘉靖皇帝屡屡无故加征田赋，给百姓带来了沉重负担。自嘉靖九年（1530）起，内阁大学士桂萼就提出了编审徭役的意见。嘉靖十年二月，南赣都御史陶谐在江西开始试行一条鞭（编）法，以尝试解决赋役问题。此后，嘉靖三十五年，江西巡抚蔡克廉、提学副使王宗沐又倡此议，但是均未能全面推行。嘉靖四十年，海瑞任江西兴国知县推行一条鞭法，均徭平赋。嘉靖四十五年，也就是王圻到江西的那一年，巡抚周如斗再次拟在江西推行。

一条鞭法能否推进，关键就在于丈量土地，在此基础上统一田则和赋役。王圻在家乡曾担任粮长，不是那种四体不勤、五谷不分的蠹儒，对于田土面积的测量，他可是如数家珍，非常熟悉。下页所附插图即王圻所著《三才图会》载的"方田诸图"，由此可知当时计算田地面积的方式。王圻亲自驾车行进在阡陌间，率领清江百姓全面丈量土地。虽然初莅本地，但是通过亲临现场考察计算，加上查阅文献，他对清江土地的尺寸盈亏了然于胸。旁人如有意见，他马上在车中一五一十地将前因后果、尺寸面积说得清清楚楚。当地的胥吏一看他对情况如此了解，认

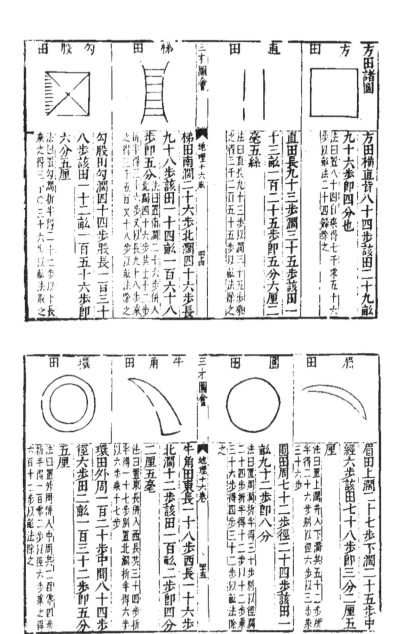

方田諸圖

方田
方田橫直皆八十四步該田二十九畝
九十六步即四分也
法曰置八十四自乘得七千零五十六步以畝法二百四十除之

直田
直田長九十三步闊三十五步該田一
十三畝一百二十五步即五分六厘二
毫五絲
法曰置直長九十三步以闊三十五步乘之得三千二百五十五步以畝法除之

梯田
梯田南闊二十六步北闊四十六步長
九十八步該田一十四畝一百六十八
步即五分
法曰置南闊二十六步北闊四十六步併入共得七十二步折半得三十六步以長九十八步乘之以畝法除之

勾股田
勾股即勾闊四十四步股長一百三十
八步該田一十二畝一百五十六步即
六分五厘
法曰置勾闊折半得二十二步以股長一百三十八步乘之得三千零三十六步以畝法除之

三才圖會　地理十六卷　四畜

眉田
眉田上闊二十七步下闊二十五步中
經六步該田七十八步即三分二厘五
法曰置上闊并入下闊共五十二步折半得二十六步別以中經六步乘之以畝法除之

圓田
圓田周七十二步徑二十四步該田一
畝九十二步即八分
法曰置周七十二步折半得三十六步別以徑二十四步折半得十二步以相乘得四百三十二步以畝法除之

牛角田
牛角田東長二十八步西長一十六步
北闊十二步該田一百畝二步即四分
二厘五毫
法曰置東長并入西長共三十四步折半得十七步別置北闊折半得六步以相乘得一百零二步以畝法除之

環田
環田外周一百二十步中間八十四步
徑大步該田二畝一百三十二步即五分
五厘
法曰置外周并入中周共二百零四步折半得一百零二步以徑六步乘之得六百一十二步以畝法除之

三才圖會　地理十六卷　五豆

《三才图会》之方田诸图

《续修四库全书》影印

为他"胸中有勾股法"，不敢再有所隐瞒，因此丈量土地的工作推行得非常顺利。邻县有百姓借丈量土地的机会，想要侵占清江县的田地，两县民众争执不下，久而不决，眼看就要引起骚乱。王圻亲临现场，虽然涉及历史遗留问题，看似情况非常复杂，但由于他对本县田亩面积、历史都非常清楚，所以迅速而公正地处理了这场纷争，理清了田地的归属权，将被侵夺的田地归还了主人。清江民众见到王圻既果断坚决，又能为百姓主持公道，对他更加感激敬重。

王圻在清江县令任上还着手编了一本书。当时太仓人徐爌以按察司副使督学江西，在他的指点下，士子的文章一经修改立马可以中式。但是徐爌还是认为这些文章不太规范，即所谓"稍外于绳尺"，他邀请王圻挑选一些容易模仿、符合当时潮流的时文若干篇，来向士子们展示何为"绳尺"，即八股的标准。宋代魏天应曾编有《论学绳尺》十卷，收入南宋科考范文一百五十余篇，为准备参加科举的士子参考模仿。到了明代，八股盛行，很多人仿效这本书出书，由于编选者水平不高，又以逐利为目标，所以往往落入俗套，内容浮夸，对于科举考试帮助不大，更影响了文风。徐爌和王圻就是通过精挑细选一些优秀的文章，来扭转这种风尚。不过，书还没编纂完成，王圻就收到了他调任万安的任命。这年是公元一五六七年，新即位的嘉靖皇帝的第三个儿子朱载垕，改元隆庆。万象更始，王圻迎来了一个新征程。

清江县的百姓舍不得王圻，为了感谢王圻在清江任内的政绩，他们还专门为王圻建立了当时流行的生祠，立像焚香祭祀，希望离任的王圻仍然能够保佑这里百姓的平安。在清江至万安途中，王圻继续编写《精选绳尺论》一书，于本年完成是书并付梓。

　　隆庆二年（1568）春天，王圻作为县令赴京觐见新天子，同时按照惯例参加地方官考核。考核通过后，他奉命复任，于是辞燕山，溯汶河、济河，涉淮河，经过苏州、杭州，辗转回到江西。整个路程用时两个月，上下数千余里，饱览江山之胜。旅程中大多时间在坐船，船在水中慢慢航行，王圻有空就坐在帆樯之下，翻阅宋人蔡正孙编辑的《诗林广记》，一边欣赏沿路美景，一边高声诵读历代诗歌名作，顺便把书校订了一遍。等回到万安，他就请本地秀才刘子田在此基础上再校订一过，并刊刻出版。

　　知县不只是吟风弄月那么浪漫，中国古代的知县不仅是行政官员，还是本地最高的司法长官，知县不仅要会管理地方政事，还要会侦破案件。在万安任上，王圻就破了几桩奇案，因断案如神，在当地有了"神君"之称。

　　第一桩是件杀人抛尸案。嫌疑人已经归案，但是拒绝认罪。王圻派人搜查他的家，发现家中有一矮几，上面全是血。王圻讯问是怎么回事，嫌疑人说自己是个屠夫，那只是杀猪染上的血。当时没有 DNA 测试，王圻也无从知道这究竟是动物血还是人血。他只能将矮几带回仔细研究。有一天，他忽然心中一动，让衙役把矮几举起，大家抬起头一看，矮几下方俨然是两只手相抱着的血印。王圻让人把嫌疑人带来，让他看矮几上的血印，厉声说道："你虽然是个屠夫，但怎么可能有手指的血迹在桌子底部？这显然是你扔尸体到墙外时，用沾满鲜血的手抱着矮几用来垫脚的。"嫌疑人一看罪证确凿，无从抵赖，马上就认了罪。

　　又有一桩徽商失窃案，看似是个小案。有个徽商的财物晚上被盗，嫌疑人是一个女子和一个小孩，不管怎么审讯，她俩就是不认罪。旁边人也说："一个女子和一个小孩，应该不会是盗贼吧。"王圻内心认为他们的话有道理，但还是派人搜查她们的家。差役搜了半天，一无所获。王圻让他们再仔细搜查，终于在他的指点下，差役在炉灶下面的积灰中发现了一个小铜秤砣，一看就是徽商失窃的东西。在证据面前，女子不得不承认自己是惯偷，小孩是望风的。案件终于水落石出，全县的人都称赞王圻是"神君"，因为他的洞察力就像这样敏锐。

其实王圻对于破案不但有实践经验，更有理论研究和总结，他曾撰有《洗冤集览》一书。宋代宋慈著有《洗冤集录》，是世界上最早的法医学著作。《洗冤集览》应该也是类似的作品。王圻在《洗冤集览序》中回忆道，自己一共做官十六年，做过四任知县，两任知府，还担任过御史和按察佥事，虽然官职有高低，但是都处理过刑事案件。为了总结破案经验，他搜集了古今图说以及当代的法令和案例著成此书，希望对后人破案有所帮助。按照他的说法，《洗冤集览》很有可能带有插图，应该是比较形象生动的法医读物，如果流传下来的话，可以对我们了解古代破案、审案的实际情况有所帮助，可惜今天这本书已经失传了。

王圻在万安任上，还体现出他一贯秉持的对于维护伦理纲常的使命感。万安县有一个风俗，就是女子往往自由出入县城热闹的地方，借着挑水的机会进行"东门之会"。所谓"东门之会"，典出《诗经·出其东门》，就是男女之间的私会。从我们今天看来，这本来是个正常的事情，但是古代男女授受不亲，女子更要"防闲内外"，大户人家的小姐不要说出门，就是在家里见外人都要严格遵守规矩。万安县的女子随便逛市集，还借着挑水的机会与男子私会，这在王圻看来，显然是伤风败俗的，他立刻下令禁止。另外，为了在本地提倡文教，他专门创办了云兴书院，并亲自撰写《云兴书院记》一文。他的这些举措获得了工部尚书朱衡的称赞，称之为本省"循良第一"，甚至将他比作禁巫的西门豹。

王圻在地方官任上的表现，不仅引起了上官的注意，还吸引了朝廷的关注。九月，他就因清江、万安两任政绩斐然，擢升为云南道监察御史，父亲按惯例，诰封文林郎，其妻陈氏亦在此时晋封，赠宜人。不久，王圻整装进京，开始了他在都察院为官的历程。

劲节芳心耐岁寒：都察院任上

当年，明太祖朱元璋在废除丞相的同时，也撤销了御史台，在洪武十五年（1382），改设都察院作为中央的监察机构。都察院下设监察御史。王圻在《云南道题名碑记》中就说："国初仿古置御史台，自御史大夫、御史中丞而下，有侍御史、治书、殿中侍御史诸员，寻皆革去，改为监察御史，而分道按事，则自洪武十三年始。"直至宣德十年（1435），最后确定为十三道，一省设一道，每省监察御史人数各不同，总计一百一十人。监察御史名义上隶属于都察院，实际上只对皇帝负责。监察御史虽然只有正七品，和知县同级，但监察御史代表皇帝，既负责纠察百官，又出巡各地，俗话说："御史出巡，地动天摇。"中国古代戏曲、小说中往往有巡按、御史的传奇故事，仿佛只要他们一出现，冤案就可以立即平反，恶人就可以立即得到惩治。而且监察御史是京官，可以借纠察审案的机会，查阅朝廷的各种文献档案，这为王圻日后的著书事业提供了资料上的准备。事实上，正是在这一年，王圻由于能够翻阅大量本朝档案材料，平生第一次动了接续马端临《文献通考》编纂《续文献通考》的念头。

古代有神兽獬豸，传说其角能别曲直，所以御史的帽子又称"獬豸冠"；另外，汉代曾设绣衣御史，因此御史也被称为"绣衣"。监察御史要入直早朝，可以亲见皇帝。王圻曾写下《早朝侍班》一诗，踌躇满志、意气风发的心态溢于言表：

凤楼钟定锦屏开，豸绣分班侍玉阶。

三奏银台无阙事，朝来章草不须裁。

王圻在任的时候，御史台专门竖起了《云南道题名碑》，石碑上刻下了历任云南道监察御史的名字，碑记就由王圻撰写。王圻写道，御史担负着重要的监察职责，容易得罪人，往往"屡进屡退，禄食未捐，声华已歇"。时代变了，公正的评论才显现；人虽然去世了，但他们的典范还在。后人看到前任御史的名字，会想起他们当年的事迹，说："某某以文章出名，某某以政事著称；某某刚直不阿、孤标特立，某某柔颜媚世、仕途顺利；某某如火烈霜凄，倾朝震栗，某某如春阳醴酒，恺悌流声；某某抗志明忠、宁愿隐居，某某如秋蝉寒鸟、徇取显赫；有些人由此则贤声卓著，有些人由此则被视为不肖。"贤能的，我们学习他们，不贤的，我们反省自己，小心谨慎，唯恐自己像他们一样。这正是王圻看着题名碑，心中不断提醒自己的东西。

这一阶段，朝廷面临最大的问题就是边患。隆庆元年（1567）九月，俺答父子率数万蒙古骑兵进犯山西石州，知州王亮以身殉国，石州城破，财物被洗劫一空，数万人被害。总兵申维岳见死不救，俺答未受任何阻击，扬长而去。几天后，俺答又东趋雁门关，大同总兵孙吴坚守不出，巡抚王继洛劝他可以袭击敌军辎重，孙吴居然回答："只要出战，必定失败，只是徒取羞辱而已。"俺答沿路骚扰了一通，顺利回营。石州陷落的消息传到北京，隆庆皇帝朱载垕极为震惊，他找来徐阶等人讨论，大臣们一致认为是兵不精、将不能。于是朱载垕发布谕令，一边要将申维岳、田世威、刘宝处以大辟重刑，一边令百官荐举边将，并就边关问题发表意见。此后，朱载垕不断让吏部、科道、言官荐举边疆人才，由此形成了人人喜谈兵政的氛围，扭转了嘉靖朝堂上下对边关战事讳莫如深，导致国事日非、边事日坏的状况。

正是在这种环境下，初到监察御史任上的王圻对边事也尤为关注。当时，吏科给事中郑大经、兵科都给事中张卤各上题本，要行九卿、科道等衙门，荐举堪任边方官员，王圻就上了《荐举边材疏》，这也是《王侍御类稿》中收入的第一篇奏疏。

他在奏疏中说，任用人才好比栽种杨树，杨树是很容易成活的，不论是横着栽，倒着栽，甚至是砍断了再栽，都有可能存活。可是哪怕是十个人去栽树，只要有一个人去动摇它们，这些杨树都难以存活。他认为之所以得不到人才，不是没有人才，而是有人要动摇人才。没有人才的原因，十之一二是因为人才得不到荐举，而十之八九则是有而不用、用而不久，因而他首先谏言隆庆皇帝要才尽其用。随后，他在奏疏中推荐了数人，推荐"耆德夙望""量敌筹边，悉中机会""年力正强"的杨巍，认为要让他"备总督本兵之简"；他又推荐"严明之政，敏达之猷，摧坚抚顺，具有成绩"的石茂华，建议让他"仍置甘肃、宁夏拊循经略"，即"西陲可长无事"；他又推荐"韬略夙闲""风裁懋著"的徐绅，希望让其官复原职，"付厥戎机"；他也推荐"久经疆场，备谙戎务，才能出众，人所共服"的万恭，如果令其"久任责成"，可能成为"屹然长城"；他还推荐"文事与武备兼备，胆气与才猷并茂"的汪道昆，认为宜加以重用；他也推荐"才高识远，素熟边情"的廖逢节，如果使其"独当一面"，应该绰绰有余；而对有"修守雄略"的张守中，也应该"破格擢用"，可以立见成效。王圻举荐的这些人，确实都有一定的才能。例如，当时杨巍养病在家，启用后先后在兵部、史部、户部等机要担任要职，《明史》称他"扬历中外，甚有声"。汪道昆后来官至兵部左侍郎，确实是一代名臣。隆庆三年（1569）九月，吏部上奏："九卿、科道诸臣所荐边才，见任侍郎杨巍等八十二人，俱候以次拟用；丁忧都御史石茂华等七人，养疾侍郎吴桂芳等八人，俱候服阙、病瘳推用。"杨巍、石茂华等都在王圻的举荐名单之列，可见他的确有识人之能。

与此同时，他还专门上了《劾总兵官马芳疏》，见插图所示书影。当初山西石州失陷时，由于见死不救，山西总兵申维岳伏诛，副将田世威，参将刘宝也入狱论死。总兵马芳以为田、刘二将尚可一用，就请求用自己的功绩为他们赎罪。王圻认为马芳军功渺小，不足以赎二人之罪，而且他此举有损赏罚之明，破坏国家法纪，认为马芳"恃功而党私人"，应"如律究治，永杜幸门"。事实上，马芳是这一时期少有的名将，在山西与俺答作战多有取胜，正是马芳在山西攻守得力，加上张居正启用谭纶、戚继光守蓟门，俺答自此不能得逞。田世威、刘宝等人罪不可恕，而马芳看在军中同僚的分上为他们求情，所以朱载垕并未处罚马芳，只在口头上对其告诫。

隆庆三年（1569）十月，俺答汗派人侵入大同。十五日，宣大总督陈其学题奏称"虏贼大举，官军奋勇拒堵、驱逐出境"。三天之后的十八日，大同巡抚李秋题奏，声称大批敌军"分道并侵，仰仗天威，官军协力迎敌，退遁出边，地方幸保无虞"。另外还上报总兵赵岢等先有邀击，有俘获斩首之功，宜加赏录。然而在二十五日，宣大巡按燕儒宦

聖旨禮部知道
隆慶三年正月
烈考　　常業永光群疑洞釋
　　　　　　目其題奏
劾總兵官馬芳疏
為將臣藐視　典法妄意干請乞　賜憲治以肅
國紀以振邊功事臣念自非將帥臨衡應機遇亦須
身弗惜者非食重賞則畏顯戮二者之用稍失其宜

門親政儀節送一查明開列具呈取自　上裁刊布
舉行勿搖淫議則明良喜起後見千令遠之步武將

難聖君弗能倖其臣矣故斬獲必奬失誤必嚴然
祖宗憲度著為令甲二百年未嘗或有易遊者遊行
既久法例漸弛或有漉血之勲而抑遏不報或有敗
衄之迹而百計求全或假立功之虚名以逃誅或
掩被掠之遺黎以蓋愆无朝覆軍於北鄙夕調任於
西隅前作後蹂沿習成風遂致遊事日非厥患日熾
釀成石州之惨將石州失事
皇上御極之初洞知積弊　大書乾綱將石州
劾總兵官申維岳等各處失事

為　劾中官筆昂疏
　見邸報巡街內官筆昂等題為　禁地倒臥醉人攙
　扶出外身死今蒙法司衆挴懇乞　天恩辯明窩枉
聖旨察昂李進者司禮監查明其奏欽此又本月十
丞救生命以圖後效事奉
　　　　為　請覈罪狀以昭　憲典事臣於本月十四日接
　　　　　　劾中官筆昂疏
聖旨該部知道
隆慶三年七月初四日具題初九日奉
百異可銷珍狩亦至保邦長寶緩無出此

從實　上陳聽候　　處斷庶幾仰稱　宸旨恤恵
者正宜查考　　祖宗提問事例訪察各犯打死緣由
而以耳目寄之監司禮監查明其奏蓋恐廠寺有所欺蔽
陛下新旨令司禮監查明其奏蓋恐廠寺有所欺蔽
聖旨筆昂等既審無干免提問王政等法司問察
落欽此欽遵外臣竊按　祖宗成憲內臣有犯許法
司奏　請提問蓋恐閹寺有所覆護而以公道付之
有司也
九日右少監李璋等一本為遵

经过调查，上奏题本，其实自俺答军入境以后，明军就没有敢射一箭动一刀，蒙古骑兵攻陷寨堡，杀掳人畜，劫掠而去。实情与陈其学、李秋等人上报完全不符。都给事中张卤等立即上奏弹劾，要求置陈其学等人欺罔罪，并且严究惩处。本来，朱载垕下令让总兵赵岢等人戴罪立功，并未追究陈其学等人的谎报欺罔之过。王坼立即上疏皇帝，弹劾陈其学、李秋等谎报战功，隐匿伤亡，要求皇帝严究"欺罔大弊"，以振国之积弱。朱载垕念在他们防御上有点儿功劳，最后将赵岢降实级三级，陈春学降俸二级，李秋夺俸半年。

正是在朱载垕及各大臣、边关各将的共同努力下，西北边事状况迅速好转，加上蒙古周边形势发生变化，隆庆四年（1570），俺答就抚，明代北方边界暂时得到稳定。其中，王坼的举荐监督之功不可抹杀。

王坼的奏议中，还有不少是弹劾官员，尤其是宦官的。朱载垕在《明史》中被认为是令主，他为政宽和，待臣以礼，这和他的父亲嘉靖皇帝形成了鲜明对比，但是他在私生活上纵情声色，宠信宦官。其中最宠信的宦官有滕祥、孟冲、陈洪等人，他们引导朱载垕到处游幸，玩鳌山灯，作长夜饮。隆庆二年（1568），徐阶致仕，就是这群人在作祟。同一年，孟冲构陷上林苑海子海户王印，未经法司审问，就直接付与镇抚司，发边充军。事后，阁臣和户部尚书刘体乾力请应将王印等人交与法司依法处置，朱载垕不以为然，认为这件事情已经处理，不必去交法司再审。正直的王坼立即上了《论中官孟冲罪状疏》，列数孟冲三条罪状，直截了当地批评孟冲"荧惑圣德，紊乱朝章，怨归人主，权入私门"，一有睚眦，就擅作威福，下镇抚使，如果长此纵容，就会重蹈当年刘瑾擅权的覆辙，因此恳请隆庆皇帝"亟斥奸宦以遵祖宪，以正刑章"。

隆庆三年（1569）七月十四日，王圻接见《邸报》，发现上面说，巡街内官巩昶等见有一个醉汉倒卧在禁地，就搀扶出外，谁知这个人就死了。十九日，王圻见右少监李璋等题本上奏，称巩昶一事已查明，巩昶等无罪，应免于提问。事实上，正如当时刑部尚书毛恺在《乞发内犯对理疏》中指出的，这个醉汉虽然乘醉擅入皇城，但罪不至死。经检验，他的颅骨、太阳穴、肩上、胸上，等等，到处都是被殴打的伤痕，而且鼻口流血。有着相当丰富司法经验的王圻当然一眼就看清楚了这点，于是他立即就巩昶一案上疏弹劾，认为醉酒之人系巩昶等人殴打致死，右少监李璋等暗行包庇，结党营私，视朝廷法度为虚设，要求复查此案。这篇《劾中官巩昶疏》的书影见前页插图。

内廷尚衣监少监黄雄作为隆庆皇帝身边的内侍，长期在宫外放高利贷牟取利息，可谓"敛财有道"。就在这年的十一月的一天，他为追讨利息，与北京的居民发生斗殴，负责京师治安的兵马司将其逮捕，第二天，将其解送到巡视皇城的御史杨松处。没想到，杨松还未对此事做出处理，黄雄的同伙就派人来要，假称有皇上"驾帖"，即要召见黄雄，强令杨御史立即释放。杨松在查明此"驾帖"是伪造之后，上奏控告黄雄暴横不法、诈称诏旨。黄雄则反戈一击，指责杨松检举不实，诬陷自己。朱载垕偏听偏信，偏袒黄雄，批评杨松不奉旨就拘押内侍官，下令降三级，调外任。王圻接见《邸报》，立即上《请宥言官公疏》为杨松辩诬。假传圣旨都可以豁免，一味信任宦官的朱载垕当然不会采纳王圻他们的奏疏。但是这几篇奏议语言犀利，表现出王圻直言敢谏、不畏权势的一面。当时阁臣赵贞吉兼管都察院，见到王圻这些奏疏，对众人说："台中有王御史，方成衙门。"可见对他评价甚高，也可见王圻当时在朝中的名声。

又比如隆庆三年（1569）正月，王圻、温纯等上疏请求皇帝在服孝满后，要勤勉政事，及时批阅奏章，善于向群臣咨询政事。闰六月，王圻上《覆编商人事宜疏》，条陈六项措施，帮忙解决商人之困境。七月初四日，王圻发现《邸报》中记载各地六月灾异之事甚多，故而上《修政弭灾疏》，请求皇帝遵旧典、崇实政，以消除灾异事。十二月，王圻上《请止厂卫暗访公疏》，痛陈东厂、西厂、锦衣卫暗访之弊，认为当初设置厂卫，只是为了"盘诘奸宄，讥察非常"，而"官员之贤否，政事之得失，毫发不得干预"。对于官员的监督，职责在于台谏司道官员。如果将暗访之权授予厂卫，将蹈前代奸佞擅权之弊，不仅会妄生事端，"以是为非，以无为有"，而且还会导致皇帝和官员互相猜疑。隆庆四年二月二十日，王圻上《请释羁臣疏》，请求皇上宽释流放之臣，令其有戴罪立功的机会。这些希望当朝皇帝有所改善的奏疏，言辞恳切而不乏胆识。但是朱载垕根本无意重振朝纲，锐意进取，王圻所奏的大部分事项，都难以实现。

王圻在北京的工作十分繁忙，很多时候抱负得不到施展，再说北京之大，其实生活不易。幸好这里还有他的好朋友乔承华。乔承华，字水心，与王圻一同蹉跎于诸生近二十年，后来因为荐修《大典》，授予中书舍人。王圻在北京参加会试时，曾与乔承华一起游览京师。王圻擢升监察御史后，就经常与乔承华相往还，有时候兴起，还联床夜话时事，一聊就聊到天空发白。王圻曾赋有《乔中舍水心夜话》诗：

　　　　　　烧烛论时事，衔杯忆故人。

　　　　　　独怜燕市月，千里转相亲。

　　京师里有朋友，幸不落寞。然而隆庆之时"柄臣相轧，门户渐开"，监察御史往往沦为政治斗争的工具，北京的政治生涯既充满挑战，又布满凶险。

　　隆庆三年（1569）八月，赵贞吉以礼部尚书兼文渊阁大学士的身份，进入内阁，参与处理国家机要事务。赵贞吉学识渊博，才华高超，但是脾气不好，性格刚烈，自负好胜，容易与外界发生冲突，即使是九卿大臣，他有时也"直呼其名"。尽管赵贞吉入阁时间比张居正晚，但是论科甲年份资历比张居正高。赵贞吉入阁以后，自视甚高，有点儿瞧不起同为阁臣的张居正，呼为"张子"。内阁谈论朝廷大事，他对张居正说："唉！这不是你们年轻辈所了解的。"张居正是个以才气自负的人，受到这般蔑视，意气自然难平，加上自己的主张常常受阻，更加难以忍受。张居正欣赏王圻，希望王圻寻机攻击赵贞吉，可赵贞吉素来欣赏王圻。王圻一则认为赵贞吉是当世贤者，虽然脾气不好，但品行高尚；二则认为自己不能无端攻击别人，更不会通过攻击别人来取悦张居正，所以他毅然拒绝了这一要求。由此，张居正开始怨恨王圻。

　　这时，张居正为了压制赵贞吉，上疏请求起用高拱。高拱之前与徐阶有很深的矛盾。嘉靖末年，为了对付严嵩，两人暂时站在了同一阵营，但是随着严嵩倒台，朱厚熜身体每况愈下，不久于人世，两人就开始争夺嘉靖之后的内阁主导权。嘉靖四十五年（1566）十一月，就在朱厚熜死前不久，吏科都给事中胡应嘉就上奏弹劾高拱，甚至称其"不忠""无君"，有人说这是徐阶授意的，这让二人嫌隙日深。朱厚熜死后，徐阶起草《遗诏》，只请张居正商议，高拱作为阁臣却不得与闻，令他对徐阶更加反感。但是当年高拱与朱载垕渊源颇深，朱载垕即位后对他信任有加，年号"隆庆"两字，就是采纳他的建议。高拱想借此机会和徐阶正面对抗，由此引发了一场言官的混战，最终拥徐的言官占了上风，高拱称病求去，朱载垕不得已准他暂时罢职。徐阶貌似取得了胜利，但是也埋下了朱载垕对他不信任的种子。事隔不久，徐阶也在御史的弹劾下上疏乞休。高拱性格偏狭，不能容人，睚眦必报。他重新上台后，就想着要对当初那些带头攻击自己的人进行报复。他手段之狠，令徐阶一度有自杀以求解脱的念头，最后不得不亲自修书乞求高拱原谅。

王圻一向不想参与朝廷的政治斗争，但徐价是自己的同乡先达，高拱是自己的座主，双方都与自己关系密切，王圻还是出于好意，写信给高拱，希望高、徐二人能尽释前嫌。这就是他的《上座师高中玄相公》。王圻在信中说，"老师出处系天下忧喜"，今天得知老师重新"召赞帷幄"，何止是门生故吏，天下人人都说是社稷之福。但是"幸者半，而惧者亦半；信者半，而疑者亦半"。京师上下有很多传言，对老师有所怀疑，我听到这些传言之后，觉得很不安。"华亭"（即徐阶）执政几二十年，为天下所仰望，如果只是一个阴阳两面派，早就不会被天下士人所取信。当年王安石罢相后，司马温公（即司马光）继之，势头正盛。但是司马光关心的是要改变王安石的政策，至于当年王安石曾经"黜我罪我"，他绝不放在心上，所以天下人称司马光为"长者"。"华亭"论人品，不如王安石；但是老师心胸开阔，远胜过司马光，怎么会以当年的一些小事介怀呢？恩怨，可忘而不可结。相信老师比司马光度量更大，捐弃前嫌，作为宰相的政绩就会更加辉煌。"华亭"固然是我的乡人，但老师是成就我的人，我怎么会因为一个同乡而去背弃那成就我的人呢？所以区区之心，只不过是想做老师的忠臣而已。高拱看到书信后表面上称赞王圻，心里却十分生气。在明代的科举制中，座主的地位比较特殊，参加会试的士子如果中了进士，要拜主考官为座主（也称为座师），并称自己为门生。座主与门生的关系既有师生之谊，也有利益的牵连，况且明代的座主一般都是皇帝倚重的大臣，他们常常利用机会提携门生，门生对座主谨奉遵行。王圻先是拒绝张居正的要求，又引起了座主高拱的不悦，在权臣倾轧的朝廷中势必难以立足了。

隆庆四年（1570），王圻奉命准备前往长芦监察盐政。巡视盐区是明代监察御史外派中的一项重要任务，主要巡视两浙、两淮、长芦和河东四大盐区。长芦盐区就在今天津，正统以后，朝廷派御史巡视长芦逐渐成为定制，足见其重要地位。对于监察御史来说，外出巡盐也是接受锻炼的好机会。然而王圻此次巡盐还未成行，就被调往福建，任福建参政。

当时福建汀州连城县有盗贼张文钦、陈文岱等，聚众作乱已有十年之久，为害地方不小。王圻到任伊始，针对这一问题，先是通过招抚流民、赈济穷人等一系列政策，将二盗的队伍逐渐瓦解，然后再定下策略，分兵四路进剿，一举将其平定，将贼首三四人正法，斩俘百余人，又生擒余党千余人。王圻慈悲为怀，不愿对这些穷苦出身、被迫为盗的人下手，他命令军中将这些人的一个手指砍掉，然后将他们放归田野，令他们改过自新，再为良民。这一举动受到了当地的一致称颂。正当王圻意气风发，准备做出更大功绩的时候，意外的消息传来了。

隆庆四年（1570）十月，高拱提议考察科道，科是六科给事中，道就是十三道监察御史。高拱上次去职就是栽在言官手里，现在他提议考察言官，目的就是要报复兼排除异己。考察是一种临时"京察"，照例由吏部和都察院会同举行，由兼管吏部的高拱和兼管都察院的赵贞吉主持。高拱要对付那些当年得罪他的言官，赵贞吉表示反对，他上疏称：因为御史叶梦熊言事忤旨，陛下严谕考核言官，还涉及升任的、在籍的、参加考察的近二百人，其中怎么会没有"怀忠报主、謇谔敢言"之士？如果像高拱那样一概加上所谓"放肆奸邪"的罪名，我觉得做得有点儿太过分了，忠邪不分，堵塞言路，压制士气，非国家之福。不过朱载坖还是信任高拱，结果就是高拱除了要罢斥当年上疏弹劾自己的言官外，还想斥逐赵贞吉的人；赵贞吉当然要反击，所以只要是高拱的人，他也要一概斥逐。这样形成了僵局，这样一来，言官就剩不下几个了。最终在周围人的调解下，达成了一个危险的平衡：内阁诸人，是高拱、赵贞吉、张居正的人一概保留，除此之外，只要是高拱的政敌，没有后台支持，就全部贬斥。王圻本来是高拱的人，但是他得罪了高拱，虽然赵贞吉欣赏他，但是张居正也看他不顺眼，没有了后台的他最后就成了这次言官考察的牺牲品。因此，虽然他的能力有目共睹，政绩卓越，但仍然列名在此次被贬斥的二十七人中，以御史故秩谪为邛州判官。

天恩薄谴任西东：谪官岁月

隆庆四年（1570）九月，王圻曾经留宿福建南平府的王台驿，不久，左迁之命下，他收拾行囊北上，又经过王台驿。夜晚他宿于驿站，翻来覆去难以入眠，遂作诗一首：

> 瘴岭方迟节，河亭再举觞。
>
> 清风迎去盖，落日送回樯。
>
> □计心如水，谁怜鬓欲霜。
>
> 石田茅屋在，犹足老冯唐。

虽然此时他只有四十出头，已有双鬓染霜、冯唐易老、求计归田的伤感。

邛州，就是今天的成都邛崃县，与江西相比，邛州离上海相距数千里。前往四川赴任前，王圻从福建转回上海省亲，见到父亲时，他说："不孝此次谪官，有违您的教诲，让你操心了。"父亲一改往日的严肃，平静地对他说："你身为监察御史，只要不曾枉法行事，就算降职，也没什么好担心的。"离别的时候，他想到前途未卜，宏愿难伸，长别亲人，不禁悲从中来，写下了《赴蜀别诸子》诗。诗中写道："堂上白发亲，堂下青衿子。一顾一回肠，涕流每浃趾。"告别父母双亲时，他一步一回头，眼泪止不住地流。最让他放心不下的还是几个儿子，老大刚过弱冠，文字还嫌鄙俚。二郎年已十七，正开始试弄墨纸，学习科举文章。小儿子只是成童年纪，对于经卷尚不在意。他提醒儿子们"白日本无情，西飞疾如矢"，勉励他们"补拙贵以勤，奚但惜寸晷"，警告他们"少小懒学问，长大徒已矣"，希望他们"猛令蛇作龙，勿俾橘化枳"，离别时再三关照，"叮咛复叮咛"，始终放心不下。

王圻带着一腔悲愤来到了邛州。初入邛州界时，他曾写下《入临邛境》一诗：

> 邛来之水满邛川，夕照苍黄媚远天。
>
> 仙岭塞霞迷白鹤，琴台荒草没朱弦。
>
> 寒旌落落三峨外，残梦依依五凤前。
>
> 浩荡皇恩何以答，闲翻弹草忆尧年。

连绵不断的群山，无语东流的江水，苍凉的夕阳，迷漫的荒草，仿佛这里的一山一水，一草一木，都在提醒他贬谪的痛苦和迷茫，也让他在此一度陷入人生的低谷。夏天的时候，王圻因公事进入了邛州下属的大邑县，这里的鹤鸣山是道教名山，雾中山更有天下无双之称，他游览这两处风景名胜，写下了《游鹤雾二山总记》。秀丽奇异的风景令他沉醉其间，暂时忘却了贬谪的不快，也让他的文笔变得绮丽多姿起来：

> 至于醒心漱齿，喷玉堆蓝者，山间之泉石也；初笼忽散，乍洒旋收者，山间之云雨也；盘蔬碗茗，清馨脆美者，山间之供俸也；唐碑宋础，泣鬼惊人者，山间之纪借也；苍竿紫箨，郁郁阴阴者，

山间之莳植也；啼烟啸月，影断传声者，山间之鸟兽也；野壁溪堂，依依落者，山间之构结也；午冻晨暄，倏忽幻易者，山间之寒暑也。

不久，王圻迁江西进贤县令，回到江西任职似乎是个好消息，他准备顺路回上海看望自己的父母。天有不测风云，他还在装备行装，噩耗传来，母亲马宜人因病去世了。王圻闻讯后，泪流满面，没想到去年一别，竟成永诀。母亲含辛茹苦养育了自己，自己却连母亲最后一面都未见到，真是令人伤痛不已。他赶紧回上海奔丧，开始了丁忧守制。

守制的日子是痛苦的，即使埋头于书中，也不能排遣心中的忧愁。一波三折的仕途，无法一展抱负的痛苦，永别母亲的伤痛，积郁在王圻心中，无法排遣。但他仍然心系朝廷，国事的安危兴衰没有一天不系于他的心头。他在任监察御史时，对边事尤为关注。此时，趁有闲暇，他开始认真研究历代武学著作，希望有朝一日能为国家做出一点儿贡献。当年北宋时，朝廷曾颁行《武经七书》作为官方指定军事教科书，《武经七书》是由《孙子兵法》《吴子兵法》《六韬》《司马兵法》《三略》(《石公三略》)《尉缭子》《李卫公问对》七部著名兵书汇编而成。王圻在家里就开始尝试为《武经七书》作注，并在此基础上加上《周易师卦》和黄石公的《素书》撰成《武学经传句解》十卷。《墓志铭》《行实》提到王圻所注有"《武经》十卷"。《千顷堂书目》子部兵家类也著录《武学经传句解》十卷。日本《尊经阁文库汉籍分类目录》载有王圻《武学经传句解》十卷，卷一《周易师卦》，卷二、卷三《六韬》，卷四《三略》，卷五《孙子》，卷六《吴子》，卷七《司马法》，卷八《尉缭子》，卷九

《素书》，卷十《李卫公问对》，有隆庆六年（1572）刊本，目前传世有万历七年（1579）金陵书坊吴继宗怀德堂重刊本。明末陈子龙辑有《骊珠武经大全》，收录了王圻句解的《司马法》《尉缭子》，及其《武经考注李卫公》《武经三略考注》《武经六韬考注》。可见，这部《武学经传句解》应该是他居乡守制期间完成的著作。

就在此时，朝廷发生了大变故。被宦官带着纵情声色的朱载垕"色若黄叶，而骨立神朽"，已经快病入膏肓。隆庆六年（1572）五月，宫中传出了"上不豫增剧"的消息，五月二十六日，隆庆皇帝朱载垕死，年仅三十六岁。平心而论，朱载垕性格清静宽仁，一改嘉靖皇帝的苛政，但是他的性格注定没有一个君主该有的手腕和魅力，无论是宽纵宦官，还是放任阁臣相争，都为日后明代的政治危局埋下了隐患。《明史》说他"未能振肃乾纲，矫除积习，盖亦宽恕有余，而刚明不足"。朱载垕死后，太子——年仅十岁的朱翊钧继位，次年改元"万历"。做太子的时候，朱翊钧就非常信任张居正，即位后，虽然高拱还是首辅，但一切军政大事逐渐开始由张居正裁决。万历元年（1573），张居正联合宦官冯保推倒高拱成为首辅，由此开始了历史上著名的张居正改革和所谓的"万历中兴"。

新帝登基，让王圻看到了一丝希望，他决定振作精神，重整旗鼓。万历三年（1575），王圻丁母忧归，进京述职后，擢补山东曹县县令一职，由此开始了仕途的新篇章。

万历三年除夕的那一天，外面漫天大雪，王圻在清冷的曹县县衙中作诗一首，即《除夕偶占时尹曹县》。诗云：

飘泊江湖老逐臣，新年残腊总风尘。

飞金走玉人间世，把剑挑灯客里身。

朔雪五更斑鬓子，南云千里白头亲。

九重天上春归早，应有阳和到海滨。

在诗中，王圻感慨自己是漂泊江湖的"老逐臣"，每到临近新年时总是风尘仆仆，异乡作客。时间飞逝，自己已经有了斑驳的白发，在大雪纷飞的孤寂夜晚，思念着千里之外的老父。但是新年意味着春天马上就要到来，暖和的阳光总要照临到海滨，自己也要振作精神，在曹县干出一番事业来。

王圻在曹县上任，迅速取得了卓越的成绩，一下子就产生了全国性的影响，直到今天，只要提到一条鞭法在北方的实施，都会提及王圻的"曹县经验"，他不仅在山东，在全国都成了典型。

前面提到过，王圻在江西时曾主持过土地清丈，为一条鞭法的实施作准备，他有丰富的实施改革经验。只是在山东地区，此前推行一条鞭法始终受到各种各样的阻碍。

在一条鞭法实行以前，征收明代赋役是分开的，赋即国税，以田亩为征收对象，按夏粮、秋粮分别收取。役即徭役，以户丁为征收对象，分为里甲、均徭、杂泛诸种。实行一条鞭法，就是将赋粮、徭役及杂派诸费归于一总，去繁就简，赋役合并为一，基本上改为以田亩为征收对象，折银征收，政府所需要的徭役则由政府用征收上来的银两统一雇人代役，这样，既简化了赋役项目及征收手续，又在一定程度上减轻了农民负担。根据著名经济史学家梁方仲先生的研究，山东地区一条鞭法的施行始于嘉靖二十年（1541），但由于赋役改革触及本地很多人的切身利益，阻力很大，进展缓慢，"嘉靖间，数行数止"。

隆庆四年（1570）九月，王宗沐起为山东左布政使，他将在江西任提学副使时倡行的一条鞭法在山东实施。但是王宗沐在山东推行一条鞭法并不顺利。八月巡抚山东都御史梁梦龙等条上赋役三事，说一条鞭法实施后，"民力不堪，奸弊滋起"，要求恢复旧规，一条鞭法被迫废止。另外，身为山东人的户部尚书葛守礼极力反对在山东地区实行一条鞭法，他认为山东有其特殊性，不适合实施一条鞭法。

张居正当政后，实施一条鞭法是他重要的改革事项，不过鉴于反对声浪很大，他对于能否在全国推广一条鞭法，采取极为慎重的态度。他反复考察一条鞭法施行的反响，主张精选人才，谨慎行事。同时，他认为应当因地制宜，适用的地方就推行，不适用的地方不必强行。不过谨慎归谨慎，他还是认为一条鞭法是最适合的赋役改革方案，所以积极鼓励地方官员在各地予以推广。

就在这时，山东东阿知县白栋在本地推行一条鞭法，遭到了户科都给事中光懋（山东人）的攻击，说一条鞭法推行后，"山东人心惊惶，欲弃地产以避之"，要求将白栋"纪过劣处"。张居正闻讯后，立即派人前往东阿调查，发现事实上效果很好，"邑士民皆得其便"，光懋是在歪曲事实，于是张居正坚决支持白栋，驳回了朝臣对白栋的弹劾，并致书支持白栋的山东巡抚李世达，认为推行一条鞭法，言不便只有"十之一二"，而且"法当宜民，政以人举"，只要适合，不必分南北。张居正由此坚定了全面推行一条鞭法的信心。正当此时，刚到任的王圻开始在曹县推行一条鞭法，并取得了明显成效。

曹县，今天是号称"宇宙中心"的网红城市，在当时属于兖州，这里一直地薄民贫，入明以后，虽然稍稍安业，但其物力抵不上江南壮县的十分之一，且租赋压力更加繁重。曹县地处山东、河南交界处，北临黄河，历史上常受河患侵扰，嘉靖、隆庆间就经常受灾。由于运河行经此处，漕运繁忙，又有军队常在此驻扎，马政也非常烦琐，北上南下的官员常常经过此地，加上胥吏因缘为奸，民困益甚。《曹县志》上说，只要有各种差役，吏胥就下乡索取金钱，称之为"攒回流"，百姓不胜其扰，民间有"家有二顷田，头枕衙门眠"的歌谣，家里面田越多，负担就越重，吏胥就越关注，摆脱不了种种杂役，由此可见曹县民生之艰难。

王圻将改革赋役的措施称为"平赋法"，其实就是一条鞭法。关于具体的操作情况，王圻拟了《一条鞭条议六款》做了详细说明，全文载于插图中所示的光绪《曹县志》中，相关内容涉及很多明代赋役制度中的术语，今人看了会有不解之处，下面就稍稍地进行一下解读。

一是议带征。就是将赋役按照丁（即成年男性，在古代是服役的基本单位）、地（即土地）的情况，将每个花户（即纳税户）要缴纳的赋税、要承担的徭役合在一起，统一折成银两，以银钱征收。曹县的旧规，之前赋税是既要交粮，又有缴银，而且是派县里的大户，也就是粮长、里长总计二百余名分管解收，但由于"头项太多，追征繁琐，官民俱困"，另外徭役、里甲等役，每二年编审一次，有钱人往往会通过营求请托，进行所谓擦户、升户（即改变户等，通过贿赂胥吏，在登记时将土地分割，使大户变成小户）来避免徭役；穷人则向正户进行打讨（即承担该项差役的正户或者大户出资雇人代役，代役的人就向正户索

光绪《曹县志》之王圻《一条鞭条议六款》

《中国地方志集成·山东府县志辑》影印

取银两作为报酬，开始是正常等价交换，后来就变成随意勒索）。百姓希望将所有正额税粮，加上均徭、里甲进行总计，然后再照丁、地情况分摊，统一征收银两，这样应该起解征发的可以随时起解，而应该募役的就按月给银，不再用大户，也不再编审。根据曹州府的规定，夏税、秋粮、盐钞、地站（即驿站差役）、俵马（即民户饲养官马，每年将马解送到指定地点，由官户进行验收）等为正项，均徭、里甲、雇募、工食等为带征，现在统一按照人丁和土地均摊牵派，每年按季度分别征收四次，以每个季度的仲月（即二、五、八、十一月）为征收限期。征完之日，先将正项银两贮存库房，扣除征收人员的工食银，不许"混征挪移"，以致迟误起解。至于大户和编审相关事项，永远停免。

二是议收解，就是关于征收的过程，一律由官府负责，不经大户之手。往年佥派各项，大户往往骚扰。现在将大户依次平均分派，以免偏累，征收时将各项挨个分别收取，以防人员壅塞。根据钱粮各项，设八个柜，本县总计有四十八个里，每个柜负责收取六个里的钱粮。如果缴纳的人多，就再加八个柜分别收取。每年年中到各个里进行编金，其中上甲首或者一名，或者二名，负责轮流看守钱柜。征收时，对照户名，缴完一个就打钩销掉一个，等到全部缴完，甲首就可以回家。到夏季征收之时，仍然到县衙听候差遣，除此之外，不得再有差遣。其余各项缴解到府的钱粮，俱由本县派官差解，于火耗银内发放盘费，再挑选民壮进行护送，不再派大户负责。

三是议倾销，就是运输费用的问题。脚价（即运费）每正银一两，加增五厘，另外专门置办一登记簿进行收贮。除了工食外，每收一锭银子给银四钱津贴，去除盘费之外，如有盈余，就查照本府相关规定注明，一同起解缴纳，年终再登报循环。如果有偶发的坐派杂役，则再申请支补。

四是议造册。之前由里书（即负责土地登记造册的书吏）每年陆续编派各项钱粮，弊端百出，根本就是一笔糊涂账。现在将全县人丁、土地，除掉逃绝、积荒、河坍、堤占等特殊情况，开除征折外，根据实在人丁、土地数目派征，每个都定一个都总，每个甲定一甲总，每个人户给一粮由（即纳税证明）作为执照。然后再编制清册一部，放在后堂东房，以后就永远按照清册追征。从此以后，每五年编制一部清册，每一年给一次粮由。五年之内凡有买卖土地，暂时不许过户，以免滋生奸弊，暂时仍在原户名下缴纳钱粮。等到五年后重新造册时，方行产权过割。另外，如果黄河决堤，有土地塌陷，或者修堤时占了土地，田主应该即时告知县衙，由县衙勘查明白，在原册中注明，等到日后编制新清册时再行调整。

五是议革由帖。这是规定杂役的征收事项。原先规定，为衙门干活的杂役，比如夫马（即负责运输的人力或马匹）、民快（即由百姓担任的捕快）、皂隶（即衙役）、门子（即衙门看门人）等项相关的工食（即工钱），都各自出给由帖（即证明），由这些服役的人下乡打讨。开始的时候还好，后来在工食正数之外打讨多至数倍，加重百姓负担，着令立即取消。今本县革去由帖，将夫马、民快、门皂等项工食费用，或减，或增，经过上级批准，汇入总额中，直接征收银两，贮于库房。由官府雇募市民代役，按月支给工钱。可能有穷乡僻壤的百姓们不常使用银子，兹规定，每户如果要纳银一两以上，仍旧纳银，以备起解；如果是一两以下的，允许缴纳铜钱。此后雇募工役，不准再下乡打讨，违者戴枷坐牢，坐赃问罪。

六是议协济。所谓协济，就是一个地区征解的赋税不足时，根据上级要求，从外府、外县调拨助济。曹县地当冲要，供应繁难，而且又在离省城极南的偏僻之所，如果遇有拨派协济，民夫、马匹动辄要往返三四百里之外，就算只计守候和路程的费用，成本已经相当高，根本无力支给。现在酌量路程远近，如果上司按临本州，就应该由本县拨领民夫、马匹等项进行处置，但如果在百里之外，路程遥远，建议应该从邻近的县取用，最多由本县供应少许银两进行协济。

另外，王圻还制定了《征散法则》四款。

第一条，规定每当征收之时，严禁大户不得私自收取，里长不得包揽。此前无论是私收、包揽，还是克扣秤头，都借口说这是官府加耗（即用于弥补在计量、运输、储存过程中的损耗）项目，来哄骗乡民，法令之败坏，俱因于此。日后一旦官府察出，或者经人告发，立即坐赃问罪，枷号示众。另外，每年起解银两总计共有一万七千二百余两，合三百四十四锭，每锭给火炭、铅销工银四钱，共计给银一百三十七两六钱，加上津贴、解银、杂役的贴补盘缠，足够在二百两火耗银内支取，不必再计算什么加耗，否则只会导致大户多收之弊，引来非议。

第二条，规定收银时，要先期半月出通告，初一起征，三十日完成。届时，由收头领柜赴二门外收银。花户亲自称好银两封装入柜，收头只是出示串销号，并发放印信凭据、银钱凭据、官簿凭据各一扇（即一联），逐日填好某日收某甲、某户银若干，或折钱若干。到晚上，将当日收取的封数和银数一并造册登记统计。满五日，又将五日内所收银钱造册登记统计，送县衙堂上查核，当堂就令本里里甲亲自拆封。本县如果遇到人手短缺，就让无干各色人等随机抽取一二封进行称量核对，如果有余闲，自应全部称量核对，以防欺瞒。若有短少，即拘押本主进行痛责，勒令他换补银钱。如果有缺少、假冒，俱令收头查看并封存，于封条上写明某柜银两有缺少、假冒等情。若到日后解给之时，当堂验出有银钱短少或造假之弊，则由收头赔补问罪。

第三条，银两入库，一定要稽查严密。每年要专门置银钱出入簿各二扇，每过五天，银两拆封完毕，就再将拆封银两再封成五十两一封，由库吏放入专门的银两匣中加锁封好，在出入簿上亲笔填写："某月某日起，至某日止，共拆过正银若干、火耗银若干。"至于铜钱处理也一样。所收的铜钱，以一千零九十五文作一串，即等于一两白银，另外再扣除丁钱五文，作为火耗入库支销。成串的铜钱，贮存于县衙的空柜子，责令库夫看守。以后发放工食银，就用此成串铜钱发放，不必再进入库房内取银，以减少库存银两增减之弊。至于起解的钱粮，给过的工食银，也每日逐项填注，簿内还要写上各房主管的书吏姓名，以便查核。

第四条，原有的正户（即实际承担徭户之户）、解户（即负责起解钱粮之户），其名目已经革除，但收受椿草银（即征收运河维修费用）、起解兑军本色（即专门供养京师军队的粮食）以及管收银两的工作，都至关重要，不可托付给有问题的人。因此规定：于全县四十八都之内，查出拥有土地最多的四户，负责收受椿草银，一年一换；其次多者十二户，领取银两负责购买、缴纳兑军本色；其余都充当本县的收头，负责管收相关银两。每户只要服役一年，其余九年可以免役，定为成规，不再改变。本里之内，除里长主管接收命令，联络上下外，再择取人丁、户力相应者，或一户，或二户，担任收头，另由下一等的一户催收钱粮，这样才能够做到群策群力，不必让一个人承担。

同时，王圻又增加《续议抵补》一款，他指出，每年派征钱粮都有定额，如果到时有额外的加派征收任务，先要检查往年是否留有多余银两，若可以抵补这些额外征收，立即申请以此抵补，不再无故增加摊派，以免引发胡乱征收之弊。比如说俵马余银、供应余银、优免后剩余的地丁银等项目，都可以从此项中动用支出，以减轻民众负担。

为了回答在实际运作中产生的各种疑问，平抚地方上一些异议和不满，万历四年十月初一日，王圻专门写了一篇《平赋问答》。

《问答》写道，现在平赋法已经出示，可我还是内心忐忑不安，就请来阖邑的绅民进行咨询。

有人问："这个平赋法，革掉了大户，禁止打讨，应该是比较方便的。但是全部取消了之前审核的户等、编查的徭役，大家有没有什么不满？"

回答："户等的高下，其实和丁、地的情况是相关的。今日虽然不再审核户等，但是计丁、计亩征银。丁多地多，出银就多；丁少地少，出银就少。户等高下其实已经在其中显示出来了。虽然不编查徭役，但是通过征银来雇役，规章俱在，井井有条，怎么会有不满呢？"

有人又问："照你这么说，这应该是便民的良政，但也会有指责反对的人，这又是为什么呢？"

回答："认为这个平赋法方便的，都是没有积蓄的穷小细民。认为不便的，大约有四种人：一是那些地多的大户，新政出来，他们没办法诡避；二是原来各项应募的徭役，现在都白纸黑字定好了标准，相关人员无法从中谋利；三是里书，他们没有名义进行勒索；四是那些市井棍徒，没法从中包揽。就是这四种人提出各种理由，希望暗地里破坏。知县管理的一县民众，职责就是保护全县民众的利益，大部分民众觉得方便的，就应该执行推广，根本无须理会那些宵小之徒的妄议。"

又有人问："这个法确实可以通行推广，也是个良法。照理说，曹县认为方便，其他地方应该也没有什么不方便的。可是有人认为，这个良法曹县可行，但其他县不可行，这又是何原因？"

回答道："山东各州县有贫有富，面积有广有狭，但税粮差役各项目，每个县都一样，怎么可能这里可以施行，那里却不行呢？比如说富庶的县可以推行此法，可贫困县编查税粮徭役，难道不也是根据土地面积进行统计的吗？这和贫困、富庶又有什么关系呢？面积大的县可以推行，难道那些面积小的税粮差役就和面积大的县不一样吗？虽然有门丁银、户则银，但门丁银、户则银的高下也是根据每户土地面积进行统计的。至于那些所谓的打讨法，方便了承募人，方便了里书，但是对小民不方便。推行平赋法，银两总数确定，不同户等的差额也一定，方便了小民，不便的是官府，不便的是里书和承募人，这就是为什么有很多人议论纷纷，反对声一浪高过一浪的原因。退一步说，今天曹县的百姓和士人都没什么异议，已经证明在曹县是可行的，至于其他县是否可行，是否与曹县一样便利，与曹县人何干？曹县人整天争论这些问题又是何居心？"

再有人问："按照你这种说法，平赋法确实应该可行，但还有什么善后的措施吗？"

回答："勒索科敛就罚款，严禁包揽，依时征收，公正出纳，不轻易加派，这样的话，政策就可以世代延续下去，不然就会朝令而夕改。"

王圻在曹县推广一条鞭法，刚刚运作不久，省里就下了调动的通知，结果曹县的乡绅、学生、耆老、百姓共三千人专程赶赴县城，恳请让王圻留任，以便让新法推广实施完成。省城大吏为乡人所感动，同意让王圻再延任九个月，这样王圻得以全面深入地将自己的措施和方案付诸实施。从此之后，曹县百姓开始过上了小康的生活，再没有拖欠赋役的情况，"号称极治"。根据《曹县志》的记载，即使是王圻离任七八十年之后的清初时期，虽然王朝易代，时移世变，但县里所有的户田、税粮、徭役、里甲以及每年的各项杂役，具体的征收解送过程，都按照王圻当年的方案实施，确实像他当年所说，世世代代延续了下去，没有太大的改变。

万历中任首辅的太仓人申时行，他的家乡与王圻家乡不远。王圻离任时，曹县人专门邀请他撰写了一篇《曹县平赋碑记》来颂扬王圻的功绩。申时行回忆王圻在监察御史任上，为百姓利益奔走呼吁，倡言国计民生，其功效有目共睹。现在他在曹县任上，同样洞悉民生艰难，应百姓的需求推行平赋政策。他认为这个办法施行于全国、全天下也是可行的，王圻"忧公思职"的精神更加值得表彰和推广。

王圻在曹县做了许多工作，如推广乡约，赏拔士子，惩治奸佞，革斥讼师，凡此种种，赢得了曹县百姓的爱戴。当他任期将满，离开曹县时，曹县百姓恋恋不舍，甚至有当场流下眼泪的。王圻离开后，他们建了平赋碑，又为王圻在东关堤附近建了德政碑，以歌颂王圻的功绩。后来王圻回到山东出任青州同知，曹县百姓不远千里前往青州瞻仰王圻的风采。王圻致仕回到上海后，还有曹县人时不时上门探望。

　　万历四年（1576）年底，王圻出任开州知州。开州就是今天的河南濮阳，这里处于河南、河北、山东三省的交界处。开州在当时属于北直隶大名府。开州知州是从五品官员，较之前的知县显然称得上是超擢了，这也是对他在曹县做出功绩的奖赏。王圻在开州继续推行一条鞭法，为百姓减了十分之一的税额，同样得到了民众的欢迎和爱戴，《行实》写道："欢呼载道，未去开，家尸而户祝矣。"

　　王圻在开州时，特别关注教育。宋神宗熙宁三年（1070）至五年，大儒程颢在澶州任签书镇宁军节度判官，澶州就是濮阳。他在这里筑堤御患，建书院，兴学校，令本地形成了所谓"家家笃行孝悌，户户崇尚礼让"的民风。明代是重兴书院的高潮期，正德十六年（1521），开州知州龙大有为景仰先贤，专门筹建明道书院，就是为了纪念明道先生程颢。王圻到任后，捐廉重修，还撰写了《重修明道书院碑记》。王圻曾经写道，唐宋白鹿洞书院、嵩阳书院、应天书院、岳麓书院聚徒讲学，从此书院见重于天下。各地除了府县州学之外，还要创建书院，选拔优秀人才在此读书，使得他们请业有师，讲习有朋，儒家道统和学术由此得以弘扬，这就是他重修书院的原因，也为他多年以后在《续文献通考》中专门创立了"书院"一目埋下了伏笔。

　　开州有很多读书人家境贫困，无力就学。在此之前，开州规定，屠夫每宰一头猪要缴税六文钱，每年总计大约有一百两银子，一般这笔钱都作为知州的伙食补贴，王圻则将这笔钱全部作为奖学金奖励那些贫困的学子，日后从这些学生中产生了很多优秀的人才，比如说万历十七年（1589）进士、日后成为陕西宁夏河东兵粮道右参政的王登才和成为兵部尚书的董汉儒，都是他当年的学生。王登才镇守山西偏头关时，曾经不远万里派遣一名万户到上海来探望王圻，足见他对王圻的感情之深。

万历五年（1577），王圻调任山东青州同知。消息传来，对于开州人来说不啻是晴天霹雳，他们拼命挽留，甚至还跑到青州界和前来迎接王圻的青州百姓争抢。开州人说："还我王公！"青州人说："王公是我的。"双方争执不下，开州人没办法，去省城找布政使和按察使，问题解决不了，又结集上百人跑到京师，直接去找负责官员升降的吏部尚书王国光，甚至有人还当着尚书的面，拿着刀要抹脖子："夺我父母官，我也不想活了。"王国光又害怕又感动，但是任命书已经下达，不能改变，只能劝慰开州百姓，并允诺会保证王圻的政策永远维系下去。如此才使得开州人消停下来。他们只能一边抹泪，一边踏上回乡的征程。一回去就为王圻建了一个生祠，还专门为他塑了像。传说这个神像很灵，开州人不断地粉饰修补。三十多年后，有天王圻觉得腰不舒服，不久又突然好了。原来，开州人发现王圻的塑像腰部有块地方有点儿损坏，重新修补了一下。损坏的时候，王圻的腰就不舒服，重新修补了一下，王圻的腰马上好了。这虽然是个迷信故事，但也可以想见，在当时人们的心目中，王圻和他的塑像都已经有了神性。

接任王圻任知州的丘东昌专门跑到北京，请求翰林庄履丰为王圻的生祠作记。庄履丰在文中这样写道："百姓和守令的关系是这样的，如果守令有德，百姓就像羊羔一样顺从；如果守令无德，百姓就会视其为仇人；如果守令平庸，百姓转身就会把他忘记。不是百姓忘记这些守令，而是这些守令做的事情不会让百姓记住。可对于王圻这样有德的守令，百姓怎么能忘记呢？"他又写道："我听说，龙这种神灵，就算盘伏在污泥之中，也会滋润江河；一旦飞上天际，立即就会为世间降下霖雨。王圻原来是名御史，今天只是在地方做个芝麻小官，但他其实就是盘伏在污泥中的巨龙，而江河已经得到滋润。"这段话对于王圻来说是最确切，也最恰当的评价。

王圻对开州百姓也充满了感情，他专门写了诗告别开州的僚友，告别开州的诸生，告别开州的士大夫。

《别开州僚友》诗云：

> 一杯分袂草堂中，君自西归我自东。
> 莫道出门成远别，碧流红叶总随风。

《别开州诸生》诗云：

> 桃李盈盈满路歧，日融风细蕊初宜。
> 看花客子缘何浅，恰到开时便别离。

《别开州士大夫》云：

> 席上花前笑语和，那堪千里奏劳歌。
> 澶渊古道频回望，云树重重马首多。

桃花正盛，却已到离别之时，就像红叶顺着清清水流，随风飘逝，人生就同宴席，总有散去的时候。王圻恋恋不舍之情流淌在他的字字句句之中。当时，还有开州耆老数十人专程到青州去看望他，王圻留下了

《开州耆老数十辈之青问候诗以遣之》：

> 五马郊游事已陈，何劳千里往来频。
>
> 昔年彭泽思陶令，今日廉颇忆赵人。

过去的已经过去，不必劳动大家不辞辛劳前来探望，但其实，不仅是开州人思念他们的县令，王圻自己也像当年思念故国的廉颇一样想念着开州的百姓和同僚。在前往青州的路途中，王圻写下《移青自述》一诗：

> 天恩薄谴任西东，何幸移官在岁中。
>
> 菲劣久惭新锁钥，愿从青海问梁鸿。

在贬谪的日子中，东奔西走已是常事，还好是在年中，不用那么匆忙。自己水平低劣，能力微薄，也许像当年梁鸿一样隐居，才是件好事。王圻又一次流露出想要退隐归里的念头。秋天时，他听到大雁的鸣叫声，抬头望去，一群大雁展翅飞过，他呆呆地望着远去的大雁出神，写下《闻过雁有感》一诗：

> 黄芦白月满潇湘，夜度无心忆稻粱。
>
> 秋老上林栖不稳，水云千里自翱翔。

他已经开始厌倦为稻粱谋、东奔西走的日子，想着有一天像大雁一样，千里自在翱翔。

　　只不过这个念头在王圻的脑海中刚刚开始萌芽，前面还有更多的工作在等着他去完成。王圻在青州再次展示了他非凡的治理能力，青州知府当时重病缠身，不能视事，王圻暂代知府一职，百姓根本察觉不到有什么不同。有时候属县的知县也会空缺，王圻还会代理知县之职，百姓也仍然不觉得有什么不同。王圻为人还特别低调，知府不在，知府的东西他照原样保存在自己的房子里，公积的五六百两银子，他一分不动，全交给知府当医药费。府衙从上到下，都对王圻推崇备至。

　　也正是这一阶段，王圻将经世致用之志逐渐从报效朝廷转向著书立说。万历七年（1579），乞休在家的著名学者、前任兵部右侍郎、青州人冀炼获得了明代大儒薛瑄所著的《读书录》。薛瑄，山西河津人，永乐十九年（1421）进士，官至礼部右侍郎，卒谥文清。薛瑄是公认的明代理学河东学派的开创者、程朱理学在明代的重要发展者与修正者。他的《读书录》《读书续录》就是他阅读研究理学先贤著作的心得体会，在理学史上有着一定地位。冀炼得到该书嘉靖四年（1525）石州张珩刻本，觉得此书甚佳但是传播太少，就与时任山东巡抚的赵贤商议。赵贤将此事交由王圻负责，王圻与青州教授庄文龙、方文光一起进行校刊，并于是年刊刻出版，是为该书的万历七年青州刻本。王圻还专门撰写了《跋文清公读书全录后》置于书后，认为该书"以明理实践为主"，后之学者读了，"可以涤绮靡之陋，臻玄妙之归"，对于世道的作用，应该不在宋代诸大儒之下。他还专门提到，世间那些"务炫华腴而略本实"的人看了这书，也只是当作"陈编散简"，根本不会"望其好而思传"，只有那些"有圣贤之识趣"的人，才能爱好这本书。

前面提到，王圻居乡守制时对古代军事著作有一定研究，并为《武经七书》作注，此时他在山东将《武学经传句解》呈给上司，布政使、按察使读了之后，大为赞赏，专门让王圻负责武举学生和军官的教学工作，本地军官在其教授下，人人都能略知韬略。王圻被推荐主持这一年的山东武举，是科的《闱试录》《程策》《程论》（程策、程论即考官事先草拟的预考题及标准答案，供参与考试的士子复习准备）基本上都由王圻负责。他的《己卯科山东武举程策》和程论《明主内修外治》都在山东乃至北京引起了极大反响。

在《己卯科山东武举程策》中，他出的试题是，古代那些元勋名将屡建奇功，往往总结经验，撰成兵书，日后打仗，照着执行的往往会取胜，违背的往往归于失败。但是对于《武经七书》这七家兵书，后人往往只读其书，不能知人论世，不知道这些兵书产生的背景和原因，这样其实等于不读。他要求士子略述这七家兵书的具体情况。王圻借着谈《武经七书》指出了一个问题，就是管仲、商鞅之书，往往到了家家都有、人人能谈的时候，国力就越贫；孙子、吴起的兵书，往往也是到家家都有、人人都谈的时候，国力就越弱。谈兵者越多，学兵者就越少，空谈者越多，实践者越少，甚至有人认为七家兵书没什么用处，问题就在于只"张空谈而罔究实用"。王圻可谓一语惊醒梦中人，明朝国力日益衰弱，军事日益不堪，就在于"张空谈而罔究实用"。

在《明主内修外治》的程论中，王圻指出，文武一道，人君兼而用之，不可偏废，所以要怀之以德，操之以威，且得其要领，运转适中，方可治理天下。如果想怀之以德，可皇帝不修德；想操之以威，可皇帝不振威，想治理内政却担心外敌，想对付外敌又担心内政，最后只能

"内外异指，威惠失宜"，统治就危险了，更谈不上"称明于天下"。王圻这段话仿佛是个预言，半个世纪后晚明最后的政局走向其实就是他说的这个样子。

王圻的这两篇文章传到北京，震动朝野，甚至惊动了张居正。他看到之后，欣赏不已，但他以为这是自己的门生御史钱岱（号秀峰）所作。一见到钱岱，张居正马上大加赞扬，钱岱老实地说："这是前监察御史，现任青州同知王圻的手笔，我可不敢掠人之美。"张居正听了之后，深感震惊。此前，王圻以政绩优良，朝议评为京省第一，他在青州四年的功绩有目共睹，省里大宪屡次向上推荐，但都为张居正所阻。虽然王圻在任上推行一条鞭法，正符合张居正的政策，但平生自傲的张居正依然为当初王圻不听自己的话而怀恨在心。这时看到王圻的文章，想到王圻推进一条鞭法的功劳，张居正不觉开始改变了对王圻的看法。更何况，王圻高风亮节，声誉卓著，朝野上下均认为他可堪大用，各种推荐早已多次摆在张居正的案头，张居正也不能置之不理。这两篇策论由此成为王圻政治生涯的转折点。不久，朝廷调任王圻为湖广按察佥事兼武昌兵备佥事的诏令下达，王圻开始迈入仕途的另一段旅程了。

明代各省设提刑按察司，掌管一省的监察事宜，按察司设按察使一人，正三品；按察副使，正四品；按察佥事，正五品。按察副使和按察佥事分道巡视，还要负责兵备、提学等事。王圻就兼任湖广兵备佥事。

收到诏令的王圻百感交集，一方面，他才刚刚五十岁出头，还有一展抱负的机会，但另一方面，这些年的遭遇让他有点儿心灰意冷。就在青州的这几年，先是两个妹妹相继去世，万历七年（1579）八月二十二日，自己的第四个儿子夭折，更让他伤痛不已，写下《哭第四儿》诗。

当年他因公外出，没亲历儿子的出生，此刻他又正好主持武举乡试，没能见到儿子的最后一面。王圻回家后，儿子的衣服鞋帽还在，涂鸦还在案头，墨色如新，可是自己与儿子已经天人永隔了：

儿病还能强自延，忽看哀报泪潸然。

三旬绝粒终难疗，一月离怀倍可怜。

敝屣在庭人不见，涂鸦满案墨犹鲜。

生亡两值吾公出，负却当年父子缘。

年过半百的王圻开始想到，是不是已经到了回乡和家人在一起的时候。他曾写下《江南初夏》一诗，回忆故乡的夏景，细雨、梅子、楝花、野塘、新竹，思乡之情溢于言表：

旅窗萧瑟苎袍凉，别院清和午漏长。

细雨欲催梅子熟，薰风初送楝花香。

不妨红树销江路，自有清阴占野塘。

欹枕偶回乡国梦，吾庐新竹已成行。

更何况，当时张居正执掌大权，湖广是他的家乡，张居正对家乡感情深厚，专门派了他最信任的人在此为官。王圻曾经得罪过张居正，到了湖广后，被张居正一党环绕，能否施展抱负也未可知。不过转念一想，自己为官多年，还未能给自己的家人带来荣耀和好处。

传统中国，如果进士得官，一般会将父母接到自己身边奉养。这么多年以来，王圻奔走四方，从江西到北京到福建到四川到山东再到河南，跑遍了几乎大半个中国，可是父母为了不影响他，从来没有到过他任职的地方一天，他们在上海住的还是以前的老屋，穿的也不是一般官宦之家必有的绫罗绸缎，只是天天在吴淞江边督促僮仆种地，和本地的地方官员也很少干谒来往，家境不仅没有变化，甚至还有些中落。有人曾对王熠说："儿子好不容易中了进士，光耀门楣，你应该享福才对，这样做又是何苦呢？"王熠回答道："我儿子幸而得一官禄，作为老人，我还能在田里劳作，自给自足，当个太平闲民，怎么会苦呢？"王圻一想到这些，就觉得心中有愧。此次一旦就任，官阶升等，应该可以为父亲带来诰命，让白发老父在晚年享受一下儿子带来的荣耀。如果是这样，也算了却了自己一个心愿。所以王圻只得勉为其难，赴楚就任。

歳寒三友

第三章

江南消息凭谁寄

清标劲节凌寒雪：楚地为官

万历八年（1580）夏，五十一岁的王圻踏上了赴楚的征程，途中横渡长江时，他写下了《庚辰夏渡杨子》诗：

> 晓鱼吹浪起江风，十渡津头愧棹工。
>
> 红日白云千岭外，碧莎青柳半帆中。
>
> 凌波自得沧洲意，障海谁收砥柱功。
>
> 稳泛却忘漂泊久，短蓬长铗任西东。

水程缓缓，风光壮美，令其浑然忘却漂泊之苦。王圻已习惯东西奔走，宦海浮沉，只求无愧于心。虽然湖广官场氛围并不轻松，但王圻依然全心投入。他备兵武昌，负责团练军兵及武昌、汉阳等地的治安。这里是省城，较湖广其他地方治安较好，地方相对安定，但是长江沿线往往多有江盗。就在万历元年（1573），离武昌不远的蕲州（治今湖北蕲春西南蕲州镇）附近的牛角尖就发生了盗劫客船致九十名水兵溺死的事件，朝廷下诏严饬江防守备，尽管负责下江防御（即驻扎蕲州，负责长江沿汉阳而下至黄州等处江防）的兵备戴汝止擒杀了十多名盗贼，也受到了降俸一级的处罚。王圻到任后，立即整饬军务，勤于任事，任职期间江防宁静，盗贼不滋。

王圻负责提刑事务，武昌等地的刑案往往要由其查勘，所以他于是年编纂完成《洗冤集览》一书，并将此书推广全省，作为地方官查案的指南。在《洗冤集览序》中，王圻写道：极刑的审勘，基础就在于法医的检验。检验明晰，案情就会和刑罚相符合，这就是所谓"情罪相当"，犯了什么样的法，就判什么样的罪，也只有"情罪相当"，才会令刑罚产生震慑的效果，"刑一人而千万人惧"。关于法医的检验程序，此前有很多书，如《洗冤》《平冤》《无冤》等书都有详细记载，但是这些书都著于前朝，本朝的法律法条没有载入，所以他才专门编写了《洗冤集览》，让那些负责审案的官员读了以后，不会被罪犯的言辞脸色所蒙蔽，用自己的聪明才智，破除罪犯的阴谋诡计，让他们无话可说，甘心服法，让上古如皋陶这样的法官留下的优良法律传统得以延续。中国古代虽然一直有优良的法医传统，作为基层法官的各级地方官员本应该具备法律和法医学的知识，但是历史上除了少数头脑清楚、目光远大的官员外，大多认为这只是所谓牛溲马渤（牛溲，即牛尿；马渤，菌类植物，生于湿地和腐木上，一般人认为低贱无用之物，但其实可作药材），不以为意，往往仅凭主观臆断，轻信口供，习惯性严刑逼供，导致古代冤案丛出，法律只是摆摆样子而已。王圻认识到了法医学的意义和价值，在从事法律实践的过程中，致力于研究、总结法医学知识和经验，并努力将其传播推广，这在传统社会的地方官员中可谓是凤毛麟角，难能可贵。

当年王圻在典山东武举试时表现优异，所撰的程策一度被张居正误以为是钱岱的作品，由此给侍御史钱岱留下了深刻的印象。万历十年（1582）秋天，湖广举行三年一度的武举乡试，钱岱特地推荐王圻主持是科湖广武举。和在山东一样，王圻也写下了《壬午科湖广武举程策》。

在这篇程策中，他提出了一个问题：忠贞的良将是如何造就的？古人说社稷的安危系于将领，将领就是社稷的保卫者，所以说，只有心系社稷，才能谈得上是国家的良将。《武经》上说："将有五才而忠为要，将有八征而贞居一。"王圻举古代楚地的例子进行阐述。当年吴楚柏举之战后，楚威王感叹国家没有社稷之臣，莫敖子华列举了本国历史上五位杰出人物的事迹，来说明这五种类型的人才都是"社稷之臣"。他还开导楚王要善于识别各种人才，不拘一格地使用各种人才。王圻最后总结，从前就是因为无条件地信任将领，所以将士们才会感激振奋，绝无二志，孜孜为国赴难。后世往往不信任将领，导致将领有的请求赐田，表明自己只想享受安乐的日子，有的请求朝廷派监军，表明自己无条件接受皇帝的监督，这样的将领怎么能打好仗呢？古往今来那些忠贞的将领，忠心不二固然出自天性，但也需要朝廷赏识、培养、信任。这篇程策很显然将矛头直指明代惯有的宦官监军及由此形成的对前线将领不信任的环境，这也是日后明末战事屡战屡败，最终导致灭亡的教训之一。

王圻的程论题为《王者必有股肱羽翼以成威神》，说帝王要成为威震天下的王者，必须要有自己的"股肱羽翼"。他指出，人君不能心眼偏私，而是要"广延博揽"，吸引海内有一长一艺的人士，将其罗置麾下，才能无往而不利。他指出，今天朝廷并不是不想招揽人才，但是悬着赏金，骏马不来，四处张罗，凤鸟不至，是为什么呢？就是因为现在的环境让小人与君子共存，让驽马与良驹并驾，让那些有才能的人被小人所排挤，最后黯然离去，所以要"讨古监今"，形成一个良好环境，这样才能使人才归附，有了"股肱羽翼"，帝王才能威震天下。这篇程论既直指当时人人自危、小人当道的环境，又是王圻针对自己的身世有感而发。

在《湖广武举乡试录后序》中，王圻指出，近世以来讳言兵事，把军事当成小技，之前强调文武兼备、人相而出将的传统已经改变。如果参加武举的考生不擅长文辞，就绌而不录。事实上，为社稷赴国难的都是天下的良士。古代楚国的人才往往以文武双全著称，比如说尹吉甫北伐，子文治兵，都是典型，今天，楚地继承了屈原、宋玉以后的风雅传统，鸿材丽藻，海内无双，但是以武功见长的百不一二，所以他希望楚地的人才继承昔日尹吉甫、子文的传统，跃然而起，文武兼备，为国家效力。在这篇文章中，王圻再度表示了对当时朝廷上下重文轻武的不满。

王圻典试武举成果卓著，在钱岱等人的推荐下，十月，朝廷下诏，王圻由湖广按察佥事改任提学副使。提学使就是一省学政，负责管理一省的教育，并主持秀才考试最重要的院试。在湖北做提学并不是一桩优差。张居正执政期间，在湖北地方为官的都是张党亲信，加上张居正的亲朋好友云集于此，这里的士子习惯于上下奔走，请托关系，有真才实学的士子反而得不到赏识和选拔。王圻到任后，针对这一情况，撰写《示谕全楚诸生条约》，为湖北士子立法三章，并广而告之。他在这份条约中指出：皇上令大臣提督本地学政，强调的就是操行和实践。可有的士子晚上投书，白天造访，违反了相关规定，希望士子自重自觉，不必让看门人驱赶。至于那些结交相关部门猎取声誉的，或者借着论文来求进的，或者托亲戚朋友来通融的，这些人气节低下，品格卑劣，就算日后获得功名，对国家也不会有益，也是我素来羞以为伍的。总之，期望湖北诸生痛加砥砺，如果有违背上述规定请托奔走的，立刻将该生黜退，童生即由府县禁锢终身，同时要向父兄问罪追赃。他在《跋湖广乙酉科齿录》中也说，世上争相羡慕的是功名而不是德行，强调的是小技而不是大道，这正是他所不齿的。

王圻说到做到，在他任湖北提督学政期间，那些之前攀附权贵的人再也没机会搞小动作。一到考试，王圻连一般的常役也不用，只让两个小吏传递题目，一个厨子准备伙食，一切积弊尽皆除去。自隆庆以来，楚地士子科举考试只做"四书五经"八股题，此外束书不观，一字不读，至于策论，完全是一片茫然，根本无从下笔。王圻到任后，重点考试策论，其次才是经义，不到一年，在他的引导下，楚地士子在这方面有了明显的进步，开始重视广泛阅读，于是风雅复兴。此后，楚地士子入翰林、为给事中、成御史及各地地方官的如云蒸霞蔚，纷纷涌现，楚材称盛，很多都是王圻当年选拔的人才。当时流传有这样一个故事，说京山县有一个童生名叫朱一龙，雅负文名，每到府县试，必名列前茅，但一到王圻主持的院试，马上就成绩不佳，这样反复了多次。王圻就跟他说："且看此次情况怎么样。"结果他又落榜了。王圻马上找来朱一龙的落榜卷，发现和自己批的卷子完全不是一回事，直接录取为是科第三名。原来是书吏受贿，调换了试卷，王圻立即将书吏法办，朱一龙获得了秀才的功名。多年后，他终于成了进士，并任苏州司理，到任后，他还专程看望了王圻。

王圻任提学副使期间，曾刊刻《四书粹意》作为科举的教科书。《四书粹意》又称《蔡林二先生四书粹意》，汇集了蔡清的《四书蒙引》和林希元的《四书存疑》二书。蔡清字介夫，号虚斋，福建晋江（今泉州）人。成化二十年（1484）进士，著有《四书蒙引》十五卷。林希元，字懋贞，号次崖，福建同安（今厦门市翔安区）人。正德十二年（1517）进士，著有《四书存疑》十二卷。《四书蒙引》与《四书存疑》俱遵从朱传，发明义理，是有明一代成就最高、影响最大的"四书"讲章。然而自嘉靖后期开始，随着王学的兴盛，朱熹的权威受到质疑，"四书"学也逐渐式微。王圻刊刻《四书粹意》就是针对这一现象的反动。他在《蔡林二先生四书粹意序》中说，"能羽翼朱传，继斯文之正印者"，只有这两本书，当初"在在家传人诵，何啻布帛菽粟也"，而近年来"文治渐新，士尚稍异"，这两本书"或诋为学究家谈，且弁髦之等覆瓿焉"。他认为现在"才高者过于闳肆，学博者近于纤秾"，就是因为不研习这两书之故。万历初年，贾如式曾组织编纂《蔡虚斋林次崖二先生四书粹意》，王圻在此基础上校证付梓，用广其传，希望"后之学者有持循以端趋向"。

就在万历十年（1582）这一年间，朝廷发生了大变故，朝局瞬间直转而下。当初在万历五年，张居正父亲去世，按理说他要回乡守制，但是万历皇帝要求他不要回乡，而是在职辞俸守制，由此引发了一场夺情风波。所谓"夺情"，就是服丧守制未满，朝廷因为重大事项提前令其出仕。所谓重大事项，一般是指战争或其他特殊事件，可当时并没有这些重大事件，由此就导致吴中行、邹元标等言官的强烈不满，相继弹劾。夺情风波由此成为影响明朝政局的一桩大事件。张居正虽然没有回乡守制，如愿夺情，继续推行他的政策，但是这一风波成为他人生的一大污点，从此名声丧尽，威望全无，尤其在言官中更成为众矢之的。张居正受到了大量弹劾，人也开始变得偏执。更重要的是，在万历皇帝朱翊钧登基时，张居正受到了新登基的小皇帝的无比信任，他才能执掌大权，顺利推行一系列政策。但是张居正过于强势，给小皇帝留下了深深的阴影。随着朱翊钧逐渐长大，他对张居正从信任到畏惧，再到厌倦和不满，张居正权势倾天的背后逐渐埋下了日后倾覆的种子。以上种种，张居正已经有所感受，他刚决自信的内心逐渐开始崩塌，万历九年，心力交瘁的张居正终于病倒了，甚至开始有了回避朝政、归伏陇亩的想法。

万历十年（1582），徐阶八十寿诞，张居正尚在病中，不忘存问恩师，上疏朱翊钧，罗列徐阶多年以来的功绩，还特别提到，当年隆庆皇帝还是皇子的时候，嘉靖皇帝听到谗言开始对他产生疑虑，就像当年有人在永乐皇帝面前说太子朱高炽的谗言一样，正是徐阶从旁开导，才让嘉靖皇帝改变想法。希望皇帝看在徐阶是"先朝元辅，当代旧人"的分上，让礼部查照嘉靖年间事例，派人奉敕前去存问，并给予赏赐，以示优崇。张居正的疏报得请，朝廷准遣行人司行人涂时相捧神宗赐敕并钦赐银两、衣币等至松江府。远在湖北的王圻闻讯后，还专门写下《寿太师存翁徐相公八十序》一文，怀念当年嘉靖间徐阶"时艰世难，遭之万备，忘身以卫主而身全，遗功以酬世而功举"的功绩。

张居正曾经给徐阶写信，通报"皇上优礼存问事宜"，信中透露自己患的是痔病，近来得医官赵裕的治疗，已经拔除病根。只是自己日渐衰老，"痔根虽去，元气大损，脾胃虚弱不能饮食，几于不起"，好在近来渐次平复，等到秋天一定要准备退休。不过，徐阶和张居正当时都没想到，这是张居正致徐阶的最后一封书信，不到数月，张居正大病猝发去世。

张居正去世后不久，之前被他压制、极度不满的言官开始报复，由此掀动攻击张居正的浪潮，这正好迎合了朱翊钧摆脱束缚、发泄积怨的心理，不久就从小风波变成大高潮，开始全面清算张居正及其党羽。

万历十年（1582）十二月，御史江东之、李植上书弹劾冯保，朱翊钧遂将冯保发配南京并抄其家。徐阶在乡有《闻冯珰斥二绝句》记其事："黄纸喧传禁苑西，诸奄半笑半含凄。可怜廿载熏天势，只得张湾一夜啼。"此后，朱翊钧借着言官的攻击全面清算张居正的政策，陆续取缔他所定下的考成等法。万历十一年三月，下诏夺张居正上柱国太师及谥号，夺张居正子张简修锦衣卫指挥职。随之台谏中丁此吕、羊可立等开始全面攻击张居正。万历十二年，诏令查抄张居正家产，由刑部侍郎邱橓主其事。邱橓等在上面的示意下追赃拷问，张居正的儿子张敬修不堪苦楚，投缳而死，张懋修投井绝食未遂，张居正家族因饥饿惊怖而死者十余口，举朝震动。

清算张居正后，朱翊钧开始推行抑制内阁之策。由于母亲慈圣太后与张居正、冯保长期对他严格钳束管教，早就形成他厌倦政治的逆反偏执性格，于是懈怠朝政，疏隔外廷。著名明史学家孟森先生曾说，其后朱翊钧专用"软熟之人"为相，"不郊、不庙、不朝者三十年，与外廷隔绝"，只让信任的宦官四处聚敛，"矿使税使，毒遍天下"。内阁柄政的都是庸人，百官也不思进取，边患日亟，由此形成了明朝的"醉梦时期"。言官由于受到朱翊钧的纵容恣惠，开始四处攻击朝政，将此当成"顺旨希荣之快捷方式"，从此与政府日成水火。皇上醉梦，内阁软熟，言官妄论，朝局势必分崩离析，终于酿成明末延续长达半个世纪的党争，明王朝从此走向了迅速下滑的不归路。

张居正倒台之后，朝廷对张党进行全面清算，在湖北任官的张党大都被降职去官，余波所及，也影响了王圻。说起来很讽刺，当年王圻一直滞官不迁，就是因为早年得罪了张居正，只是他凭着自己的才华，引发了舆论同情，终于迫使张居正让步，方得升迁。这一切早已为朝廷上下所公认。现在因为王圻的升迁令来自张居正，又在张居正家乡为官，居然有人举报他是张党。虽然王圻不至于像其他人那样被罢官，但也因此多年升迁无望。旁人见此情形，替他担心，代他不满，帮他抱怨，为他呼吁，可他早已不将官品职级的升迁降滞置于心怀。他说："我从来没有因为张居正掌握大权而得到丰厚的赏赐，可以问心无愧，何必担心别人诽谤我呢？"天下人都知道王圻受到了不公的待遇。人心是公正的，路遥知马力，日久见人心，一个人是什么样的人，世间总归会有正确的判断，这对王圻已经是最大的安慰了。

在楚地做官期间，王圻将重心更多地放到著书立说以及刊刻各种书籍上。明代是中国印刷史上大发展的时期，刻书事业较前代进步颇多。武昌在明代是较为发达的工商业城市，同时也是整个长江中流地区的刻书中心。张秀民先生曾考证出，在吕宋（今菲律宾）就有很多武昌印的书籍。王圻任职的湖广提督学政衙门本身就是一个重要的官刻机构，要刊印大量的考卷以及《程义》《程策》《乡试录》等，加上有整个楚地的教官、学子可帮忙校勘，可谓有着得天独厚的条件。事实上，整个明代，各地的提学使、提学副使曾刊刻了很多书籍，成为明代官刻重要的组成部分。王圻就利用这个条件，校对刊刻了许多书籍，一些稀见古书就借着王圻的这次刊刻得以流传后世。

万历十一年（1583）冬，王圻编校《古今考》一书，并于次年付梓刊刻。《古今考》是南宋理学家魏了翁的著作，生前并未完成，后由方回续成。魏了翁当初研习儒家经典，尤其在研读"三礼"的过程中，备感古礼沦丧，古制难究，想考究制度名物的渊源，欲正本清源，以励世风，所以撰述了《古今考》。魏了翁曾在《答袁衢州甫书》一札中这样写道："然骛于高远者，惟欲直指径造，以步步而行、字字而讲者为卑近；而安于卑近者，则又以区区记诵、小小词章为学问之极功。"意思是当时有学者志向高远，想要直接体会道学的精义，就认为那些从头研究、从每个字义入手的学者是"卑近"，而那些"卑近"的学者又认为记诵经典、研究字义就是学问的最高境界，由此形成了两极化的治学途径，而这两种治学途径都是魏了翁所反对的，他撰写《古今考》就是为了"合内外，贯精粗"，"通古今为一书"，让后世有志于王道的人可以推原寻流，以古鉴今。而这也正是王圻一向的治学观点，所以他着手重新编校了《古今考》一书。从王圻整个治学历程来看，《古今考》的编校可以看成是他编写《续文献通考》以及其他诸书的一个学术史的梳理和准备工作，也是他在浩瀚的古代学术史中探寻同道、寻流溯源的一项工作。王圻在《古今考序》中写道：当世能作出鸿篇巨制、辞藻华丽之文的人并不在少数，然而他们的著作大多不重探讨问题，而只是专意剽摹经典、照猫画虎、崇尚猎奇。只要和他们探讨古今典章制度，则马上舌头像打了结一样，一句话也说不出来。王圻一直不满这种情况，早就希望可以做些什么挽救事实，所以才编校《古今考》。当初魏了翁仅撰《古今考》一卷，后由方回续三十七卷，与魏氏一卷一并刊刻，直至王圻编校之后，历经二百多年才有了新的刊本。今天方回的元至正二十年（1360）刊本早已散佚，魏了翁的一卷本收入《说郛》中，可以说方回刊本就是依靠王圻的刊刻才流传了下来。到了崇祯间，宁波谢三宾在王圻刊本基础上进行了三校。日后《四库全书》也以此为底本校改收入。这三个版本实属同一系统，王圻堪称《古今考》三十八卷本传世的功臣。

王圻早年从事科举的时候，专经《礼记》，尤其对于《大戴礼记》的研究颇有心得。王圻一直觉得，儒家群经中，《易》和《诗》有朱熹的《传》，《尚书》有蔡沈的《传》，《春秋》有胡安国的《传》，各书明晰清楚，容易理解。《大戴礼记》在"六经"中篇幅可称浩瀚，但是由于当年郑玄未注，历代诵习者非常之少，研究者更少，当时只有北周卢辩一家古注，且不完整，有注者仅八卷二十四篇。明初修《五经大全》，以陈澔《礼记集说》为定本，但该书疏于考证，错误颇多，清儒也均认为此书简陋，纳兰性德更著书驳正。除此书之外，其他书籍也有"夸多者寡要，尚约者漏万"的问题，意见纷出，互有同异，没办法"开来学以垂不朽"。万历十二年（1584）秋，王圻奉命至长沙督学，遇到了时任按察副使的李天植（号冲涵）。王圻与李天植都专经《大戴礼记》，由此成进士，一见如故。当时李天植有裒集《礼经》群言的志向，并将所搜集的相关资料全部交给王圻，王圻在此基础上和李天植共同总结历代对《礼记》研究的成果，编订成《礼记裒言》一书。王圻找到在楚为官的古之贤，又聘教谕廖自伸、诸生叶维祯等人进行分卷编辑，参互考订。不久，李天植转任四川布政使参议，离开湖广，王圻就独立完成了该书最后的编纂刊刻工作。目前《新刊礼记裒言》有万历十三年刻本，藏于中国国家图书馆和南京图书馆等处。《大戴礼记》的研究和考订工作真正的繁荣要到考据学盛行的清代，明代并不是经学兴盛时期，王圻编纂此书，主要也是为了专经《礼记》的士子学习之用，对于经义其实并没有太大的发明，但是该书仍然称得上是明代《礼记》研究中的重要成果。

王圻任提督学政时，由于历年写的程义和程策广受好评，士子们都想看到他更多的文章，作为学习模仿的范本，所以他们就经常请王圻将自己的文章拿出来给大家学习欣赏。久而久之，王圻就开始有了整理自己历年所撰诗文的想法，他准备编一本自己的文集，为楚地学子树立一文章范本，开始对旧年文章进行甄选删定，这也是王圻文集进行编订的开始。据今所传十六卷《王侍御类稿》一书前郭正域、王思义等人序文而知，王圻在楚中所刻文集名为《洪洲类稿》。王思义《续刻王侍御类稿引》称，《洪洲类稿》"先奏议，次诗若文"，收录的是王圻任楚臬之前所作的奏议、诗文之合集。书前有吴国伦万历十三年（1585）序文，称此书刊刻流传于王圻任楚臬期间，可见《洪洲类稿》应该刻于万历十三年之前。

万历十一年（1583），就在王圻莅任的第三年，因政绩卓著，其父被诰封为奉政大夫、湖广按察司佥事，王圻多年的心愿终于了却了。同年，徐阶去世。王圻听闻噩耗，伤心不已，专门撰写了《祭徐文贞文》。此前在万历六年，高拱已经去世，对王圻宦途产生最重要影响的三位阁臣相继离世，一个时代，从此结束。徐阶还是其中最得善终的一个。想到朝事日益不堪，王圻不禁更加心灰意冷，去意渐浓。

万历十三年（1585）十月，朝旨下达，王圻升为陕西布政司参议，为从四品。至此，王圻在湖广已经淹留整整五年。他念父年老，又失意于官场，遂上疏请辞，乞归养。这一年，他已经五十六岁，想起二十年前初入北京参加会试的意气风发，物是人非，恍若一梦。

越水吴山重系思：退居后对家乡的关心

万历十四年（1588）四月，画家王简和张芑联手为归田在家的王圻画了一幅肖像，今藏于南京博物院。画中王圻端坐在山石树木之间，一只手捻着胡须，温文尔雅、丰神潇洒的形象跃然纸上。王圻虽然归田，但其实是退而不休的，有了余闲，他可以全心全意地致力于编撰著作，与此同时，他也利用自己的影响力，为地方利益出谋划策，奔走呼吁。

战国时荀子曾说过："儒者在本朝则美政，在下位则美俗。"这句话对后世儒者产生了深远的影响，特别是宋以后，那些离职返乡的士人们，因为有功名、资历，往往很容易成为当地的中心人物，其言行举止会对本地产生较大的影响，足以转移风尚，这就是所谓"美俗"。和王圻同时代的陈继儒曾说过："做秀才，如处子，要怕人；既入仕，如媳妇，要养人；归林下，如阿婆，要教人。"这里所说的"教人"便是"美俗"。宋代以后，特别是在明清时期，退休的士绅成了基层社会的领导者，承担了安靖地方、赈济救灾、教化风俗等事务，弥补了政府统治的不足，充当了国家与社会之间的联系纽带。虽然不同地方的士绅影响力会有所不同，但无论在什么地方，士绅作为官僚与民众的媒介，都起着特殊的作用。明代上海所在的江南地区是整个国家的经济重心所在，为政府所高度关注。与此同时，这里科举兴盛，经济发达，官绅密集，工商地主的力量较为强大。以嘉靖倭乱和万历不上朝为标志，朝廷的权威日渐薄弱，士绅们开始更多地参与地方事务，拥有了更多的权力基础。他们一方面向地方政府提出各种建议，一方面通过各种方式来行使本该由政府承担的责任，以他们为主导力量的水利、救灾、慈善、治安等民间组织和民间活动日益完善，这是上海在朝政日益不堪的情况下依然能在晚明相当一段时间内保持内在协调和有效控制的重要原因。王圻去世后被士绅们荐举进入乡贤祠。和他同时代的顾从礼曾在《名宦乡贤二祠记略》中说，建乡贤祠是为了祭祀那些"有功德于民"的"乡先生"，以"善风俗，厚纲常，表忠孝"。王圻就是这样"有功德于民"的"乡先生"。士绅们当年在荐举文件中，认为王圻"里役自等编氓，田产不逮中户，年逾大耋，望重宾筵"，"有学有守，不激不随，在郡邑称神君，在邦家为司直，在乡党为祭酒，在圣门称醇儒"。其中所谓"在乡党为祭酒"就是指他为家乡做出了贡献。这里限于篇幅，只讲两件事。一是万历三十六年（1608）江南大水的救灾。二是万历三十八年松江府均役改革。

一、万历三十六年（1608）江南大水救灾

《王侍御类稿》收录了好几封王圻与各方面人员的往还信札提到了这场万历三十六年的大水。如《答南昌喻县尹》说："上年水灾，我仅有的一点儿微薄产业都付流水了，想要做个太平温饱之民，亦不可得，又何足为知己者道啊！"《答朱节推》说："天降灾祸于吴民，横遭洪水，从春到秋，泛滥日甚。我这把颓龄病骨，遇到这次大灾，想求为太平温饱之民也不可得。"《与蔡宪副》也说："分别以后，淫雨肆虐，本地无论是高乡还是低乡，都是大水滔天，至今洪水未退，天降吴民祸殃如此

之甚。虽院、道极力奏请免税，但小民吃不饱肚子，快要活不下去，已经开始剽窃并作，严刑不能禁止，到了冬春之交，不知道还会发生什么事情!"这三封信的重点并不在水灾，如《答朱节推》是赠新刻的《三才图会》之事，但是王圻在信中反复提及这场水灾，可见这场水灾对他的影响。

王圻的《与周抚台》(即与巡抚周孔教)和《与都下亲知》这两封信的主要内容就是讨论水灾，记载相对详细。《与周抚台》书云："自今年四月以来，大雨昼夜如注，极目千里，一望全是洪水，菜麦在田间萎谢，秧苗在田底腐烂，乡村断了炊烟，市肆贸易绝迹。"《与都下亲知》云："自四月以来直到五月，大雨连下了四十六天，昼夜点滴不停，洪水浸灌六百余里，棉花、水稻根株尽悉腐烂。"在崇祯《松江府志》中，载有《青浦邑侯遂东王公赈荒记》，其中说，万历戊申(三十六年)，自春到夏，大雨三月不止，青浦县城水高过尺，四乡田间堤坝全部溃决，房屋漂没流移，不计其数。王圻的家乡就在青浦、嘉定与上海三县的交界处，将《赈荒记》与那些书信两相对照，可见王圻的描述应该是实情，并无夸大。

其实，万历三十六年的水灾在整个明代的江南灾害史上都留下了重重的一笔。学者鞠明库认为，这一年大水因为持续时间长，波及范围广，破坏层级高，时人视为"二百年来未有之灾"，堪称是晚明江南最为严重的水灾之一。根据学者的研究，此次水灾主要源于江南梅雨期连绵不断的降雨以及江流泛溢，正如王圻所言，从四月到五月，他亲历了连续四十六天、昼夜不停的强降雨。事实上，在本次水灾的重灾区，降雨曾从当年的三月下旬持续到五月下旬，历时五十天左右。如时任应天巡抚周孔教奏称："今岁突遭水患，自三月二十九日以至于五月二十四日淫雨为灾，昼夜不歇。"周起元也奏称："今岁苏、松、常、镇、应、徽等府，自三月末旬至五月末旬，淫雨连绵，倾盆注下，昼夜无顷刻之停。"

长时间的连续降雨，加之长江泛滥，放大了江南地区的水灾破坏效应。当时在地势相对低洼的地区，由于水泄不畅，水灾甚至持续了三年。而且此次水灾波及范围非常广，从周起元奏疏就可知，苏州、松江、常州、镇江、应天（南京）、徽州等江南诸府大片地区均罹雨涝。按照户部尚书赵世卿在《请发帑赈济东南灾民疏》中的汇报，江西、湖广地区也同时遭遇了水灾，只是三吴两浙之患更为严重，"百年未有"，到处都是"饥馑流亡"之惨象。离上海不远的湖州，当地人朱国祯在汇报家乡水灾情况时，说了好几遍"诚二百年未有之灾也"。

明代以降，江南地区多次发生过水灾，就王圻个人而言，他自己亲身经历有深刻印象的就有三次，但是他觉得，没有哪一次有这次水灾这么严重。他之所以这样判断，是因为这次水灾对于农业生产的影响是致命的。他在致周孔教的信和《与都下亲知》都描述了当时水灾的详细情况。王圻认为，嘉靖四十年（1561）的大水是在禾苗长成之后发生的，高乡地区还有收成；万历十五年（1587）的大水是在春耕结束之后发生的，夏种还没开始，这样到秋天有一些少许的收成；而本次发生的大水，开始时间早，持续时间长，造成的破坏明显比前两次严重。大雨从三月就开始了，当时春耕刚刚开始，禾苗刚刚种下就被淹了，夏收基本泡汤。水灾持续时间长，甚至一直延续到立秋之前，想要补种已来不及了。周孔教在给朝廷奏疏中谈到了这一点："已熟之麦尽付洪波，而方芽之秧俱成腐草。"不但春播的种子夏收无望，甚至日后秋收的希望也没有了。水灾导致粮食生产严重受损，很多地方开始出现粮食短缺现象，米价飙升、饥荒蔓延，甚至发生了抢米之变。王圻在与周孔教的信中描述华亭、上海、青浦三县百姓"携妻挈子入城哀控者填塞道路"。在《与都下亲知》书中也提到，有流民"聚众剽掠，水陆道路几于梗塞"，前述《与蔡宪副》更指出："嗷嗷待哺之民剽窃并作，严刑不能禁遏。"粮食危机导致饥民、流民涌现，饥民一旦得不到及时赈济，就开始破坏秩序，逐渐形成社会危机。

大水造就的粮食危机和社会危机，令从上到下各级官员对此都非常重视，并采取了很多有效的措施。周孔教离任时，松江地方为其立德政碑，碑文由王圻亲自撰写，即《大中丞怀鲁周公德政碑记》，详细记述了周孔教为平复水灾采取的各种举措。水灾初起时，境外的粮食不能马上运到，境内米商试图涨价牟利，百姓民生计艰难，周孔教及时发仓粮赈济，并严禁闭籴。同时搜罗公款，派遣干吏四处买米，外地的粮食相继进入灾区，米价顿平，"民忘其饥者十室而四"。他又捐资助赈，首先捐廉为倡，于是人人趋义，或煮粥，或捐米，"民忘其饥者十室而六"。他又上疏请求减免税收，于是折漕减了一百五十万，内帑数十万，榷税十万，另外还有税契、渔课减免不下数十万，民忘其饥者就"不止十室而九矣"，将百姓的损失减少到了最小。各级地方官员也都身先士卒，投身赈灾，王圻在《与按院》书中说，松江知府张九德，还有华亭、上海、青浦三县知县亲身来到田间地头，"宿水餐风"，平粜、发粮、分银、散设钱粥诸项事务，都亲为经理，成千上万的老弱病残灾民因此获得救援。

　　王圻自己在此次救灾中也做出了重要贡献。前面所举的几封书信就是他与各级官员上下联系的证明。周孔教上疏减免税收，应该就是由王圻在背后推动，他在与《周抚台书》中表示自己要"为百万生灵请命"，他甚至认为普通的减免赋税，"蠲停改折"，只是一般救灾常例，当此大灾之际，应该"大破常格"，全部减免，否则的话，就是将百姓逼上绝路，"直驱而之盗"。当周孔教上疏请求免税之后，他又联系北京的官员来促进这一政策的实施，这就是《与都下亲知》中的关键内容。信中说道，他已经向巡抚上书请求，希望他可以"转渎天听"，相关奏疏马上就能"驰奏阙下"。只是北京离松江遥远，当事诸公有可能不了解灾情实际，或将此次水灾视为普通灾异，按寻常救灾方法操作，"以改折停缓为拯救之策"，这样就可能导致"啼饥号寒之民不免转填沟壑"，流民们甚至会"咸思窜入潢池"，引发社会秩序的大混乱，如此则"东南剧祸，且在旦夕"。他希望这些官员"怜念梓里"，将灾情"转闻阁部及司计巨公"，以求破格处理，只有"百万生灵早受一分之实赐"，消灾弭变才会成为可能。

　　即使灾情渐趋平稳后，王圻仍然不停地操心。当时正是三年大计，地方官员赴京朝觐之时，王圻作书《与按院》，写信给按察使，以为此时遭灾不久，"僵仆方起，饥疲萌庶"，而且听说海上有盐盗和倭寇警讯，地方安危仍然处于关键阶段，希望按察使下令一府三县长官暂停入京朝觐，"拊循镇定"，另外委派副手赴京，以保证"荒政借以始终，奸宄借以弹压，良善借以无恐"。王圻对家乡事务的拳拳之心溢于言表。

　　王圻的贡献远不止写几封信，上下联络，他还提出了相应的对策方案，这就是十条《赈贷群议》。对照周孔教前述的众多措施，可以发现其中很多举措可能是受到了王圻的指点后方才实施的。再考虑到王圻关于减免税粮的提议，可以说周孔教当时在江南实施的赈灾一系列举措，有可能都来自王圻的建议。《赈贷群议》后来收入王圻自己编的《续文献通考》，同时又以《学宪洪洲王公圻议》为题，部分内容收入崇祯《松江府志》，由此也可见地方上对王圻这些建议的重视。

《赈贷群议》共十条，具体内容如下：

一是议储蓄，即设社仓储粮。地方政府应该仿效当年朱熹的社仓法，遇到收成好的时候，在各集镇乡村置一个社仓，劝谕本处乡民将粮食借给社仓，或三五石、十石、二十石，不拘多少，听其自便，不得强迫。每仓置放粮食百石，不足的则用官钱买粮补上。如果遇到春间青黄不接的时候，有乡民缺粮，可以到社仓借用，并登记在簿，等到秋收时归还，每石加息谷三斗。社仓收粮、放粮由乡约、保正负责，看守由甲长、乡夫负责。等到三四年后，如果社仓储存的粮食已经超过当年乡民出借的数量，再照着当初出借数，逐一退还。如果不愿领的，就按照当初出谷多少进行奖赏，甚至可以授予匾额，以示表彰。

二是议停蠲，即暂停或者减免征税。王圻认为国税暂停征收或者减征可以在大灾期间发挥很大的作用。百姓虽然没有收入，但因此可减少支出，如果稍稍有点儿积累，再向亲友借一点儿，富者就不至于陷入贫困，贫者不至于流亡。"停蠲"是"仁政所当先者"。总有一些地方官员拘泥于常规，不仅不减免，甚至还要提前征收追讨。还有官员担心如果不及完税会影响自己的升职，就算朝廷下了暂停或者免征的旨意，依然把税粮征完。贤良的官吏也许会用本年预征的税粮去抵补下年的税粮，可那些不肖的官吏甚至有可能中饱私囊，让朝廷恩泽变成一纸空文。凡遇水旱灾害，地方官员应该迅速查勘受灾情况，及时上报，请求对税粮暂停征收或减免，让百姓沾到实惠。

三是议赈济，即赈济穷苦无告的饥民。如果此前生计还能够过得去的家庭，就算大灾没有收成，或者是通过借贷，或是想其他办法，总不至于流亡。而那些穷苦百姓，没有途径借贷，就只能坐以待毙。赈济的措施既要尽快出台，也要认真谋划斟酌，尽可能做到公平。要派遣心地善良、头脑清楚的官员亲临现场，清查各级仓库，确定发放方案，千万不要由吏胥主持，以免他们侵吞渔猎。发放时一定要及时，不得耽搁。较偏僻的地方，可以用船或车将粮食运到当地发放，让饥饿的百姓不致倒毙在粮仓之下、路途之中，否则的话，就算清空粮仓，也救不了那些嗷嗷待哺的饥民。救不了饥民，地方官又怎么能称得上是父母官呢？

四是议抚恤，即对妥善处理邻县流民。如果有流民到来，必须要体念他们的疾苦，不要用武力驱散，制定维持秩序的相应措施，给他们住的地方、吃的东西。如果流民饿毙，也要让他们死有所葬，帮他们抚育妻儿。如果他们不愿回乡，可以允许他们入籍，如果要返乡，则应资助路费。

五是议平籴，即平抑粮价。一般来说，每到大灾之年谷价就昂贵，令百姓深恶痛绝。如果官方将粮食高价买入，低价卖出，各地粮贩就会争相将粮食贩运过来，粮价自然就降下来了。但是低价卖出，价格不能太低，高价买入，价格也不能太高，关键要做到粮仓不空，惠民政策才可持续。另外不能为了平抑粮价，不允许粮食外流，更不能用官方强制手段，要发挥市场的效应，促使商贩们自觉自愿地大量运米入境，如果商贩有利可图，官府就能买到粮食，米价自然逐渐平稳，缺粮的问题就会得到解决。

六是议发仓，即开仓放粮。近来对地方官考核的标准是粮仓里储存了多少粮食，可要知道，粮仓里储藏的粮食是专门为了灾荒而准备的。如果大灾之年粮价高涨，百姓危在旦夕，地方官不应拘泥于相关规定，应立即开仓放粮。如果只考虑粮仓的粮食收不回来，一定要上报后才发放，饥民早就性命难保了。

七是议倡义，即提倡义举。人人都有好义慈善的心，关键在于官员制定相应的激励措施，只要措施得当，那么好义趋善的人比比皆是，就算是普通百姓也会"捐千金如敝屣"。用百姓之财，救百姓之死，重点在于如何提倡鼓励，在于地方官处置能否得当。

八是议煮粥，即灾荒时候给流民、灾民施粥。灾荒时，百姓流亡，贫病交加，扶老挈幼，如果发放少量钱财，则粮价太高买不起太多；如果发放谷物，仓库存粮太少，很难遍及，只有煮粥一策可以救燃眉之急。正如宋儒程颐所言，救饥，目的是使之免死，不是让他发财致富。煮粥时要选择宽广的地方，规定辰时（早上七点到九点）放饥民进入，到巳时（上午九点到十一点）关门，午后开始施粥，等到申时（下午三点到五点）施粥完成，放饥民出来，每天能吃一顿饭，就不会饿死。那些能够自食其力就可以解决温饱的人，自然不会来。这样就有针对性，相比不经选择、随意施粥者，可能会多救活数倍饥民。另外，对于那些实在瘦弱、饥饿至极的人，应该分开施给，允许他们一早一晚吃两顿，等到缓过劲来，再恢复到每天一顿。官员要亲自品尝粥，防止偷工减料。煮粥施粥，一般认为是救荒的下策，但关键在于施行有法。比如说施粥场所宜广不宜隘，施粥发放宜同不宜异，相关规定宜严不宜宽，人群宜散不宜聚，施给对象宜遍不宜频，主要就在于地方官斟酌损益，择善而从。

九是议给粟，即统一发放粮食。将粮仓多余的粮食加上富室的捐赠，统计全县人口，计口给粮，每人不过升合，每家不过一斗，这也是重要的赈灾措施。

十是议权宜，即随机应变。救荒如救火，饥民嗷嗷待哺，命在旦夕，需要地方官员从上到下权宜从事，只要能起到作用，任何措施都可以实施。当年范仲淹守杭州，正值灾荒，他组织百姓竞渡，这就是权宜从事。地方官员有针对性地采取有效措施，这样才是所谓"苍生之幸"。

作为一个强调"通贯古今""鉴往识来"的学者，王圻更关注灾害为什么会频繁发生，如何预防灾害发生，如何从根本上解决灾害问题。

其实，同时代已经有很多卓有见识的学者在思考这个问题。徐光启就曾说过，正是因为近年水利不修，太湖无从宣泄，导致万历三十六年（1608）的大水久久不退，一遇大雨就会被淹。徐光启认为，不是梅雨导致灾害，不然以前年年都有黄梅天，唯独今年"数日之雨便长得许多水来"，并指出若水利未修，今后不免岁岁如此。

有鉴于此，当时有很多人借此提议开浚吴淞江，从根本上解决水患。万历四十年（1612），嘉定人、工科给事中归子顾上疏请治吴淞江，他认为万历三十六、七、八等年的大水灾是因为吴淞江下流无从宣泄，建议"修浚吴淞江，循故道，仿前迹"，进行全面整治，务必"使江身阔深，水流驶迅，滔滔入海"，各条塘浦支河四通八达，这样才会旱涝无虞。以后即使遇上大雨洪水，亦有宣泄之处，可再无水灾之患。可见，兴修水利已经成为当时有识之士在总结大灾教训后得出的一致结论。

王圻同样将更多的精力放在兴修水利以治本上。不要忘记，万历三十六年（1608），王圻年近八十岁。古人言，七十古稀，八十为耄，耄即昏愦，可王圻不但不昏愦，还兢兢业业，穷尽自己不多的余生，脚踏实地，致力于家乡的水利建设。正如张宗衡《东吴水利考叙》所言："自戊子以达戊申，二十年中三见水旱……王公生长水乡，目击艰苦，故纂集斯编。"可见，《东吴水利考》就是王圻总结自己亲历的三次水灾，尤其是万历三十六年水灾的经验教训而专门编纂的。如下文提到的，甚至直到临终前几天，王圻仍然在为《东吴水利考》作序，可见治水是他心头永远的牵挂。

除了《东吴水利考》这部全面研究和总结江南水利历史及经验的著作之外，王圻还专门写了《三吴水利总论》和《开浚吴淞江议》等文章，对兴修水利提出了具体措施。《开浚吴淞江议》又以《王圻开浚吴淞江考略》为名被收入万历时张国维编的《吴中水利全书》。在这篇文章中，他不仅叙述了吴淞江的由来、走向以及历代开浚的历史，更提出了开浚吴淞江的方案。他指出，当时的吴淞江"黄渡以西、宋家桥以东尚皆通流如故"，但是中段七十余里已成平陆。吴淞江淤塞，支流五大浦及田间水道也就日渐浅淤，如果遇上连绵大雨，就会一望弥漫，无从倾泻。一旦天晴，立即水涸，田间无从车水，马上"田畴龟坼，禾苗立见枯槁"。地方官员征收税粮最痛恨拖欠，可不知税粮拖欠的原因就在于不修吴淞江水利导致农业收成下降。他们只知东南凋敝，却不知凋敝原因何在。不过，大家都知道要开浚吴淞江，却迟迟未能动工，主要就是在于经费。工程经费，一般来说不出于官，则出于民。现在国库空

若欲二一均平六十萬畞所孤折色銀兩仍令
官甲各自收本戶而以官催之費勿將千及商催是收役色無不平矣
役既平則官有官差流田而差亦不免又何妨于詭
寄民有民役田去而役亦隨之又何辭于官甲在下
者不必起均之矣其在上者亦不必質
詭積獘久自可靖化
趙請之煩化
重定隨名而士差流登惟緣納議愁離雜不齊終阻

于三難之説萬一見諸行事不數十年小民愒日之
累更有浮于今日者矣不識 高明以為何如

開濬吳淞江議
松江在上海縣北舊名吳淞江後以水災去水從松
蓋禹貢三江之一也三江者北為婁江中為松江南
為東江而松江又名松陵其源出於震澤自吳江
長橋東流至尹山北流至澱山北合
趙屯浦東合大盈浦又東會頃會浦淞子浦瀦流庸
凡五大浦而至宋家橋東南流與黃浦會而入海其

將入海處別名滬瀆江東西凡二百六十里此東南
水利之最著者向與婁江東江為湖流入海之
道自唐開元元年築捍海塘起杭州鹽官抵吳淞
長一百五十里沿海港口益為堤而東江湮沒
考矣東江既塞婁江界在北境惟松江一線關係
蘇松二郡民生國計故歷代治蹟獨詳于松江宋寶
元元年兩浙都轉運副使紫清臣開盤龍滙以入江
慶曆元年知華亭縣範仲淹開顧滙浦以入江嘉祐
六年轉運使李復圭開白鶴滙以入江元祐三年常

平使者調蘇湖常秀之民濬治龍江紹聖中轉運副
使毛漸開大盈諸浦以入江崇寧二年宗正丞徐確
提舉常平目封家渡古江開濬至大通浦在微海口
凡七十四里上海合嘉定二縣供役大概元年十一
月從中書舍人許光凝奏開淘松江古蹟大加疏
三年兩浙提舉常平趙霖又
年兩浙提舉丞王旺開單亭海又開白鶴
年鹽官丞王旺開顧滙浦又濬鹽鐵塘更名下沙浦
五年通判曹泳開顧滙浦又濬鹽鐵塘

《王侍御类稿》之《开浚吴淞江议》

虚，地方穷困匮乏，无论官民都无从搜括。于是王圻建议采用提编的办法，所谓提编，就是建立在一条鞭法的基础上，将各州县新编五年的解运、催收、里甲、塘长各项差役一律征银免役，将所征的银两用作河工经费。他估计苏州府和松江府的这项银两大约有七万两左右。另外各府州县还有为救济灾民准备的银两，这项经费一部分用来赈灾，一部分用来做河工经费，特别是如果雇募饥民，以工代赈，救灾开河，可一举两得。经费问题一旦解决，如果还有倡议阻挠的，就都是那些侵占官河的豪民，捏造谣言以蛊惑人心，对于这个问题，地方官应该明察。

当时有所谓吴淞江通塞关系文运兴衰一说。王圻在《开吴淞江驳议》一文举出很多有力证据进行驳斥。比如有谣言说开浚吴淞江会影响科第，王圻列举了大量事实，指出科第和吴淞江开浚根本没有任何关系。他指出，有人说"吴淞一开，黄浦必塞"，但是宋元迄今，吴淞江疏浚不下二十余次，黄浦从来没有因此湮塞。更何况，先辈名公纂修松江、华亭、上海等地方志乘，从来没提到过"吴淞一开，黄浦必塞"的说法，而是每每以开浚吴淞江为水利要务。退一步讲，即使这种说法有道理，"吴淞江一江系四郡十二州县生灵之命脉，朝廷数百万赋粮之根本"，若因为科第而使整个江南"公私俱困"，可谓"深信曲说而不达国体"，非忧国忧民之君子所能言。

著名历史地理学家满志敏先生曾在《推测抑或明证：明朝吴淞江主道的变化》中介绍了王圻的开浚方案。在这个方案中，王圻将整个吴淞江开浚共分十段，每段都包括各河段起讫地点、长度、淤塞情况及开浚深度，并附上他自己计算的工食银的数量。可见，王圻虽然年过八十，但为了家乡的利益，不辞辛苦，亲临吴淞江两岸踏勘计量，最终提交了具有可行性的开浚方案。数百年之后，满志敏还可以根据王圻的方案来推测明代吴淞江河道的基本状况，可见王圻这一方案至今依然有其价值。

二、万历三十八年（1610）松江府均役改革

周孔教离开之后，接任他应天巡抚位置的是徐民式，徐民式到任后，就大张旗鼓开始了均役改革。

明代的徭役问题，前面已经有所提及。著名财政史和赋役史专家梁方仲对明代徭役有如下总结："在明代初年，一切徭役只分为两大类别：除里甲一役系'正役'外，其余尽为'杂役'。到了正统初，才有人从'杂役'中把一些具有经常性的差役划分出来，并纳入于'均徭'这个新名称之下。从此以后，明初的二分法便逐渐为'里甲、均徭和杂役'的三分法所替代了。"在成化、弘治前，松江府地区是计里编役，就是将徭役分配到每个里甲。当时，由华亭县承担的"正役"或叫"大役"，有布解（上上役）、北运（上上役）、收兑（上等役）、收银（中等役）、南运（中等役）等五项，其他还有风汛解户（中等役）、麦折解户（中等役，赴凤阳）、蜜糖解户（下等役，赴南京）、惜薪司运柴脚解户（中等役，赴南京）、各部柴薪解户（下等役，赴南京）、五城弓兵解户（下等役，赴南京）、直堂解户（下等役，赴南京）、国子监膳夫解户（下等役，赴南京）、两浙运司船盐解户（中等役，赴杭州）、织造府解户（下等役，赴杭州）等十项。至于里长、粮长、老人、塘长之类则视为"小役"。其中布解、北运、收兑、收银在当时称之为"四大役"，要在合适

的解户内点充，每区五年一编。

前面提到，明代的士绅阶层有一定的赋役优免权。据明末清初人叶梦珠记载，当时上海地区的优免情况大致是这样的："贡、监、生员优免不过百余亩。自优免而外，田多家富者亦并承充。"乡试、会试两榜中式，即有进士、举人功名的乡绅，无论官阶及田之多寡都不承担徭役。举人根据官阶高低，多者可免二、三千亩，少者亦千亩。贡生出仕的，亦根据其官阶高低，多者可免千亩，少不过三、五百亩。监生如果没有做官，和生员一样，就算做官，优免权也多不了多少。上述"四大役"过去只编民户而不及官户，多由底层百姓直接承担。

为了躲避徭役，底层百姓想尽各种办法，这就是诡寄和花分。所谓"诡寄"，指官绅的族人、门生、故旧以及一般百姓勾结胥吏伪造田册，将自己的户名非法隐寄于官户之下，以规避徭役。至于"花分"，指勾结胥吏采用违法手段将花户分成若干小户，令原应承担重役的上等户降格，用以逃避其役。比如隆庆元年（1567），巡按直隶御史董尧封奏，查出苏、松、常、镇四府投诡田、花分田合计约五十三万余顷，然而当时松江一府的田地只有四十四万余顷，可见诡寄、花分隐匿户口的严重程度。

为限制优免冒滥问题，江南地区开始推行所谓官甲制度，即将官户与农民分开，另编官甲，官绅自行承担田粮的征收、发解，"自办、自比、自收、自兑"。这一改革初始的推动者就是董尧封。他在查出诡寄田和花分田之后，上奏请求由苏州、松江、常州、镇江四府官籍大户自行交兑税粮，后经户部批准实施。官户自兑方案是让官甲应役，通过减少交兑环节来降低官甲的应役成本，另外将漕粮兑军环节的额外负担也转由官户承担。但是董尧封的调整并不全面。首先，自兑官户仅限每岁承担税粮五十石以上的官籍大户；其次，自兑内容也仅限军运漕粮。

隆庆二年（1568）四月，林润在《奏请松江丈田均粮疏》中推荐上海知县张嵊的官户立甲方案。次年，专理松江清丈均粮事宜的分巡松江督粮佥事郑元韶率先在华亭、上海两县实施张嵊的方案，并在江南多地渐次推行。

张嵊的官户立甲方案改变了明初以来不以身份划分，而以地域立甲的官民合甲局面，形成一套独立于民甲之外专门针对特权官户的赋役征解系统，实现了里甲内官户钱粮的催征调整为官户自纳。另一方面，因甲内官户需自行承担本户钱粮的催征、兑漕、解运等任务，拥有免役特权的官绅大户就不再规避于粮役之外。对此，王圻分析道："嘉、隆以前，官甲不知有催比之苦，而今官甲自催比矣……嘉、隆以前，官甲不知有收仓之苦，而今官甲自收自兑矣。"官户立甲的实质是让享有免役权的士绅群体承担本户田赋的催征、解运、交纳，来将他们纳入地方徭役系统，这一举措在减轻民户粮役负担的同时，开启了江南士绅由免役到应役的过渡。

不过，官甲改革虽然打破了官户不当粮役的制度或地方惯例约束，但适用范围仅限官绅本户税粮，因此未能真正实现以财力多寡为应役等差的均役，也未能解决赋役资源的流失问题。原因很简单，官户官甲的背后是大官，只要优免权在，诡寄和花分的现象就没办法解决，而且就算他们逃役，地方官也拿他们没办法。

要解决这一问题，就是将官户和民户一体均役。根据日本学者滨岛敦俊的研究，最早推进均役的江南地方是万历九年（1581）的浙江海盐县。不过早在嘉靖四十二年（1563），华亭知县周宷就曾提出过限田优免的均役思路，只因任期过短和徐阶的反对而未付诸实施。万历十九年，巡按南直隶御史甘士价致信华亭县致仕尚书陆树声，再次提出对官绅优免应该论品按田加以限制，同样因遭到陆树声的反对而未付诸实施。可见，地方官员在触动士绅利益的均役问题上往往需要顾及本地官绅大员的意见，特别如华亭这样士绅化程度较高且高级官阶者众多的州县，均役难度之大不言而喻。

万历三十六年（1608），华亭知县聂绍昌在详定河道浚筑成规中制定了照田均派之法，事实上取消了官户在水利领域的免役特权，局部实现了官民一体当差。不过，这是因为河道堤防的浚筑直接关系士绅的自身利益，所以该法的推行并未遭遇太大阻力，可是一旦碰触到了整体徭役的平均分配，问题就大了。

就在这时，万历三十七年（1609）十一月，太仆寺卿徐民式被任命为右佥都御史，巡抚应天。徐民式曾任松江府推官一职，对该地区士绅化与役困之间的关系较为了解，他曾在奏疏中言："职往理刑云间，业已稔知艰难之状。"到任不久，徐民式就在首辅叶向高和户部侍郎孙玮等中央官员的支持下，在苏州、松江等地全面推行以照田派役、官民一体当差为标准的均役改革。

徐民式采取的第一步措施是限定官绅的免役田额和清核隐漏田产。徐民式虽奏请照会典则例对官绅滥免加以限制，但户部为安抚江南士绅，要求在会典优免则例的基础上"加倍常额"。

清核隐漏田产是接下来的工作，华亭县的清核工作仍由知县聂绍昌主持完成，对于清核前后的变化，聂绍昌的《均役全书叙略》和本县举人宋懋澄于万历四十三年（1615）撰写的《拟苏松士夫请贴役疏》有部分记载，对照王圻的相关记录基本相符。根据学者李园的计算，万历三十八年华亭县围绕诡寄、花分的清核还是有所成效的，其中编役田较清丈前增长了七倍，占比也由区区百分之五多一点提高到百分之四十多，极大缓解了华亭县的编役压力。

清核隐漏田产意味着政府对于基层赋役资源控制的加强，在此基础上，徐民式令各县对优免外田产，"无论官民尽数照田编役"。华亭等县早在隆庆年间先行实行官民分甲，所以这次均役的重点在调整官甲与民甲的徭役分担上，聂绍昌对该县的编役方案作了部分记载，相关内容收入崇祯《松江府志》。

大致而言，华亭县的均役主要体现在两个层面：一是调整官户与民户的应役不均问题。方案对于制度优免外的官甲余田一律编入布解、收银、总催、兑军等役，初步实现了公役层面的官民一体当差。二是根据官甲内各户余田的多寡，编以轻重不等的徭役，实现士绅内部徭役均当。不过，考虑到"斟酌相宜，乃可与久"，聂绍昌顾及本地士绅的利益，还给予了一定优惠，如官甲"余田及五千亩者，除二千亩起布解一名，余田至万亩者，除四千亩起布解二名"，意思是承担布解的官户每五千亩可额外享有三千亩的免役补贴；另如南运、北运之役以"非民甲谙练惯熟者不能承受"为由，将官甲排除在外。

华亭县的方案推出之后，在当地引起了强烈反响。王圻马上写了《均田均役议》提交给徐民式，他首先表达了自己对徐民式均役改革的支持，虽然清核民田肯定还会有隐漏，但不能因为这个问题来指责役法改革，"是意非阻挠而迹似阻挠"，对于"裨规划而苏民困"，没有一点儿帮助。但同时，他提出了一些不同的看法。王圻的主张是限田均役之外还应该做到均图均甲，要趁不久重造黄册的机会将新编五递年各役户下田亩平均分派到各图各甲，这样才能做到"官田自不能逾制，民田自不容花诡"。

他重点讨论了关于华亭县此次民田清核的情况。如上所述，王圻所举的数字基本上与地方志中所载聂绍昌和宋懋澄所言数字相符，大致而言，华亭一县田额共一百九十四万九千七百八十八亩，实应编役田为一百九十万六百四十六亩，除去优免田三十二万九千五百二十三亩，尚余田一百五十七万五百二十一亩。原编役田为十一万亩，此次清理诡寄、花分所得田六十八万六千四百亩，全计田亩为七十八万亩。但还剩八十多万亩"俱空闲全不编役"，地方官"称系零星小户，理宜存恤"。但是王圻置疑"田至八十万亩，几当县额之半，岂皆小户之业"，他认为是"豪民分诡无疑"。他进一步指出，这些小户自耕自食，不参与徭役，为什么应该"存恤"？那些其他役户除了劳作之外，还要充"力役之征，终岁勤动，不得宁家"，难道不应该存恤吗？至于官户，虽然有权有势，但是"少小则灯窗辛苦，强壮则中外宣劳"，等到致政归田，与普通民户一视同仁，共同服役，即使考虑优免权，但按道理，他们也应该得到存恤。

必须指出，本次均役推行了"凡民田十亩、二十亩以下不得编金"的优抚下户政策，由此出现了王圻所说的有八十多万亩、占总面积百分之四十的土地脱役。聂绍昌曾解释道："官甲诡寄已明，民户花分难明，清查既不能周知，举首亦有未尽。"其实这一政策让很多人可以钻政策的空子，把土地分小以逃脱徭役，导致"花分"问题更加严重。而不解决"花分"问题，就不可能实现完整意义上的按田编役。

王圻信中所说的各种不满，并不是强调要给官户更多优免权，目的就在于堵住这个政策导致的漏洞。要解决漏洞，就要将所有县境内的田户一视同仁，全部归并当差，"无一丁不役之人，无一亩不役之田"，这就是他所提议的均图均甲。遵照之前的限年轮甲旧规，将所谓官囤户、民囤户全部去除，除了根据新例规定的优免缙绅田亩之外，剩下的官田全部归入所在各图，与民田总计，然后将一县亩数，平均分配到各图，每图均作十甲，"田多者为里长，田少者为甲首"，除了北运、布解之外，所有的"催银、收米、兑运、轻解"一应差役，不论官民全部参与轮兑。如果一县之内田有高下，就按徭役的轻重为差等，上等图甲定以重差，中等图甲定以中差，下等图甲定以轻差，那些荒僻的地方单列图甲，只让他们轮充"分催、总甲、老人、塘长"等小役。至于北运官布是徭役中最重的，由几个图联合充役。另外，一甲之内，田有多寡，徭役可以让田多的户承充，田少的计亩津贴银两，或者由官府充役而民户贴银，或民户充役而官府贴银。只有这样才可以"里中无重役之苦，甲内无不役之田，而花分无所容其奸，诡寄无所容其巧"。

如前文所述，王圻家早年曾任粮长，对赋役问题有清醒而直观的认识。刚入官场时，他就在江西推广一条鞭法，此后他又在山东曹州等地推广一条鞭法，取得了令人瞩目的成功。在一条鞭法基础上的一体均田均役，一直就是他一以贯之的主张和政策，这次他所提的意见也同样如此。

乾隆《上海县志》中曾提到万历七年（1579），王圻以二十八、二十九、三十保为上乡瘠土，上书上海知县敖选，申请按嘉定例改折。

所谓"按嘉定例改折"，中国古代缴纳的税粮是实物地租，即粮食，自明代开始，谓米麦粮食为"本色"，而不缴粮食，用各种折纳的，谓之"折色"。洪武三年（1370），朝廷下令在松江府收布30万匹，代替秋粮输纳。以布折纳便是折色。此后永乐二十二年（1424），下诏浙西、苏、松等地因水灾可以用一匹布代替一石粮进行输纳。这些尽管只是临时之举，却开了先例，税粮不足可用布匹相替，这无疑给主业为棉布的松江民众提供了一条生路。宣德末年，周忱奏请将重额官田、极贫下户的粮税折成银两交纳，每一两银当四石米，这种银两称为"金花银"。

嘉定为什么要申请改折呢？嘉定地区位于整个太湖碟形盆地的东部边缘、冈身地带，早期这里种植水稻，本来旱涝保收，但是到了宋代以后，由于吴淞江及其北部低洼地区积淤，冈身地区灌溉系统崩溃，土地逐渐开始干田化，不再适宜种植水稻，旱地作物开始逐渐增多。最典型的就是"昆山之东南隅，嘉定之西南隅，青浦之西北隅，华亭之北隅"，田土日益贫瘠，民食不给，只能想方设法进行产业调整。"既不宜于禾稻，姑取办于木棉"，民众开始"以花织布，以布贸银，以银籴米，以米充军"。由于本地主产棉花，不产米，以卖布所得银两再购米完成课税，这样会增加民众的麻烦，可谓加倍辛苦。于是在万历十一年（1583），由嘉定人、礼部尚书徐学谟亲笔撰写，邑人瞿仁等上书户部尚书，乞求将嘉定县漕粮尽数征银。上书后，嘉定改折仍然经历漫长的折腾，开始是万历十二年始行改折，但要"三岁一请"，直到二十一年，才定为"永折"。

干田化情况最严重的是嘉定西南部和青浦的西北部，也就是嘉定和青浦的交界处，紧邻的上海县二十八、二十九、三十保其实也属于同一地理环境，都是"上乡瘠土"，面临着同样的问题。作为三十保的居民，王圻当然清楚这一情况，所以他才利用自己为官的优势，于万历十四年（1586）申请改折。只不过这一提议很有可能是他父亲最早提出的，只是由王圻出面。另外，三保改折应该也并不完全是"仿"嘉定改折例，很有可能是独立或者和嘉定联合提出的，和嘉定提出的时间差不多，于万历二十年经抚院具题，始准永折，改折标准也是每石粮食折银四钱。根据乾隆《上海县志》，折米总额为四万六千九百十三石四斗，折银二万二千五百二十一两八钱六分。而且王圻还提出，放弃他自己免役的官甲代替本图当差。正因如此，上海县三十保的乡亲非常感激他，为他建祠纪念。由此可见，王圻提出均田均役，并不只口头说空话，而是自己就以身作则，与百姓一体当差。

当然，王圻也清楚，江南地区由于科第发达，官绅众多，有其一定的地域特点，较之其他地方，要彻底将均田均役推广下去存在一定的难度。江南历来的役法改革，如官甲民甲，再如本次的役法改革，都存在着众多妥协。徐民式、聂绍昌为什么要照顾十亩、二十亩以下的民户，不去彻底解决花分问题？其实就是一种妥协。对于王圻来说，如果没办法做到均田均役，那么役法改革就存在各种漏洞。他曾提出，少田民户可以用其他方法进行照顾，比如不承担重役，用少量银两津贴免役，等等，但必须要纳入一体均田均役的范畴内，只有这样，才能将各种漏洞降低到最少。

另外，王圻对具体操作中存在的问题有明确的认识。当时陆树声之子陆彦桢曾撰《均区平役书》，据当时居家的状元唐文献说，反派甚至与他"龃龉至戟手怒目者"。王圻和唐文献一样，对陆彦桢的提议给予了高度评价，认为"苏困息民，惩前虑后""意甚盛也"，但是他和唐文献一样，认为这一设想在具体操作时还有很多问题，比如有些措施适宜于官绅而不适宜于平民，有些措施适用于平民而不适用于官绅，有些措施暂时推进也许还行，但若要垂之久远，可能就会有窒碍难遵之处，关键在于要斟酌妥当，方可持久通行。王圻指出，即使士大夫之家"奉法乐输者固多"，但是难免会有豪门悍仆仗势拖延，这样就可能连累小民，难以确保"有司之令"一定在豪绅中施行。另外，士大夫肯定不会亲自去应役，多托奴仆或是亲朋，这些人往往会仰仗权势恣意剥削本区中势单力薄的百姓。所有这些问题都应该事先预备和规划。

陆彦桢稍稍提出一些改革意见，就令到其他士绅对他金刚怒目，而徐民式更不可避免地成为江南士绅的众矢之的。万历三十八年（1610），顾冲吾等南直籍士绅联名上疏，各自开列十余款，对均役和徐民式"极其诋訾"。乡居长洲（今江苏苏州）的致仕大学士申时行也因自己的官户要承担白粮解户，以座师身份极力反对。首辅叶向高在给徐民式的信中说，均役之事，姑苏缙绅不但痛恨你，还连累了我。日本学者滨岛敦俊研究了这次改革后指出，在松江府，均田均役改革最终因遭到乡绅的顽固反抗而失败。结果到了崇祯年间，苏松巡按御史路振飞上奏说，江南缙绅蔚起，优免者众多，基本上不应役，那些有钱的大户通过各种手段逃避应役，沉重的徭役都落在无权无势的普通百姓身上。可见问题依旧没有得到解决，而且愈发严重起来。

事实上，正如滨岛敦俊所言，无论是隆庆年间开始推行的官甲，还是万历年间徐民式的役法改革，都是为了适应社会现状变更徭役制度。滨岛敦俊所说的"社会现状"，就是随着科举制的推行，越来越多的平民阶层借由科举制向上流动，人数日益壮大，如果让他们都拥有优免特权，无疑会给整个王朝带来越来越多的财政压力。在这种情况下，传统的"食禄之家与庶民贵贱有等"的观念开始逐渐崩塌，士绅应役当差逐渐成为社会上的共识。虽然有很多士绅拼命反对和阻挠，但这已是时代潮流，大势所趋，不可阻挡。王圻既大量阅读了历代文献，又有亲自实践，他对于这一历史进程有着清醒的认识。虽然他的《均田均役议》在当时没有得到贯彻实施，但是随着不久之后改朝换代，士绅优免特权烟消云散，役法改革最大的障碍终于被破除了。康熙初年，先由娄县令李复兴最早提出"均图，并田，均役，销图，均输，分户"的改革措施，随后均田均役在松江、苏州各地全面推行，王圻的设想终于付诸实施，历史再次证明了他的远见卓识。

第四章

期登青史留良模

考古研今述圣贤：《续文献通考》

　　《续文献通考》（以下简称"《续通考》"）是王圻最富盛名的著作，也是他耗时最久、用力最勤的一部著作。王圻开始着手《续通考》的编纂约在隆庆二年（1568），他三十九岁，正当壮年的时候。根据该书温纯序云，当时王圻和他同在京师，每日相聚谈论典故，王圻"慨仲尼说礼，忧杞宋无征，由文献不足，以不大用于世"，从此肆力搜罗且四十年，遂成此书。王圻在《续文献通考凡例》也称，他任监察御史后，凡"文曹文牒暨诸先贤奏牍"等相关文献，都口诵手录。他在朝中经常出入台阁，方便搜集文牒奏牍，为这部皇皇巨著之编纂提供了文献资料积累的便利。

　　不过完成《续通考》全书则要等到三十多年之后。王圻的《谥法通考》前有万历二十四年（1596）初夏赵可怀序言，他说："（王圻）归田后，日杜门著述，辑有《续文献通考》凡若干卷。"那么，《续通考》应该在此时已经基本完成，初具规模，所以才从中抽取《谥法考》部分单独编订刊刻。此后《续通考》编纂的工作没有停止，又进行了数年的修订工作。《续通考》所记内容最晚是万历三十年，可知对《续通考》的修订工作，至这一年应该已经基本结束，最终准备付梓刊刻应该也在本年。书中有《刻续文献通考文移》，称：

　　直隶松江府为公务事：万历三十年三月初三日，蒙巡按直隶监

> 察御史何宪牌，照得王参宪所辑《续文献通考》，典故悉备，有裨经济，可据正书并传不朽。相应刊行，嘉惠宇内。

可见，该书的刊刻受到了应天巡按和松江府的资助。另，书中温纯和许维新两序，作于万历三十一年，则正式刊刻应该在本年。此时距隆庆二年（1568）已经有三十五年之久，温纯序说"肆力搜罗且四十年"，应该是取约数而言，不应该算是过于夸张。

今《续通考》刻本为二百五十四卷。《墓志》《行实》则记为二百八十九卷，原因不详。但不管怎样，《续通考》的卷帙在明代私人撰史中是非常可观的。目前《续通考》的刻本大致有两种，一是《四库全书存目丛书》采用的中国科学院图书馆藏本，书前有万历三十年（1602）六月周家栋《续文献通考叙》，万历三十一年五月许维新《书续文献通考后》，当刻于万历三十一年。日本公文书馆内阁文库藏本书前还有曹时聘序。二是1986年现代出版社影印版，使用的是北京师范大学图书馆藏本，书前较前一版本增加了万历三十年正月温纯序。《续修四库全书》影印本也是采用这一版本。两个版本版式基本一样，根据毛春伟的研究，两者只有个别差异，如卷二二八，第一个刻本载有"杨应龙始末"一篇，第二个刻本却无此篇。

王圻《续通考》凡三十考，分别为田赋十六卷、钱币二卷、户口二卷、职役一卷、征榷九卷、市籴一卷、土贡二卷、国用九卷、选举十二卷、学校七卷、节义二十二卷、职官二十卷、郊社七卷、宗庙五卷、王礼十八卷、谥法十九卷、乐八卷、兵六卷、刑五卷、经籍十二卷、六书五卷、帝系二卷、封建七卷、道统九卷、氏族八卷、象纬五卷、物异五卷、舆地九卷、四裔五卷、方外十六卷。较之马端临《文献通考》，节义、谥法、六书、道统、氏族、方外等六考为新增，王圻还在部分门类下还增加了一些细目。上接宋嘉定，下迄明万历，《续通考》不仅在时间上接续了马书，而且在类目上也有创新，是一部独具特色的典制专史。

在中国史学史的发展进程中，典章制度史的编纂是重要的组成部分。唐代史家杜佑所著《通典》改变了中国古代历史编纂以编年、纪传为主的基本格局，开创了典制体通史的著述体例。南宋史家郑樵倡导"会通之义"，所撰《通志》中的《二十略》扩大了典制体的记述范围。在二书的基础上，元初史家马端临在其父马廷鸾的直接影响下，从三十多岁起开始潜心编纂，历二十余年编成《文献通考》，进一步扩大了对典章制度的记载和研究的范围。这三部史学巨著被后人并称为"三通"，其中《文献通考》晚出，在体例和内容上更为完备。《文献通考》将《通典》所分九门（即食货、选举、职官、礼、乐、兵、刑、州郡、边防）扩大为二十四考（即田赋、钱币、户口、职役、征榷、市籴、土贡、国用、选举、学校、职官、郊社、宗庙、王礼、乐、兵、刑、经籍、帝系、封建、象纬、物异、舆地、四裔），共三百四十八卷，其中经籍、帝系、封建、象纬、物异等考为《通典》所无。

关于撰述《续通考》的原因，王圻在《续文献通考凡例》中提到过有两个方面。

首先，马端临的《文献通考》撰于元初，所记至南宋为止，所以王圻说，马端临《文献通考》记事仅至南宋嘉定间止，此后元代史实"阙焉未备"，有鉴于此，王圻才"搜辑史乘及名家文集诸书，悉依贵与目录编次成帙"，以补充马端临书中宋嘉定以后缺略的地方。王圻认为，《文献通考》对宋代典制叙述颇详，但于辽金记载不多，推测可能是因为马端临身为宋臣之子，怀有故国之思，不情愿撰写当时与两宋处于对立状态的辽金状况；也有可能是马端临身处朝代更替之际，社会动荡，辽金文献难以收集，在这方面记录缺略也情有可原，所以王圻才要"摭其大节，补入各目下，事则取之史乘，序则附之宋末"。

另外，作为明代人，王圻认为记载当朝典制是自己当仁不让的职责，他指出，如果唐虞三代到宋元文献几乎完备，而明朝礼乐制度怎么能够独缺呢？他搜集文献档案以及诸位先贤的奏牍，"俾考古者得以证今，幸成一代完书"。为了尽可能收入本朝的内容，他将《续通考》断限至明万历三十年，即成书的前一年。在万历二十四年基本成书后，王圻又历时六七年进行补充修订。

其次，也是更重要的是，王圻认为，他在对"文"和"献"概念的认识上，与马端临不同。

马端临以源于《论语·八佾》的"文献"一词命名其书，并阐释说，所谓"文"就是叙事，所以他"本之经史，参之以历代会要以及百家传记之书，信而有证者从之，乖异传疑的不录"。所谓"献"就是议论，所以他"取当时臣僚之奏疏，次及近代诸儒之评论，以至名流之燕谈、稗官之纪录，凡一话一言可以订典故之得失、证史传之是非者，则采而录之"。也就是说，他将叙述和议论来区分"文"与"献"。但是王圻对"文"与"献"的定义另有看法。他认为"文"是"典籍"，"献"则不是奏疏、评论、燕谈。马端临将"文献"的内涵仅限于文字记载的图书典籍，而王圻认为，真正的"献"应该是"上下数千年忠臣、孝子、节义之流，及理学、名儒类"，即代表了儒家正统道德观的人及其活动，这些是马端临所忽略的，也是王圻要续补的。

正是根据以上两点，王圻续补《文献通考》，在收集辽、金、元及明朝典故后，又增加节义、谥法、六书、道统、氏族、方外诸考以补其遗漏，并对其他一些门类的细目有所增益，令"往昔贤哲举得因事以见姓名"，这正是他的目的。其所做的创新和成果，细细分析大致有以下几种情况。

首先，《续通考》汲取了《通志》的成果，增加了氏族、六书、谥法三考。这三考的设立已见于郑樵《通志·二十略》中，王圻将其纳入《续通考》，显然受到了郑樵的影响。"谥法考"的情况详见下文，此处不赘。根据刘丽媛等人的研究，"氏族考"受《通志》影响最大，卷之二百八"氏族源流上·有幕氏虞舜之系第四"中，取自《通志》中的六十九个同名姓氏中，只有十六例略有不同；卷二百十"分韵姓氏"体例基本仿《通志》；卷二一二"改易姓氏"，有十例取自《通志》中内容；卷二一三"氏族故事·生而有文"十一条里，有四条直接取自《通志》；"氏族源流下"之"以国为氏""以邑为氏"两类与《通志》卷二五"氏族目录"不同者仅八例；"六书考"与《通志》"六书略第一"不同者仅五例。所以，四库馆臣认为《续通考》"大旨欲于《通考》之外兼擅《通志》之长"，是有一定道理的。

《续通考》增加的三考——节义、道统、方外，虽然也受到《通志》的影响，但更多的是王圻自己的考量，一言以蔽之，即"彰善瘅恶之一助"，正是前文所言的"文献"观所体现出的王圻对世道人心和历史人物垂鉴的重视。

关于"节义考"，王圻认为"忠孝节义纲常所关，史家亦往往为立传，而旧考未载"，所以，他从历代史籍中析出关于忠节义士的事迹，其目的"非止为往者扬其芳，亦欲令来者继其躅忠"。他不仅用了二十二卷的篇幅来记载节义之事，而且条分缕析地将"节义"分出忠臣、孝子、节妇、贞女、顺孙、孝女、孝妇、义士、义女等二十三个子目，极尽探讨之能事，充分显示出王圻对利用伦理纲常来端正世道人心的兴趣之浓厚。

明代自朱元璋开始，为重建礼乐制度、维护统治秩序，倡导程朱理学，强调忠孝节义。但是自明代中叶以降，特别是在上海所在的江南一带，社会经济的发展出现了繁荣的景象，人们不再满足于清贫的物质生活，而是期待在日常生活中充分体验、享受物质欲望和感官刺激所带来的快乐，去朴慕异、去俭崇奢的思想逐渐发展。在正统知识分子眼中，晚明世风人情已经"僭滥之极"。所谓"僭"，是指超越身份地位的僭越，"奢靡"风习所引发了社会规范、伦理秩序危机，"滥"则是挥霍无度。崇祯《松江府志》卷七"风俗"开篇即认为松江府一带自正德以来风气日新月异，"自俭入奢"，呈现出了由盛入衰的征兆。"俗日多靡，民日凋敝，无复昔日风规"，地方人士深切担忧社会风尚的转变，所以专门列出很多风俗变化的细节，盼望着"躬行节俭"要"自士大夫始"。王圻增置"节义考"的篇目，应该就是他强烈关注现实、以身作则、力图移风易俗的体现。

关于"道统考"，王圻强调："道统有关于世教大矣。前考未载，而后有述者在上则止于尧、舜、禹、汤、文、武，在下则以宋儒直接汉代诸儒，而汉唐以降全无及焉。然或为表章于上，以兴起斯文，或为讲论于下，以驳正同异，则汉唐君臣似亦未可尽泯。"在《续通考》中，王圻将"道统考"置于"帝系考"和"封建考"之后，他解释道，将道统附于帝系，是希望"庶治、教二统咸有所证据"。王圻认为传统社会的意识形态分别存在着代表专制皇朝统治的治统（帝系）与代表思想文化统治的教统（道统）。历来主张"祖述尧舜、宪章文武"的儒家，都希望将帝王及官僚体系的政治运作及其过程置于儒家价值理想的指导之下，即"致君尧舜上，再使风俗淳"。可统治者出于统治天下的需求，将儒学看成是统治工具，目的在于"以儒雅缘饬法律"，使专制统治获得合法化包装。作为一个坚守传统伦理的儒士，王圻认为"天下不可一日而无此道，则斯道之统不可一日而无传，统之绝续，道之存亡系焉"，所以他尤其看重"关世运隆替，系理乱兴亡"的道统，亦即传统伦理纲常的统序，并意欲以此考为核心，建立起一个与帝系并行不悖、以儒家思想为核心的道统体系，以维护儒家的正统意识形态地位，既平衡帝王政治的"治统"，又抗御佛道二教。

当时为该书作序的作者们与王圻有着同样的志向，他们对此考自然也都非常重视。如温纯说："增节义、氏族、六书、谥法、道统、方外诸考，其以节义附学校，氏族附封建，六书附经籍，谥法附王礼，考黄河、太湖河渠附水利，海运附漕运之末，盖各有深义，若曰此枝也，而非根也；流也，而非源也；所损益之迹也，而非可因之心也，故所重于道统尤详。"周家栋称此书"独于道统三致志焉"。许维新认为该书"所吃紧者在道统一类"。

王圻对"道统考"的重视还表现在这部分其实曾被他提前单独刊刻过，后来才并入《续通考》诸考之一。《王侍御类稿》卷四《魏水洲先生集序》云，之前他任清江知县时，"先生（即**魏水洲**）之高节新风，亦既耳而目之矣"。等王圻从湖北回归乡里，"以莅牧之暇辑《道统考》一书"云云。同一卷还载有《道统考总序》，文字与《续通考》卷一九八"道统考"总论基本相同。显然王圻非常重视"道统考"，并把"道统考"看作是自己的"独断之学"，甚至有可能"道统考"是《续通考》中最早独立撰成的部分。

"方外考"是《续通考》的最后一门，共十六卷，其中道家五卷，释家十一卷，包括历代道家总纪、道书名义、道家姓氏、释家总纪、释家法嗣、名释（附诗僧）六部分。王圻在《凡例》中阐述了编纂"方外考"的主旨。他认为马端临不载"方外考"是为了罢黜异端，但是他认为类似"栾大、文成、五利"这些方外故事对世人有借鉴作用。所谓栾大（即五利）、文成等都是关于统治者一味宠信方士，最后为其所骗的故事，他在"历代道家总纪""释家总纪"载有许多皇帝因迷信导致糜财败俗、皇权失堕甚至身死国灭的故事。温纯在序中讨论王圻如此纂述的旨义，他认为："以道统附帝系，以书院附学校，又以仙释附四裔，令不与吾道角，庶几道统之传与帝系不朽。"曾贻芬先生在《影印〈续文献通考〉序》中也说，若将"道统考"与"方外考"合而观之，则此二考的增设"反映了儒、释、道三教对峙的客观事实"。温纯进一步说："得其根而枝可茂也，得其源而流可长也，得其心而迹可宰也。"也就是将道统视为整个国家与社会的"根""源""心"，并以"卫道为天下之意"，以"令后之君子从"。由此也可见王圻的良苦用心。清代重修《续文献通考》，以芜杂为由把包括"道统考"在内的六考全部删去，显然是没有意识到王圻的良苦用心。

另外，王圻对细目也有增加和调整。如"田赋考"中增加了黄河、太湖、河渠三目。王圻认为："水利乃国家大政。而水利之最巨者，在北莫如黄河，在南莫如震泽。前考皆未备，今别述黄河、太湖二考附水利田之后。"元代以降定都北京后，江南的粮食必须北上运入北京，漕运就成为国家经济的重要命脉，黄河和太湖在明代的地位因此极为重要。如果前代黄河决口，会淹没百姓田地房舍，而如果明朝黄河决口，还会妨碍漕运，关系国计，所以对黄河治理视前代尤为严重。而太湖、三江则是当时经济重心之所在，加上这里是王圻家乡，他自己本人就一直关注水利，因此他当然会给予足够重视。那些比较小的河流湖泊，尽管不像黄河、太湖那样对国家的发展具有重大影响，他认为也不可忽视，因为它们"流经各郡县境，或资灌溉，或通漕挽，或作地险"，对地方的影响非常大，"不可漫无纪录"，所以又作"河渠考"。

元代以前，海运在南北交通中作用极为有限，进入元朝后，随着南北的统一、经济的发展、船只制造和驾驶水平的进步，海运的作用日渐突出，逐渐成为与漕运并驾齐驱的重要运输方式。入明以后，虽然在永乐时漕粮海运被运河取代，但王圻仍然认为海运在南北交通运输中占有重要地位，所以将其列入"国用考"的子目中，进行系统考察，以备不时之需，可以说极有眼光。

王圻还在"学校考"中增加书院义学一节。宋代以来书院的发展状况迅猛，至明代已成潮流，成为士人讲学聚集之所，甚至影响了国家大政，由此引发了张居正禁书院的举动。作为当事人，王圻曾在任职地方时积极推动书院的建设，他列此一节，既是意识到当时书院的重要性，也是表达他对张居正禁毁书院的态度。

　　王圻这些增设的内容大多反映了当时国计民生的一些迫切问题，甚至是作者一贯关注的内容，正如瞿林东先生在《中国史学史纲》中指出的，这"可进一步说明作者之经世致用的旨趣"，"对后来的经世致用学风的发展，也有积极的影响"。

　　王圻的经世致用旨趣更表现在他具体的撰述中，尤其表现在《续通考》的明代部分的撰述中。王圻是书中很多具体事件的参与者，如隆庆四年（1570）黄河在邳州自睢宁白浪浅至宿迁小河口决口，淤百八十里，千余艘运船不得进，当时任监察御史的王圻与给事中龙光御史孙裔等上疏，要求"罚治河道诸臣，责以后效，令及时疏，以通漕舟"。王圻在《续通考》中专门记载了此事。在谈到疏通胶莱河以通漕运时，他说"胶莱河之说"可以推行，之前有人说这里地势高，人力难施，因此废弃不用，可他亲临现场进行考察，发现此处原系平地，虽名为分水岭，但只是比其他地方稍高丈许，并不是崇山峻岭，因此这一设想应该是可以付诸实施的。又如论及使用福船加强海防的弊端时，他就曾经采访过曾经任福清兵备的亲历者张情。在讨论如何治理太湖时，他亲自采访当地"故老"，认为既然天目山以东之水可泄入钱塘江，那么太湖之水就不可能在归安、德清境内被蓄纳。

　　明代中后期，女真族开始在北方崛起，对明代的影响逐渐增大，有着敏锐洞察力的王圻对女真有相当的关注。在"四裔考"之子目"北夷"就有"女真"，叙述女真源流及其与明朝的关系。"舆地考"之子目"边关"有"辽东镇"，于女真也有所涉及；"舆地考"之子目"辽东"，详述了明朝在女真的建置情况。而"土贡考"记载，在万历十九年（1591）时，礼部主事张我绩上疏奏属夷进贡之规，其中就提及了海西女真的上贡情况。众所周知，清朝统治者对其入关以前的事一直列为例禁而讳莫如深，但凡在书中见到有这方面的内容，即大加删削，甚至焚毁，因此王圻《续通考》中在这方面的史料还可以在一定程度上补充该段缺漏的史事。

另外，与一些正统思想家的激烈的夷夏观不同，王圻对少数民族在中原地区建立的政权在一定程度上是持肯定态度的。在"道统考"的"继统列圣"一目中，一些能够表彰经术、礼待儒士的少数民族君主如北魏道武帝拓跋珪、太武帝拓跋焘等就名列其上。"翼统先儒"一目涉及金元之间时，王圻说："宋室诸儒即没，寥寥二百余年几于绝响，然金元诸君子卒多明经谭道，卫正祛邪，宗程朱而演圣脉者，恶可以出处进退而概黜之。"所以他"录其显著者，以上绍宋儒之统，下启昭代文明之盛"。正是由于王圻承认了异族政权在道统传承过程中的积极作用，所以他在《续通考》中续补了相当部分辽、金的内容，本质上就认为辽、金也是中国历史中不可分割的一部分，这些朝代的典章制度不能因为其是少数民族政权而排斥："舆图之沿革，祥异之昭垂，及政事美恶之可为戒法者，恶可尽弃弗录？"他利用搜集到的前代之史乘及名家文集"摭其大节，补入各目下"。明代"土木堡之变"后，随着明王朝与北方民族政权关系变得紧张，出现了很多对宋史、元史改撰的情况，很多人不承认元代的存在，或不承认辽、金可以自谓正统，与宋并列，甚至对辽、金的历史削而不书的情况屡见不鲜，王圻在《续通考》中能如此处理辽、金、元的内容，实属难能可贵。正如瞿林东先生所评价的，这反映了他的"史家责任感和自觉意识"，更是其"史学思想中进步的民族观"的体现。

作为继《文献通考》之后第一部私修的续书，毋庸讳言，《续通考》存在很多问题和舛误，这为众多学者所认识。如作为典制体史书，是否有必要设置人物传记，值得商榷；又如书中多有考核不精、引用不明的地方。但总体而言，王圻能不为《文献通考》篇目体例所限，敢于提出自己的看法，并根据时代的发展变化适时进行创新，设计出一套言之有物的可行体系，其开创之功是不容低估的。

自从王圻《续通考》刊刻成书以后，明末即产生了《续文献通考纂》二十二卷的节纂本，到了清代，传播更广，影响更大。很多清人编纂的书目大量引用了该书的内容。清王芝藻的《政典汇编》，其编写大多取材于杜佑《通典》、马端临《文献通考》二书，而元明的典章制度多采自王圻《续通考》；清秦蕙田的《五礼通考》梳理了中国古代礼仪制度的发生和演变，其间多处引用王圻《续通考》中的相关史料；《钦定历代职官表》中的若干职官名称的来由也征引了王圻《续通考》。与此同时，对其书的抄录、改编和续补也逐渐增多，毛春伟在其论文《中国古代典制体史书发展的重要环节——明代王圻〈续文献通考〉及其影响研究》中对此进行了全面的整理和总结。例如，康熙二年（1663），史以甲抄录其中有价值的重要内容而汇编成《续文献通考钞》三十卷；清初文人朱奇龄在《续通考》的基础上加以续补，在明代部分增补了自己的一些看法，并对很多专有名词作解释，编著而成《续文献通考补》四十八卷；康熙十一年，方若珽将《文献通考》和《续通考》接续抄录，汇为一编，编成《正续文献通考识大编》二十四卷；顾景星对《续通考》的部分内容进行删定，编成《续文献通考删定》一书。这些著作都是《续通考》在清代传播较广、影响较大的体现。

　　四库馆臣对《续通考》不以为然，讽刺它"体例糅杂，遂使数典之书，变为兔园之策"，甚至不将其列入"政书类"，而是列入"子部类书类存目"，排除它在典制体通史领域的地位。此后清廷奉敕编撰《五朝文献通考》，甚至编成《钦定续文献通考》，以图代替王圻的《续通考》。但正如向燕南、毛春伟等很多学者所指出的，乾隆建三通馆，馆臣奉敕编撰的《钦定续文献通考》，实际上是在王圻之书的基础上加以修改而成的。翻阅《钦定续文献通考》一书也可以明显发现，编撰者们在很多段落后的"按语"下常常使用"王圻《续通考》""王圻曰""王氏""王圻"等文字，在相关条目下使用有关王圻及其著作的资料。朱维铮先生在《中国史学史讲义稿》中说，虽然四库馆臣力贬王圻，"但乾嘉学者反而多重视王书。这不仅是以稀为贵，更是其对'钦定'百科全书的无言的蔑视"。

洞彻尊名辨是非：《谥法通考》

曾有人说，《稗史汇编》是王圻编纂《续文献通考》的副产品，但其实严格来说，王圻所编的著作中真正称得上是《续文献通考》副产品的应该是《谥法通考》。《王侍御类稿》中所附王圻的《墓志》《行状》及《行实》诸文均未提及是书。现《谥法通考》共十八卷，中国国家图书馆藏有万历刻本。原书题"云间王圻编辑，巴郡赵可怀校正，平湖孙成泰、鄞中朱一龙、龙江王应麟、西陵吴化参阅"。前有万历二十四年（1596）初夏赵可怀序，可知是书约刻于此时。根据王圻所撰《凡例》及赵氏之《序》可知，是书乃从《续文献通考》未定本中抽取"谥法考"一考，仍原书之例而增明代部分单独刊行。

王圻《凡例》云：

> 余续《文献通考》，尝益谥法一目，以补马贵与之缺，例仍旧贯，未及皇朝，今据《实录》所书，野史所记，辑附其后，别为一种，庶不至远希上古，近遗昭代。

时任应天巡抚赵可怀《序》云：

> 云间王元翰氏辑《谥法通考》，上自君后臣庶，以下及妇寺外夷若干卷备矣。所谓古今得失之林，非耶？元翰于书无所不读，以

台使历楚督学使。归田后，日杜门著述，辑有《续文献通考》凡若干卷，就其中抽谥法一种另梓云。

向燕南先生在《王圻纂著考》一文中，曾将《续文献通考》与《谥法通考》进行对勘，发现《续文献通考》卷一三四至卷一五二为"谥法考"，较《谥法通考》多出一卷。与《谥法通考》相比，"谥法考"明以前部分细目基本相同，明代部分小有差异。即《续文献通考》中卷一四八、卷一四九两卷是皇明帝后、列妃、太子、亲王、公主和郡王谥，相当于《谥法通考》的卷十五。《续文献通考》卷一五○、卷一五一是皇明臣谥和先圣先贤先儒谥，而在《谥法通考》中，皇明名臣谥是卷十六，先圣先贤先儒谥在卷十七的前半部分。《续文献通考》卷一五二是隐逸谥至夷狄谥，而在《谥法通考》中置卷十七后半部分至卷十八。

不过，王圻的《凡例》有些歧义，文中说他在《续文献通考》中补了马端临缺"谥法考"的不足，体例仍旧，但是未及明朝内容，所以他才据《实录》所书，野史所记，辑附其后，别为一种"。言下之意，《续文献通考》中的"谥法考"未载明代内容，所以他才补充了明代的内容，另辑一种《谥法通考》。由此才出现了日后四库馆臣的疑义以及周中孚在《郑堂读书记》中的指责。

《四库全书总目提要》卷八十三史部政书类存目提要云：

> 圻著《续文献通考》，于"礼考"之末增"谥法"一目，补马端临之缺，然于明代谥典犹未之及。此书所载，上考列朝，下至万

历。自君后妃主、王公卿相，以逮百官，至于圣贤隐逸，旁及异端、宦寺、篡逆之党，凡有谥者，皆备书以资考证。其卷首冠以"总纪""释义"二目，犹《续通考》之例，又所以自补其缺也。有赵可怀序，称就《续通考》中抽出"谥法"一种另梓，殆未详阅其书欤？

周中孚《郑堂读书记》卷二十九云：

> 《四库全书存目》：玄（洪）洲《续文献通考》载有"谥法考"十九卷，上自君后臣庶，下及妇寺外国，于历代暨明嘉隆以前，备载无遗。惟万历纪元以来，第据仕籍所睹记，尚多缺漏。后复抽出是考，另编为书，目曰"谥法通考"，并别创《凡例》，冠诸卷端，以掩饰人之耳目。明人之居心如此，无怪近代诸家痛加丑诋也。然前有万历丙申应天巡抚赵可怀序，明言其"辑有《续文献通考》凡若干卷，就其中抽'谥法'一种另梓"云云，本不为其所欺，莫谓明无人也。惟是赵序所云，于本书则甚确当，而于《凡例》则大相刺谬，正可去之以灭其迹，乃反表而出之于前者。盖此书每卷俱列赵可怀校正一行，以增重其书，乌可不载其序？故并其出身、官阶具列之，以耸人之观看云。

四库馆臣认为《续文献通考》中的"谥法考"未载明代内容，显然是只看目录，不看内容，轻率做出判断，反而去指责作序的赵可怀。周中孚更是先入为主，不去核实《续文献通考》和《谥法通考》相关内容及刊刻时间，认为王圻直接将《续文献通考》中的内容抽出重刊，相当于一稿两用，厉声指责王圻居心不良，甚至还企图用《凡例》掩人耳目。

其实，只要稍稍研究一下《续文献通考》和《谥法通考》的编纂和刊刻过程，就不会产生任何歧义。《续文献通考》中王圻所撰凡例署时间为万历丙戌，即万历十四年（1586），可见这应该是《续文献通考》成书的最初时间。这时《续文献通考》中的"谥法考"应当就是王圻所言"例仍旧贯，未及皇朝"。然后王圻在此基础上，"据《实录》所书，野史所记，辑附其后，别为一种"，完成于赵可怀作序的万历二十四年。此后，他在万历三十年正式刊刻《续文献通考》前，又在《谥法通考》的基础上进行修订，并对卷目进行调整，这就是今天我们看到的《续文献通考》中的"谥法考"的内容。正如向燕南先生指出的，《续文献通考》所记内容最晚至万历三十年，可知王圻在万历二十四年后，一直在增补相关内容，其中也包括"谥法考"中的明代部分。这一过程非常清楚，只要编纂《提要》的四库馆臣和周中孚稍稍留心核查一下就能明了，但是他们存先入为主之见，轻率地表达未经核实的意见。周中孚更是无来由地指责王圻别有用心，还称王圻保留揭露其所谓"真相"的赵可怀序，是为了借重赵可怀应天巡抚的名声，更是贻笑大方。汪受宽先生在《谥法研究》中论及此事，虽然在具体细节中仍有可商榷之处，但他批评周中孚"闭目塞听，诋诃实欠妥当"，可谓的评。这其实也是一面镜子，让今天的学者治学时不断警醒自己，在做出最终判断之前，要认真鉴别考订，三思而后行。

相较而言，近代藏书家叶德辉在其《郋园读书志》中对《谥法通考》评价则公正了许多，虽然他对《谥法通考》的编纂过程及与《续文献通考》的关系仍属一知半解，但他对《谥法通考》的内容表示了肯定，更对四库馆臣将《谥法通考》置于存目，而将远不如该书详备的鲍应鳌《明臣谥汇考》二卷收入《四库》，表示了强烈不满，认为一录、一不录，"诚不知其去取之旨"。

正如叶德辉所言，直至《谥法通考》之前，关于历代谥法其实未有专书。独立记载历代谥法变迁的，《谥法通考》是现存最早的一部专著，而这正是该书的价值所在。

古代有地位的人死后，一般要依据他的生平业绩盖棺论定，给予一个称号。如汉刘彻为孝武皇帝，宋司马光为文正公，明清文臣更以谥"文"，尤其是"文正"为人生最高荣耀。这个称号，就叫谥号。关于给谥的规定，叫谥法。谥法是古代礼制中的一项重要内容。《礼记·檀弓》说："幼名、冠字、五十以伯仲、死谥，周道也。"古人说谥法是周公所创，《周书序》称："周公肇制文王之谥，义以垂于后，作《谥法》。""谥"是为彰显周公、太公功德而作，《逸周书·谥法解》说："维周公旦、太公望开嗣王业，攻于牧野之中，终葬，乃制谥叙法。"近代以来，众多学者根据考古等资料提出了不同的看法。汪受宽先生和彭裕商先生等就认为，谥法的形成可分成几个阶段：第一阶段在商文丁以前，为谥法的先期阶段，商人以死后选定的祭日和人为的区别字来称呼故去的先王，即我们通常知道的如太甲等，此时已经具备了谥法的一些特征。第二阶段从文丁到商末帝辛，是谥法的形成阶段，已用文、武、康等美称来称呼故去的先王，但仍保留祭日天支，其形式与后代谥法稍异。第三阶段为周文王、武王之后，周人因袭晚商称呼先王的美称，但不取其祭日干支，径称为某王某公，其形式已与后代谥法无别。周人谥名最初承袭商代，只有文、武，往后逐渐增多，甚至开始寓褒贬，于是进入了谥法的成熟阶段。这一结论是通过对甲骨、金文资料与传世文献综合分析得出的，非常有说服力，也为目前学界所公认。

周初所制的谥法制度被秦始皇指为"子议父，臣议君"而遭到废止，到汉初才得以恢复。以后帝王谥号由礼官议上，贵族大臣死后定谥，由朝廷赐予。明清定谥属礼部。此外还有私谥，始于东汉，大多是士大夫死后由亲族、门生、故史为之立谥，故称"私"谥。谥号按性质可分三类：一类属于褒扬性的，如"经天纬地曰文，布纲治纪曰平，布义行刚曰景，威强睿德曰武，柔质慈民曰惠，圣闻周达曰昭，圣善闻周曰宣，行义悦民曰元，安民立政曰成，照临四方曰明，辟土服远曰桓，聪明睿知曰献，温柔好乐曰康，布德执义曰穆"。另一类属于贬抑性的，如"乱而不损曰灵，杀戮无辜曰厉，好内远礼曰炀"。还有一类属于哀悯性的，如"恭仁短折曰哀，慈仁短折曰怀，在国遭忧曰愍"。

现存最早的谥法著作是《逸周书·谥法解》。《逸周书》是一部先秦历史文献，在汉时有七十一篇，晋五经博士孔晁注，并给每篇名后加一"解"字。如"世俘"称"世俘解"，"谥法"称"谥法解"。今本连序篇实得五十九篇，其他则有目无文，而且仅存的这五十九篇中，文字讹缺甚多。关于"谥法解"的撰成时代，汪受宽先生推断作者为楚人，或者该书成于众手，而由一位楚国人最后修订完成，时间在公元前370年至前321年间。"谥法解"在长期流传的过程中有删增，现存篇前有小序，而主体部分是所列的一百多个谥字及其训解。篇末还有一个百数十字的释训，是对篇内字义的解释。"谥法解"深受历代礼官重视，往往成为议谥的依据。

汉代以降，历代都非常重视谥法，也产生了不少有关谥法制度的文献，据汪受宽先生统计，应不下百种。在王圻《谥法通考》之前，最重要的是北宋苏洵的《谥法》及在此基础上形成的南宋郑樵《通志》中的"谥略"。如前文所及，有学者指出，《续文献通考》和《通志》之间有继承关系，其中氏族、六书、谥法三考直接从《通志》继承而来，《续文献通考》卷一三四"谥法考·历代谥法释义·郑夹漈谥法并杂论"与《通志》中的"谥法略第一·谥中·谥法三篇"几乎相同，只有个别稍异。由此可见其中的学术嬗递继承过程。

谥法研究至明代而臻于高潮，诞生了如王世贞《谥法通纪》《弇山堂别集·谥法考》，鲍应鳌《明臣谥汇考》，朱睦㮮《谥苑》，何三省《帝后尊谥纪略》等一大批专门性著述，而尤以王圻的《谥法通考》及《续文献通考·谥法考》水平最高。

王圻的《谥法通考》堪称是目前传世的第一部涉及历代谥法的专著，全书共十八卷。卷一为"总纪""释义"。"总纪"收录自《周礼》至明人历代关于谥法的论说，"释义"则列出《周公谥法》释义、蔡邕《独断》帝谥、苏洵《谥法》释义等历代谥义解释的权威著作。此后十五卷按朝代顺序，备载从远古至明万历间历代帝后、宗室、公主、诸臣谥号，分别注明其姓名、官职、籍贯、得谥方式或时间，若有异说，亦并录以存疑。最末两卷，分录先圣先贤先儒谥、隐逸谥、历代私谥、妇人私谥、皇明私谥、历代妇人谥、皇明妇人谥、历代追谥、宦者谥、释家谥、道家谥、夷狄谥、皇明赐夷狄谥。所以即使是苛刻的《四库全书总目提要》也称赞该书："自君后妃主、王公卿相，以逮百官，至于圣贤隐逸，旁及异端、宦寺、篡逆之党，凡有谥者，皆备书以资考证。"

正如刘乃和先生在为汪受宽先生《谥法研究》作序时所说："谥号是生者给予死者评价的特殊称号，既反映死者生前的所作所为及社会对他的看法，又反映生者的衡量善恶标准；既是死者的盖棺之论，又是政治舆论的时代导向，而有关历史人物的毁誉荣辱，有关社会的发展变化。"正因为谥法有非常重要的道德伦理导向作用，儒家对此非常重视。孔子强调"正名"，认为天子、诸侯、卿大夫都要严守名分，"惟器与名，不可以假人"。谥法是寓褒贬、正名分的重要手段之一，孟子就强调谥法严褒贬、著善恶的作用，指出："暴其民甚，则身弑国亡；不甚，则身危国削，名之曰'幽''厉'，虽孝子慈孙，百世不能改也。"此后，谥法一直是儒家彰善贬恶的重要工具。

多数传统中国人的终极目标是青史留名，最大企盼是社会的公平、公正，但社会上对公平、公正的期待往往只能借助于历史的裁判，而史家就是这种裁判权的执行者，"善恶褒贬，务求公正"成为人们对史家的最大期望。孔子作《春秋》，在记事中褒贬善恶，所以《孟子·滕文公下》说"孔子成《春秋》而乱臣贼子惧"。居心正直，不以权势富贵为转移，力倡无私公平，为天下主持公正道义，是历史学家被天然赋予的职责和义务。谥法同样具有这样的功能。因此赵可怀才会在《序》中说，自古以来，最无私公正的就是"法"与"史"，而谥法则兼具"法"与"史"的功能。

前面已经提到，王圻编纂《续文献通考》时与马端临最大的不同就在于他认为马端临所言"文献"只顾及典籍，忽略了贤人事迹，所以他要将那些"忠臣、孝子、节义之流，及理学、名儒类"——儒家文化的忠实践履者和代表者的卓异事迹全部载入，来充分传播和发扬儒家的道德教化思想。如果王圻真的像周中孚所言一稿二用，就不会只刊行一部《谥法通考》了。《谥法通考》历时十余年不断被修订，并专门抽出刊行，正可看出王圻的苦心，也是他"文献"观一脉相承的贯彻落实。另外谥法的功能既然是"彰善贬恶"，历朝也既有"美谥"也有"恶谥"，但是后世如赵可怀所言，先是"天子无恶谥，独人臣有之，后则人臣亦无恶谥矣"，这样就只有"彰善"没有"贬恶"，所以王圻在《凡例》中才会确定将"异端、宦寺、夷狄，篡逆之党，有谥亦书"，这是借研究谥法来砥砺名节、劝善惩恶、维持世教人心的重要举措。

当然，和王圻的其他著作一样，毋庸讳言，这本书也存在着很多问题，如不注出处，讹误难免，等等。如很多学者已经指出的，卷四东汉马援谥"忠武"，《后汉书》言为"忠成"，卷十七隋刘焯私谥"宣德先生"，实际上"宣德"乃刘炫之私谥。郭良翰著《明谥纪汇编》时，在卷二十五专列"考误"，对《谥法通考》多有订正。如朱冕，《谥法通考》作"忠懿"，郭良翰指出应该是"忠悫"；王英，《谥法通考》云初谥"文安"，天顺中改"文忠"，但其实应该没有改谥之事；毛胜，《谥法通考》误作"忠壮"，但其实应该是"庄毅"，且有李贤《神道碑铭》为证；李深、李涞，皆谥"忠愍"，其实只有李涞，并无李深其人。凡此种种，均是后人使用此书时应该注意的。另外，本来《续文献通考·谥法考》晚出，质量应该要胜于《谥法通考》，但王圻持续多年的修订工作在改进和提高的同时产生了新的缺陷和失误，不少时候反而需要借助《谥法通考》来弥补和纠正。总体而言，《谥法通考》是整个明代，乃至整个传统社会中公认最权威的谥法研究成果。明代朱睦㮮曾著

《谥苑》二卷，自云系增辑纠补王圻《续文献通考》之缺误，然公认疏略舛误颇多，有狗尾续貂之嫌，由此可见《谥法通考》之地位与价值之一斑。2023 年，上海书店出版社出版了由高纪春先生点校修订的《谥法通考》，相信借此机会，对于《谥法通考》及王圻的研究将再上层楼。

蝶戀花

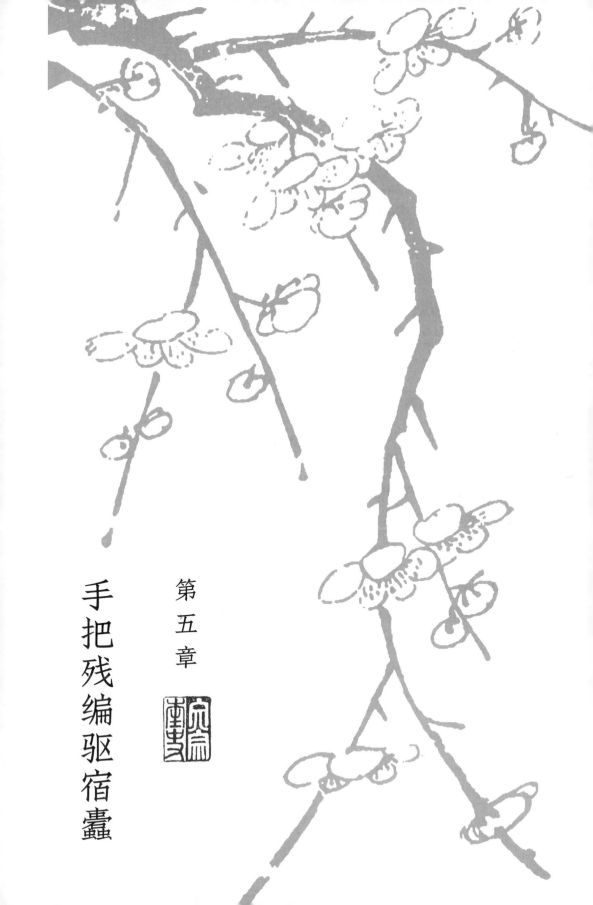

第五章

手把残编驱宿蠹

子虚言亦入名理：《稗史汇编》

在完成《续文献通考》后，王圻马不停蹄地着手完成他的另一部鸿篇巨制《稗史汇编》。《稗史汇编》今天在中国国家图书馆、上海图书馆、首都图书馆、辽宁图书馆等地都藏有万历刻本，书前有蔡增誉万历丁未（万历三十五年，1607）冬十一月序、周孔教万历戊申（万历三十六年）序、毛一鹭万历戊申秋序、许维新万历三十八年五月朔序、张九德叙、熊剑化引、陆应阳跋。王圻自引则题为万历丁未孟春朔日（即正月初一日）撰，可推知是书完成于万历三十五年。其中蔡序云："（圻）续马贵与《通考》，而兹复贾其余勇，白首丹铅，以就斯编。"前文已经说到，王圻《续文献通考》编讫于万历三十年，可见，编完《续文献通考》后又费时五年，王圻才编成此书。《稗史汇编》由于卷帙浩繁，万历间刻成后就没有再刊刻过，二十世纪九十年代，北京出版社计划影印《稗史汇编》时发现该书"至今仅存数部，流散四方，且皆非全璧，补缀功繁"，所以根据首都图书馆及有关藏家珍藏的残本，将此部书稿配补齐全，方才影印出版。1997 年，齐鲁书社将此书收入《四库全书存目丛书》再次影印出版，不过使用的是辽宁图书馆的藏本。

现存《稗史汇编》的各大图书馆藏本均为一百七十五卷，《四库全书总目提要》卷一三二子部杂家类存目九、《千顷堂书目》子部小说类也均著录为一百七十五卷，但是王圻的《墓志》《行实》说是二百二十卷。究竟是《墓志》《行实》有误，还有另外版本的《稗史汇编》，尚未可知。不过一百七十五卷的《稗史汇编》在王圻的纂著中，其地位及卷帙已经是仅次于《续文献通考》的规模了。

王圻撰写的《稗史汇编引》中是这样描述其编纂初衷的：

> 元儒仇远博采群书，著为《稗史》，而陶九成氏又从而增益之，作为《说郛》。二先生用心良亦苦矣。然览者犹病其繁芜秽杂。故迄今三百余年，互相抄录，未有能付梓以传示四方。余尝读而好之，至惓惓不能释手，然犹惧其终于湮没也。遂即明农之暇，重加雠校。凡繁芜之厌人耳目、诡异之荡人心者，悉皆芟去勿录；若我朝诸君子所著小史诸书，有足阐发经传，总领风教者，虽片言只语，兼收并蓄。总之为纲二十有八，列之为目三百有二十，而命之曰"稗史汇编"。

可见，《稗史汇编》是王圻根据仇远《稗史》和陶宗仪（九成）的《说郛》，参以历代著述删改增润而成的。仇远（1247—1327），字仁近，一字仁父，自号山村民，世称山村先生，元钱塘（今浙江杭州）人，著名诗人。他所撰的《稗史》，清代著名学者钱大昕在《补元史艺文志》中著录为一卷，原书早佚，《四库全书》也未收。目前只有在陶宗仪《说郛》卷二十五中引了三十四条及十一篇篇目。

《说郛》，元陶宗仪辑。陶宗仪，字九成，号南村，浙江黄岩人，举进士不第，避世乱，隐居松江，以授徒为生。弟子为他在松江泗泾之北买地造屋，陶宗仪在此以著述终老，《说郛》就是在其隐居松江时辑成的。该书书名取自汉代扬雄《法言·问神》"大哉！天地之为万物郭，五经之为众说郛"句，分类选辑汉魏至宋元的各种笔记，内容包括历代经史诸子、小说诗话、天文地理、笔记杂录、志怪传奇、山川风物、医药养生、琴棋书画等，无所不包。《说郛》中收入很多佚书佚文，四库馆臣曾用此书进行校勘和辑佚，鲁迅先生整理古代小说，特别是编辑《唐宋传奇集》时也大多利用了《说郛》。

值得注意的是，《稗史》早佚，目前只在《说郛》中可得一二，而《说郛》原本也久佚。王圻感慨二书"迄今三百余年，互相抄录，未有能付梓以传四方"，至少在王圻那个时代，两种书只有抄本没有刻本，《稗史汇编》可以说是二书早期的辑刻本之一。目前《说郛》传世的明抄本就有十数种，所抄非出自一源。实际流行的《说郛》刻本为清初李际期主持刊刻的一百二十卷宛委山堂本，其底本为明上海人、湖广副使郁文博校订的一百卷本《说郛》，而这个底本经学者考证，是残缺并遭后人改易的版本。无论如何，可见至少在郁文博生活的成化、弘治时期，《说郛》在松江一带传抄流行，距王圻出生时不远。王圻作为无书不观的收藏家，有着得天独厚的条件。《稗史汇编》引用的《说郛》底本尚待考证，或许可以为《说郛》的版本源流提供一些蛛丝马迹的线索。

《稗史》由于早已散佚，今人只知目录，难窥全貌。蔡增誉和张九德序曾将该书体例溯源至北宋太平兴国年间官修的大型小说集《太平广记》。《太平广记》主要为二级分类，即"门"下分"条"，整部书共分为九十二门，下又分为一百五十多个细目，多是直接引用具体的小引文，只有少数几个类属下分小门类，类似于《稗史汇编》的编纂体例。《说郛》并非按内容对象分门别类，而是以引用书目为纲，只抄录各个作品，而不加编纂。

今天我们看到的《稗史汇编》按"门、类、条"三级编纂，即分天文、时令、地理、人物、伦叙、伎术、方外、身体、国宪、职官、仕进、人事、文史、诗话、宫室、饮食、衣服、祠祭、器用、珍宝、音乐、花木、禽兽、鳞介、征兆、祸福、灾祥、志异共二十八门。据姜纬堂在影印版《稗史汇编》前言中统计，对比《太平广记》，《稗史汇编》不仅多出了天文、时令、地理、伦叙、身体、国宪、诗话、宫室、衣服、灾祥等门，而且像职官、文史、器用等门，记叙亦远较《太平广记》更加全面。该书在门下分类，类下再分条，条是最小的单位，共计11814条。每一类别少则几十条，多则上百条，而且每一条均按照时间先后顺序来编纂（此时间顺序，是指条文所记录事情的发生顺序）。这就是王圻所言："是集也，分门析类，令人易于检阅，而记事之次，一以世代先后为序，俾将来作者得随时随事而附入。"这种体例，不仅使全书的编纂更系统、合理、科学，而且也具备了明显的工具书的性质，既方便了日后编者的续辑、续编，也方便了读者的检索、使用。该书各门类之间分类明确，虽收录甚广，但没有相互涵盖或者错综交杂之感。这种体例较之以前类似的著作，有了明显的进步。

王圻编纂《稗史汇编》的另一个重要基础就是《续文献通考》。据刘天振先生研究，《稗史汇编》与《续文献通考》在成书过程、纂著体例、选材旨趣等方面都存在密切关联。前面已提及，王圻为编纂《续文献通考》这部二百五十四卷的巨著搜集了浩繁的资料。这些积数十年之功搜集的大量文献史料，自然也成为编纂《稗史汇编》的重要基础。蔡增誉在序中就说，王圻完成《续文献通考》后，"复贾其余勇，白首丹铅，以就斯编"。周孔教序也说，王圻续《文献通考》，"杀青甫毕，又泛滥诸家小说，簸扬淘汰"，编成《稗史汇编》。《稗史汇编》不仅在成书渊源上可溯及《续文献通考》，而且其参考编纂和校勘的团队与《续文献通考》也一脉相承，参与校对《续文献通考》的何尔复和刘永祚也出现在了《稗史汇编》的"校刊姓氏"之中。

后世学者往往对《稗史汇编》资料丰富、征引浩繁赞赏有加。此书卷一前有《引书目录》，著录引书凡八百零九种，去除重出九种，共有八百种。但实际的引书数量应大大超出此数。据姜纬堂在影印版《稗史汇编》前言中统计，书中见注于书中条文之末，却未列入《引书目录》者，尚有四百十六种；既于书中漏注，又未列入《引书目录》，今可据其文字以断所出者，凡四种。合此三者得一千二百余种。其间有十之三四是转引他书，有人认为是"辗转稗贩"。但是王圻在《引》中已经称"是编采取群书无虑七百余种"，将转引排除在外，而且这些转引的书到今天很多早已散佚，只是通过《稗史汇编》得以保留，这些都是《稗史汇编》在文献学上的重要贡献。

不过，学者认为《稗史汇编》是编纂《续文献通考》的副产品，或者称衍生之作，有点儿失之偏颇。个人认为，《续文献通考》的编纂固然为《稗史汇编》奠定了充足的史料基础，但是王圻对于两本书的重视是一样的，他编纂两本书都有崇高的目标，而且这一目标一脉相承，只不过二者取向有不同，耗时有长短而已。

王圻之所以把这本书命名为"稗史"，当然是借鉴了仇远的书名。所谓"稗"，是一种一年生禾本科植物，叶似稻，但节间无毛，实如黍米，往往杂生在稻田里，其籽粒细小，既有害稻的生长，又可以当作饲料，甚至可备荒年食用。古人通常将"稗"形容为微小的，琐碎的，如称小贩为稗贩。又设有"稗官"一职，《汉书·艺文志》云："小说家者流，盖出于稗官。街谈巷语，道听途说者之所造也。孔子曰：'虽小道，必有可观者焉；致远恐泥，是以君子弗为也。'"颜师古注："稗官，小官。"如淳曰：《九章》：'细米为稗。'街谈巷说，其细碎之言也。王者欲知闾巷风俗，故立稗官使称说之。"刘勰《文心雕龙·谐隐》："然文辞之有谐隐，譬九流之有小说。盖稗官所采，以广视听。"由此可知，稗官便是专给帝王搜集街谈巷语、道听途说，以供帝王省览的官员。由于他们提供的信息来自民间，他们"道听途说"的就不是经典文献的记载或者权威史官的记述。"稗史"，指记载闾巷风俗、民间琐事及旧闻之类的史籍。稗史虽是小道，但正如孔子所言，"必有可观者焉"。周孔教在序中就说："稗之犹言小也，然有正而为稗之流，亦有稗而为正之助者。"王圻也说正史"有格于讳忌，隘于听睹"，不能或不便记载之事，小说却可以，而且同样和正史一样，可以"具美丑、存劝戒"，所以著述家不能偏废。这正是王圻编纂《稗史汇编》的目的，从一点来看，《稗史汇编》与《续文献通考》是一脉相承的，如果《续文献通考》可称之为"正史"，《稗史汇编》可称"羽翼正史"，就是为了补充不足。只要是"有足阐发经传，总领风教"的，哪怕是"小史诸书"，哪怕是"片言只语"，也要"兼收并蓄"。至于那些"繁芜之厌人耳目，诡异之荡人心者"，影响阐发经传的则"悉皆芟去勿录"，要删改削减。

正如《稗史汇编》不是《续文献通考》的副产品，王圻也不认为"稗史"只是"正史"的羽翼和补充。刘天振先生已经指出了一个颇具意味的现象，王圻在《续文献通考》各卷之前皆题"皇明进士云间王圻纂辑"，而在《稗史汇编》各卷之前均署"海右闲民王圻纂集"，可见他是在告诉读者，《续文献通考》是出于官方身份而编的正史，《稗史汇编》则是基于民间立场，是"山林薮泽之士"所编的稗史小说。也许"稗史"微不足道，但仍然有着属于自己的特点，并具有正史所不可替代的价值和功用。正是为了凸显"稗史"的特点，王圻在编纂本书过程中虽然在很多方面有与《续文献通考》相通之处，但其内在精神更表现出对于稗史小说审美特性的有意张扬，这大概也可称为"浑朴其貌而艳冶其中"。

王圻对《稗史》《说郛》的校雠工作并非止于一般字句文辞的增删修补，不仅是分门析类、列纲列目这种表面工作，而是另起炉灶，重做规划。他模仿典制通史和官修类书之例，对稗史文献的编纂进行系统构思，整体设计，试图建构一种既可包罗万象，又可持续递修的稗编通史体例。如前所述，《稗史汇编》分二十八门，仿照了《艺文类聚》《太平御览》等官修类书的分类体系，按照天、时、地、人、事、物的顺序编排部类，结撰成书，天、时、地各部在前，次以人物诸部，然后是与人事有关的制度、器物各部，再次是与"地"有关的水陆动植各部，最后是沟通天人的灾祥、灵异诸部。这种安排的目的就是试图将其等同于官修类书，以给稗史、小说官方的地位。正如刘天振先生所言，这就是将"向属边缘文化形态的稗官小说与主流文化形态的价值系统实现了巧妙的链接，客观上提高了小说文体的地位，为小说的生存和传播构筑起一道坚固的防火墙"，将其定义为"分类体小说总集"。这其实也是学界对《稗史汇编》的一致看法，如石昌渝主编的《中国古代小说总目》就将其定义为"文言小说丛抄"。宋莉华在其所著的《明清时期的小说传播》中，将其定义为"类书体小说集"。《稗史汇编》可以看成是一部类书，但又不能仅仅将其看作一部单纯的类书，"小说集"才是其最本质的特征。

通俗小说兴起于宋元市井社会，发展到明代后期已经蔚为大观，影响遍于社会各阶层。但当时正统文化观念一直没有接受、承认它。上海地区是当时全国棉纺织业中心，富裕的经济推动了城市繁荣，余风所及，人们对起源于市井社会的小说戏曲也有着不同于正统文化的全新认识。1967 年，上海嘉定明西安府同知宣昶墓出土了北京永顺堂刊印的《说唱词话》，收录明代成化七年到十四年间的唱本和南戏，其主要形式是七字唱词，有说有唱，故事丰富曲折，注重细节描写。这是现存最早的中国戏曲小说的插图版画刻本，也是明初北方地区小说插图艺术的仅见物证，是研究小说史和曲艺史的重要资料。宣昶把这些说唱故事和自己一起带入坟墓，由此可见其生前对这一艺术形式的热爱，这应该也是当时上海地区士人的普遍心态。王圻对于稗史、小说的观点也正是在此基础之上形成的。

更有价值的是，《稗史汇编》在"文史门·杂书类"下"院本"条中详细记载了罗贯中和《水浒传》的材料，并发表了中国小说史中著名的一番评论：

> 文至院本、说书，其变极矣。然非绝世轶材，自不妄作。如宗秀罗贯中、国初葛可久，皆有志图王者；乃遇真主，而葛寄神医工，罗传神稗史。今读罗《水浒传》，从空中放出许多罡煞，又从梦里收拾一场怪诞；其与王实甫《西厢记》始以蒲东遘会，终以草

桥扬灵，是二梦语，殆同机局。总之，惟虚故活耳……而志西湖
者，遂曰罗后三世患哑，谓其导人以贼云。噫，无人非贼，惟贼有
人；吾儒中顾安得有是贼子哉！此《水浒》之所为作也。

王圻的这段评论，引起了日后众多的争议，也留下许多中国小说
史上的未解之谜。如罗贯中是否是《水浒传》的作者，罗贯中"有志图
王"是何意思，《水浒传》"从空中放出许多罡煞，又从梦里收拾一场怪
诞"是指什么，由此引出了王圻所见《水浒传》究竟是七十回本还是
一百二十回本的问题。但不管怎样，王圻的这段评论，是那个时代对小
说、对罗贯中、对《水浒传》最客观的评价，尤其是他称赞《水浒》作
者罗贯中为"绝世轶材"，称颂《水浒传》"惟虚故活"，意识到小说是
一种虚构的艺术创作，强调"其变极矣"，这样的文学史观在当时是一
种远见卓识，令人叹服。

耐人寻味的是，他在《续文献通考》也引用了田汝成"罗后三世患
哑"的诅咒，但没有任何评价，仿佛表示肯定，但这里给予彻底反驳，
并借题发挥"吾儒中顾安得有是贼子哉"，表达对歧视小说态度的极其
不满。可见，这才是脱去官服的"海右闲民"王圻对罗贯中、对《水
浒传》、对小说的真实态度，即肯定和赞扬。清代四库馆臣在评价王圻
《续文献通考》时曾说该书"而《琵琶记》《水浒传》乃俱著录，宜为后
来论者之所讥"，四库馆臣与王圻见识孰高孰下，我们这些后来者自有
公断。

当然，《稗史汇编》仍存在不足之处。山东大学周珊在其硕士学位
论文《王圻〈稗史汇编〉初探》中考证，全书共有引文 11814 条，但其

中真正标明出处的只有 1482 条，仅占全书的八分之一，这些不注所出的引文让后人难以稽考。同时，不少引文经过王圻的加工与原书文字颇有出入，难以展现原文的本来面貌，大大降低了此书的文献学价值和校勘作用。另外，书中具体错漏，如因袭旧讹、妄加改窜、讹脱倒衍、张冠李戴的情况在书中都很常见。因此《稗史汇编》在广博丰富的同时，不可避免地存在芜杂粗疏之弊病。学风严谨的清代学者对此书大加指斥，《四库全书》亦不收此书，仅《提要》列之于子部杂家类《存目》，并批评它"辗转稗贩，虚列其名者居多……卷首虽列书名，卷中乃皆不注出处，是直割裂说部诸编，苟盈卷帙耳"。不过这既有《稗史汇编》本身的问题，也有四库馆臣的门户之见。总而言之，其价值还是瑕不掩瑜的，正如姜纬堂在影印版《稗史汇编》前言所言："此书既远师《太平广记》之遗意，又因时代发展而具其特色，谓为继往开来，并非虚美。"

遨游图海揽三才：《三才图会》

除了《续文献通考》之外,《三才图会》应该是王圻编纂诸书中最著名, 也是影响最广的一部了。只不过这本书有些特殊, 与那些社会影响较大、集众士子之力而成的《续文献通考》《稗史汇编》等书不同,《三才图会》是王圻、王思义"父子兄弟日夜聚首, 扬榷风雅, 雌黄古今"而成。此书在王圻的《墓志》《行状》及《行实》诸文献中均摒而不述, 只有他去世之后的地方上提议将他列为乡贤的相关公文中提到"究心天人, 而《三才图会》以定","《三才图会》之编,《文献通考》之续, 种种有裨实用"。《王侍御类稿》虽然收入《三才图会引》, 但也只在《答朱节推》这封信中提到《三才图会》"乃不肖所借以消长日者, 儿辈续成, 遂尔灾木", 好像是闲着没事随便编成的。

值得注意的是, 该书刊刻出版时, 王圻交给了"金陵吴云轩", 金陵即南京, 明代南京是全国最重要的刻书业聚集地之一。胡应麟就说:"吴会、金陵擅名文献, 刻本至多, 巨帙类书, 咸荟萃焉。"谢肇淛也说:"金陵、新安、吴兴三地剞劂之精者不下宋板。"今有署名仇英绘的《南都繁会图》即反映三山街一带的繁荣景象, 其中一百多个店铺招牌中, 有很多标明"书铺""画寓""刻字镌碑"等应该与书坊有关。金陵吴云轩显然就是南京的刻坊, 交给他们刊刻, 王圻估计应该有商业方面的考量。当然这也和该书中有着大量图像, 需要专门精于版画制作的专业刻工来处理有关。三山街里聚集了大量专门从事戏曲小说刻印的书坊，而这些戏曲小说几乎"无书不图"，据张秀民先生在《中国印刷史》统计，南京当时有名有姓的书坊共九十四家，而据俞为民先生《明代南京书坊刊刻戏曲考述》一文中统计，这些书坊留存的戏曲刻本多达一百三十二种，其中有图像的就达七十四种。关于"吴云轩"虽然没有更多的资料，但仅根据目前《三才图会》的刊刻情况就可以清楚地知道，该书坊有着非常丰富的刻印图像的经验，并且具有相当高的水平。

正如王圻所言，《三才图会》由王圻和他儿子王思义合作完成。顾秉谦在序中就说全书凡例及"前三图皆出御史公（王圻）手裁，而后则允明氏（王思义）之所续，父子授守，称王氏家学"。可以说，王圻于《三才图会》有发凡起例之功，王思义有助纂之劳。有学者推测，《三才图会》中有很多不明出处的图，也有对原图略作修订的图，这些应该都出自王思义的手笔。唐国士在《三才图会·地理图序》曾言：

> 昔孟坚志《地理》，写习俗之好尚与人民之羌夷，纤悉毕具，然文则详矣，图则未备。文忠《指掌》，上自春秋，下至汴宋，其间因革离合，亦纤悉毕具，然一切名山大川，灵踪阆胜，图无闻焉。竟使考太公之履者，借为指南；而卧少文之游者，尚苦迷津。兼之者，允明此书矣……允明侍其御史公游，足迹殆半天下。余不肖不出户庭，犹之坐井。今因计偕始由江而淮，由淮而洛，抵于神都，以续食所经覆视纸上，毫发不爽，乃知允明之学识其大者。是编也，权舆于御史公，而允明实卒其业。

唐国士说《汉书·地理志》有文无图，《历代地理指掌图》有舆地沿革图却无山水名胜图，皆有其不足。唯有《三才图会·地理卷》，文字、舆地图、名胜图三者兼备。而这"图文兼备"的功劳应该归于王思义。他还强调王思义跟随王圻宦游天下，学识日进，因此该书"卒业"也是王思义的功劳。再考虑到王思义在《香雪林集》曾绘有大量的梅花图，还编著有《画法小学》一书，这个推测应该是有道理的。

万历三十五年（1607），王圻邀请时任华亭县令熊剑化作序，《三才图会》诸序最早作于此时，可见至晚至本年，该书应该已经完成。万历三十七年十二月，周孔教为《三才图会》作序，诸序中以此序最晚出，可以推测最早在此时，《三才图会》正式刊刻。序中称，该书是王氏父子"广搜而详核之书，破万卷，岁易十霜"而成稿，可见，该书开始编纂应该始于万历二十五年至万历二十七年间。

根据俞阳在其硕士学位论文《〈三才图会〉研究》中的分析，《三才图会》目前常见的版本，一是为明万历三十七年（1609）"男思义校正"金陵吴云轩刻本，上海图书馆有藏，版心下方有"秣陵陶国臣刻"字样，另外还可以见到"晦之"字样的标记，一般都认为是刻工名。二是明崇祯年间"曾孙尔宾重校"本，此版本与初刊本无异，只是在原版上剜成自己校著。王重民先生曾在《中国善本书提要》中批评王尔宾乃不肖子孙，并且严厉斥责说："为争自己微名，毁弃祖父故业，士习至此，国家安得不亡乎？"三是清乾隆年间"潭滨黄晟东曙氏重校"的槐荫草堂刻本，应该也是根据万历三十七年刻本同一套雕版修补后重印的。

黄晟，《扬州画舫录》载："黄氏本徽州歙县潭渡人，寓居扬州。兄弟四人，以盐笑起家，俗有'四元宝'之称。"这"四元宝"便是黄晟、黄履暹、黄履昊、黄履昂四兄弟。黄晟就是"大元宝"，字东曙，号晓峰，筑有"易园"（后乾隆赐名"趣园"），槐荫草堂即其藏书楼。除《三才图会》外，他还刻有《太平广记》《合刻山海经》《水经注》诸书，公认"精工绝伦"。可见《三才图会》三次刻印都带有商业性质，第一次金陵吴云轩，第三次潭渡黄晟都是书商，第二次王尔宾其实也是为了图利，虽然该书部头大，但是仍然可以从中牟利，也可见该书刊刻之后应该有着一定的市场，销量不俗，否则就不可能多次重印。

根据何立民的研究，《三才图会》总目有"一百零六卷"之说，似据有关著录、目录归纳而成。实际情况则是"人物"部分，有"又八"卷之目，内容为明朝名臣像传及"道统总图""传经图"等，据此，当为一百零七卷。如果将卷首列入，则为一百零八卷。书前还有周孔教、顾秉谦、陈继儒及王圻自序。王圻所编前三目前，分别有李庭对、唐国士和何尔复所作之序。

《三才图会》名为"三才"，即所谓"天、地、人"，这一观念至晚在春秋战国时已经出现，如《周易·说卦传》云："昔者圣人之作《易》也，将以顺性命之理。是以立天之道曰阴与阳，立地之道曰柔与刚，立人之道曰仁与义。兼三才而两之，故《易》六画而成卦。"《荀子·天论》更提出了天、地、人相参的观点。所以"三才"观是以天、地、人提纲挈领世间万物，并且互相联系，互相协调。这一观念起源于万物有灵论，又更进一步发展到人与天地万物互相协调，互相统一的哲学境界。自宋朝《艺文类聚》开始，类书的编纂往往采用以天、地、人为纲，概括世间万物的方式，这一点至明代更盛，明清时期就出现了众多遵循"三才"体系编纂的书籍，王圻的《稗史汇编》其实也是吸收采纳了这一方式。当时还出现了大量以"三才"命名的书籍，如《三才广志》《三才藻异》《三才发秘》等，王圻《三才图会》是其中最著名，也是最流行的。

正是凭借传统的"三才"观为编辑主线，《三才图会》才有"上自天文，下至地理，中及人物。精而礼乐经史，粗而宫室舟车，幻而神仙鬼怪，远而卉服鸟章，重而珍奇玩好，细而飞潜动植"的宏大篇幅，也使得包罗"上自天文，下至地理，中及人物，旁逮器用、时令、宫室、身体、衣服、人事、文史、珍宝、礼制"的《三才图会》"虽细而夭乔，蠢而羽毛鳞介，靡不毕载其纲"。

全书共分十四目，如前所述，前三目，即天文、地理、人物，乃王圻手订，而后时令、宫室、器用、身体、衣服、人事、仪制、珍宝、文史、鸟兽、草木之十一目乃王思义续编。谋篇布局、提纲凡例则肇始于王圻。有学者认为，如按开创、谋划之序，该书当标注为"王圻、王思义"著；按成书、刊刻及劳动付出者，则须标注为"王思义、王圻"著。但该书的主导者应为王圻无疑。

《三才图会》各分卷情况如下：

"天文"四卷，卷前有总序，分天论、天体论、天象论三大部分，主要内容包含天文总图、二十八星宿、古籍典章中记载的星体运行图及日食、月食等天文现象等。该部分对人的认知影响体现在分野、占卜等方面。

"地理"十六卷，先以总括性质的山海舆地全图、华夷一统图开篇，其后分别介绍各行政区域、九边镇、河运及漕运、名胜古迹、八夷，紧接着按历史顺序介绍历代疆域、帝都等内容，另载土地制度和区田、围田等造田、护田法。

"人物"十四卷，前三卷介绍明世宗之前的历代帝王，后五卷介绍名臣将相，再接三卷篇幅收录释家、道家诸人物，后三卷辑录域外及传说中的国度。

"时令"四卷，有天地始终消息图、闰月成岁图、日出日没永短图、月生月尽盈亏图等天象变化图，有甲子等六十年神方位之图、十二月方位之图、天运星煞直日之图等用以指导农业、生活等事务的图像资料。

"宫室"四卷，涵盖各类宫室（这里的宫室指官方建筑或公共建筑）、周礼朝位寝庙图、太学图、皇城图等政治性图制，有阳宅九宫图、阳宅内形吉凶图、阳宅外形吉凶图等生活气息浓厚的图制。

"器用"十二卷，包含古器（即鼎彝等青铜器）、乐器、舞器、射器、舟车、渔具、兵器、农器、蚕织、什器等，几乎涵盖生活中的各类器物。

"身体"九卷，包含肺、胃、心等身体器官及人体经脉图、脏腑病图等，还包含病症图及其治疗方法。该部分最后一卷还涉及人相问题，如男人面痣之图等。

"衣服"三卷，主要包含冠服制度、丧服、士庶之服、衣服裁剪之法等内容。

"人事"十卷，涵盖琴、棋、书、画、枪法、阵法、太极元气图、二十四气修真图以及投壶、斗牛等涉及生活层面的内容。

"仪制"八卷，主要涉及重大政治活动所需仪制，如正旦冬至朝贺图、中宫受册图、国朝卤簿图、国朝仪仗图以及天子纳后纳彩图等皇族婚礼仪制，另有士庶婚仪图、太学祭先师陈设图、古礼正寝时祭图、五刑之图等内容。

"珍宝"二卷，共包括两部分内容：一是"珍"，指贵重珍奇的珠宝，如珊瑚、生铁、石钟乳等；二是"宝"，即货币，主要是钱币图，卷二还包括外国钱币。

"文史"四卷，卷一有易图、皇极经世图、伏羲八卦方位图等，卷二以《诗经》图、《书经》图、《礼记》图、《周礼》图为主要内容，卷三、卷四以《春秋》图、回文图、诗余图谱为主要内容。

"鸟兽"六卷，前两卷主要是以凤、孔雀、画眉、海东青等为代表的鸟类，卷三、卷四主要是以麒麟、海马、狼、黑狐等为代表的兽类，最后两卷则收录龙、蜥蜴、鲤、水母、蛾、蚯蚓等鳞介类。

"草木"十二卷，前七卷主要收录有药用价值的草类，如龙胆草、五味子、天麻等，卷八、卷九为木类，如椒、棠梨、丁香等，卷十收录各种蔬菜，如菠菜、刀豆、丝瓜等，卷十一收录果类和谷类，如荔枝、菱、稻米等，卷十二收录各种花卉，如玫瑰、芙蓉、秋海棠等。

《三才图会》最大的特点，顾名思义，就在于"图"。语言文明尚未形成之前，图像在很长一段历史时期内被用作记事表意的工具，在中华文明史上起了重要作用。即使书籍出现以后，中国古代"图""书"连称，常言"左图右史"，方志也古称"图经"，可见"图"与"书"，"图"与"史"有亲密关系。如郑樵《图志》言："河出图，天地有自然之象，图谱之学由此而兴；洛出书，天地有自然之文，书籍之学由此而出。图成经，文成纬；一经一纬，错综而成文。古之学者，左图右书，不可偏废。"唐代雕版印刷技术成熟普及之前，书中的图多为手工描摹，限于工艺水平，数量极少，留传后世的更是稀少。宋元以后，随着印刷技术的成熟，书籍出版进入了版刻插图的辉煌时代。北宋聂崇义编订的

《三礼图》一书就堪称宋代典型图谱类作品。

明代出版业繁荣，版刻技术发展迅猛，书籍插图及配图的方式和所在位置也多种多样，名匠迭出，并成为家族世代相传的工艺流派。刊刻《三才图会》的金陵派与新安派等均是其中代表。著名画家如陈洪绶等也参与绘制画稿，并形成个人风格。版画成为出版商与书商招徕顾客的一大竞争手段，小说、戏曲基本上"无书不图"，争奇斗艳。即使是私修的家谱，举凡重要的祖先，几乎都附有影像。地图出版同样在此时进入繁荣期，地图史学者甚至认为，中国和西方一样，在十六世纪以后共同产生了一个地图出版和印刷的黄金时代。此前所出的地图，或是单张的，或是零星地收在史书、方志或文人笔记中。除了宋代的《历代地理指掌图》，基本上没出过成本的专门地图集。而明代进入嘉靖、隆庆以后，进入了一个地图集的出版高峰期，无论是数量和质量都达到了相当高的程度。《三才图会》中大量使用的罗洪先的《广舆图》就以精确著称。各种以图画为主的图谱更如雨后春笋般涌现，郑振铎先生曾说："中国木刻画发展到明的万历时代（1573—1620），可以说是登峰造极，光芒万丈。"此时期被认为是中国古代版画发展史上的黄金时代，这些都为《三才图会》通过以图为主的形式呈现于世提供了一定可能。

这股读"图"的热潮也波及类书的编纂出版。自《皇览》成型，类书之体真正登上了历史舞台。唐宋时期，以《艺文类聚》《北堂书钞》《太平御览》《太平广记》等作品为代表，"类书"发展极其迅速，题材日趋多样，类型更加广泛。明代类书编纂之多、门类之富、体例之创新等方面，更为历代所不及，达到中国类书编纂的顶峰。《四库全书总目》中收录明代类书一百三十九种，约占类书总量的一半。丁原基等学者曾提道，类书有图者，似源于唐仲友《帝王经世图谱》。此后有极少数专门性类书，如宋代的《事林广记》附有插图。南宋郑樵所作《通志·图谱略》首次将图像作为文献编入类书，此后类书编纂开始注重图像的收录。明初的《永乐大典》开创了在综合性类书中附列图谱的先例。但图像在书中地位不高，多作为文字的从属，对文字进行补充说明。到明代中后期，真正意义上的图谱类类书顺应潮流开始出现，并发展成为类书的重要门类之一。《三才图会》是真正将图像作为独立文献，使之与文字文献并驾齐驱的开山之作，可以称得上是中国古代第一部真正意义上的图谱类书。

王圻和序言的各位作者，对本书的特色和对图像的文献价值是有明确认识的。他在《三才图会引》中就提到"玄黄初剖，未有文字，先有图书"，周孔教在序中更将"图"称为"吾道开山"，应该与"六经"并传。陈继儒在序中也说："夫书与言之所不能尽者，不假之图，将何以自见哉？"他将图的价值提到"图者，书之精神也"的地步。同时，他们认识到当时文献中"图"相对薄弱的问题，所谓"今书可汗牛，而图不堪饱蠹"。顾秉谦在序中写道："嗜书者十有五六，而嗜图者则十不得一也。"这从侧面反映出王圻对图像的敏锐程度，由此体现了《三才图会》的历史价值。

周孔教在序中称《三才图会》"号为图海"，事实上，《三才图会》中的插图数量巨大，形式多样。王逸明先生曾说："粗粗估算一下，《三才图会》里的插图超过了3000张。"经何立民统计，《三才图会》共载图（表）6125幅，而且这些图像的形式复杂多样。何立民将其分成几类，如地图、谱牒，如"导游图"，如世系图，如有工笔、写意图，等等。关于地图方面，王逸明先生就分成实景图、略形图、准地图、解理图四类。这些图，无论是质量还是数量，在同时代同类书籍中都称得上领先。

比如《三才图会》往往与章潢《图书编》并称，四库馆臣便言："明人图谱之学，惟此《编》（即章潢《图书编》）与王圻《三才图会》号为巨帙。"章潢《图书编》共一百二十七卷，篇幅貌似超过《三才图会》，但该书仅收图 949 幅，只有《三才图会》的六分之一不到，且该书内容于动植物等方面几未涉及，收图亦少，整体来说选材范围小，刻版较粗糙、图像也欠精美，《三才图会》在体例、结构、体量、配图等方面均远胜于彼。

又比如《天工开物》是古代中国关于工艺制造方面的重要著作，其中有涉及工艺的大量图片，历来为学者称道，可这些图片远不如《三才图会》丰富。比如船，《天工开物》只画了两种船，《三才图会》中画了三十四种船，而且还有船的结构图；《天工开物》车的图片只有三种，而《三才图会》有二十四种，甚至还有车的零部件解析图。《天工开物》即使有图也比较简单，比如说鸟铳，《天工开物》只有简单地一个人拿着鸟铳的图，鸟铳的细节并不清楚，而《三才图会》中鸟铳图分成各种形制，还有分形细节图，图上还标明了如何使用的细节，好比今天的说明书。可见，《三才图会》的图片无论在数量还是质量上，都要远胜于《天工开物》。

《三才图会》中大量的图片不仅使读者更能直观地了解事物，有效传递信息，也令枯燥的文字变得生动，增强信息记忆的有效性。而且，这些图像由于提供的资料直观而生动，可以弥补文字资料的不足，对于今天的我们了解古代社会的方方面面，提供了重要参考，由此备受学界的关注。例如《三才图会》中收录的《山海经》图像、明朝名臣图像，经常为学者引用，体现了《三才图会》所收图像文献的重要价值。

更重要的是，对于王圻来说，图不再是文字的附庸、文献的佐证，也不作为书籍页面的装饰，而具有等同于文字的价值和功用。这一思想反映在该书具体的版式编排上。中国古代常称"左图右史"，传统以右为上，其实就是把文字置于图像之上，而且古人读书是从右到左、从上到下的，"左图右史"就是先有文字，再有图像，图像是文字的补充。《三才图会》的编排则完全与之相反，不仅图像超过文字，而且将图像居于中心地位，文字反而处于从属地位，图勒于先，论说缀后，是先文字、再图片、后文字的模式，即前言、目录先以文字形式呈现，中接图片，最后以文字的阐释和评论结尾。图片与文字的顺序多为右图左文、上图下文的顺序，突出本书以图像为主的特点，彻底摒弃此前文字为主、图片为辅的编排形式。这在中国古代类书史上是绝无仅有的，称得上是真正将图像作为独立文献、与文字文献并驾齐驱，甚至凌驾于文字之上的开山之作，在中国图书发展史上具有里程碑式的意义。

《三才图会》同时也是王圻的学术思想的全面反映。《三才图会》和王圻其他的著作一样，以取资广博著称，向人们展现了一个由王圻自己构建起来的大而全的知识体系。天文、地理、鸟兽、植物等卷所列图像，是仰俯天地、体察万物所得的精华内容，起到了普及自然科学知识、指导农业生产和生活的作用；人物、人事、文史等卷所列内容，有助于人们从生理、心理、文化角度了解自身；宫室、器用、衣服三卷围绕人们日常生活所需的知识给予展示。如此丰富的知识体系，已经接近彼时文人的认知极限，由此可见，王圻的思路之宽、视野之广，达到了时人难以企及的高度。

《三才图会》一书的鲜明特色，不仅在"博"，更在于"新"。很多新知识、新书籍，刚刚问世不久，王圻就收录到书中，《本草纲目》就是其中一例。可见他非常乐于接受新鲜事物，这无疑也为《三才图会》的成功奠定了基础。

《三才图会》更收入了耶稣会传教士利玛窦刊刻的《山海舆地全图》和《天地仪图》。《山海舆地全图》为利玛窦所绘，不过至今尚未找到原版。根据邹振环教授等学者的研究，万历二十三年（1595）至二十六年间，应天巡抚赵可怀曾从镇江知府王应麟处得到该图拓本，心生奇慕，命人摹绘刻石，并将刻本送给南京的王忠铭尚书。万历二十八年，利玛窦又应南京吏部主事吴中明要求增订该图。除了《三才图会》外，冯应京《月令广义》、章潢《图书编》都收有该图的摹本。《三才图会》中的《山海舆地全图》是来自赵可怀还是来自吴中明，尚未可知。不过《三才图会》中的相关文字和图与《月令广义》基本一致，故二书的源头应该是一个。《天地仪图》载于"天文"卷四，《山海舆地全图》则载于"地理"卷一，所附文字试图融汇中西地理知识，说大地与海洋本来就是圆形，全为一球，居于天球之中。之前我们讲天圆地方，所谓"地方"，"方"不是说地是方的，是指地是固定不动的。天既然包含着地，那么就应该彼此相应，所以天有南北二极，地亦有南北二极。天分三百六十度，地也分三百六十度。这段文字尝试将中国传统的"天圆地方"的地理观念套入利玛窦传播的大地乃球体的近代科学观念之中，这种论证充分代表了当时与西学初次接触的传统士大夫的解读方式。这段文字是否出自王圻手笔，尚未可知，但王圻在书中刊载此段文字，表明了他对这段文字是认可的，他对利玛窦的知识体系是接受和认同的，这就能看到西学在当时的士人之间，特别是在上海地区的士人中影响有多么广泛和深入。

《三才图会》更是王圻经世致用思想的全面体现。王圻深感空虚学风给社会发展带来的种种弊端，极为重视实学，于是搜集了大量科技类图谱录入书中。《三才图会·器用卷》用较大篇幅收集了农业生产、兵器装备等形制图，详载农业经验、手工业技术与经验、武器制作及使用技术，倡经世致用之学。如"器用"卷十"水砻"阐释了水砻的结构、工作原理，又强调因地制宜，穷尽图文释义的最大价值，实现其利民、实用的价值。

明末清初人陆陇其在《三鱼堂日记》中曾记载，有天，书商拿着《三才图会》到他家兜售。他觉得此书考核不精，大部分无益，但也承认"农器、蚕织器、什器四卷最好"。有学者认为，《三才图会》应当时国计民生之需，博采诸书，从工艺学的角度出发，以农业工具、手工业、武器制造为主要门类，继承前代保留下来的理论与实践相结合的优良传统，并融入明中后期形成的经世致用思想，形成了一个以制作、选材、使用为要素，以巧省便利、随宜而用为原则的技术系统。

王圻经世致用的思想还表现在他身体力行、重实践、重功用的学术态度上。唐国士在其序中曾言"御史公（王圻）游足迹殆半天下"，他介绍说，他曾"由江而淮，由淮而洛"，抵达洛阳后将其行程对照地图，"毫发不爽"。可见《三才图会》所载地图与实际地形一一对照，实事求是。

《三才图会》从编纂到出版都没有太多的官方色彩，却多了一些商业销售的考虑，这使得本书内容贴近现实生活，雅俗共赏。以"人物"卷为例，除介绍历代先贤及历史上真实人物，还录有释家、道家等民间口传人物。书中依据传说中的人物形象勾描图片，记录了很多新奇曲折的故事情节，侧面反映了当时普罗大众的审美及道德取向。

《三才图会》对后世知识界的影响颇大。徐光启的《农政全书》被公认为"中国传统农学的集大成者"，其中也有很多农业、手工业工艺器具及农作物的图片，有很多图片如纺织工具、磨盘、石碾等与《三才图会》别无二致，几乎一模一样。《农政全书》的编纂晚于《三才图会》，刊刻更到了崇祯间。《农政全书》使用的图片无疑应该来自《三才图会》。另据李秋芳的研究，清康熙年间官修的《古今图书集成》中也有不少图就直接引自《三才图会》。除此之外，《三才图会》还远播日本、朝鲜。据何立民研究，《三才图会》在日本流传极广。据日本《商舶载来书目》《外船赍来书目》资料所载，宝永七年（1710）、正德四年（1714）、正德五年、亨保三年（1718）等年份，皆有《三才图会》至日或日本人观阅记录。而部分目录类著作亦有记载《三才图会》，如《二酉洞·杂部》《新井白石日记》《舶来书籍大意书》等书籍中皆曾著录此书。日本还专门编了《和汉三才图会》一书，就是仿王圻《三才图会》而成。此书卷首一卷，正文一百零五卷，配图 3806 幅，总分多部，部下细分子目。此书以《三才图会》为蓝本，于各部目中罗列中国、日本之证，配置精美插图。该书详细描述了 18 世纪日本风土人情与物质世界，颇具史料价值。《三才图会》亦在朝鲜流传。洪奭周《洪氏读书录·子部·说家》内，仅著录类书两部，其一即《三才图会》。《三才图会》在欧美也产生了一定的影响，意大利著名汉学家白佐良和马西尼合写的《意大利与中国》一书大量引用了《三才图会》的内容；汉学家崔瑞德、牟复礼主编的《剑桥中国明代史》把该书列为"最突出的两部类书之一"；英国著名科学家李约瑟主编的《中国科学技术史》直接指出："在当时出现的小型而有插图的百科全书当中，最有趣的一本是王圻和他的儿子所著、于1609年出版的《三才图会》；该书共有106卷，有大量具有科学意义的各类事物的图画。"李约瑟的书中也引用了很多《三才图会》的图。

当然，入清以后，学者们对《三才图会》有很多不满，前引陆陇其所言就是其中代表。四库馆臣也说《三才图会》"务广贪多，冗杂特甚。其'人物'一门，绘画古来名人形象，某甲、某乙，宛如目睹，殊非征信之道。如据'仓颉四目'之说，即画一面有四目之人，尤近儿戏也"。一贯对王圻不满的周中孚在《郑堂读书记》中如是说道："搜罗颇为繁富，亦有裨于多识，而门目琐屑，排纂冗杂，下至弈棋牙牌之类无所不收，即所系诸说亦皆捃掇残剩，未晰源流，甚至军器类中所列鞭、锏二图，称鞭为尉迟敬德所用，锏为秦叔宝所用，杂采《齐东》之语，漫无考证，其不及章本清《图书编》远矣。"

《三才图会》与《图书编》孰高孰下，相信自有公论，此处无须多言。诚然，《三才图会》存在着种种不足，何立民就指出该书有"博收芜杂，自乱体例""务炫博闻，去取粗疏""多有讹误，亦有错版"等问题。总的来说，和王圻的其他著作一样，内容杂芜、出处不明、考证不晰是其一贯的缺点。但问题是，我们今天应该怎么来看《三才图会》这本书。

评论《三才图会》，应该将其置于历史的大背景下进行。如前所述，《三才图会》所处的明代是中国古代版刻出版业最为繁荣的时代，《三才图会》正是这一时代的产物。而且，《三才图会》也是中国传统社会、中国传统文化、中国传统科技处于"总结"的转折阶段的产物。到了明代，中国的传统社会已经发展到非常成熟的地步，一些新的思想、新的技术从域外传来。如何总结中国的经验，并将这些新的思想、新的技术纳入传统社会既有的知识体系中，是很多士人思考的问题，也是《三才图会》《本草纲目》《天工开物》《农政全书》这些总结性的著作应运而生的原因。同时，晚明商品经济发展到一定的阶段，白银的大量输入使得社会财富迅速增长，文化市场日益繁荣，市井文化的特色日益鲜明。与百姓生活息息相关、图文并茂、简明易懂、实用亲民、接地气的知识普及性书籍越来越被市场所欢迎。身在繁华上海的王圻将其一贯的经世致用思想付诸创作实践，并投入市场，凡此种种，都造就了《三才图会》的产生，《三才图会》的优点和缺点也都由此而形成。四库馆臣和周中孚距离王圻已经有一百余年，世移时变，他们所处的时代与王圻所处的时代不尽相同，他们站在自己的时代和立场对王圻的评价自然就会有很多不太妥当甚至不公正的地方。四库馆臣觉得书中人物画像"宛如目睹，殊非征信之道"，其实当初司马迁撰《史记》，如临现场，何尝是"征信之道"？更何况，"宛如目睹"，生动形象，难道不是更受读者欢迎？又如传说"仓颉四目"就画一面有四目之人，是符合一般读者口味的。"鞭为尉迟敬德所用，锏为秦叔宝所用"，通过民间传说来让读者理解得更加深刻，同样是迎合读者的选择。《三才图会》中这些典型的平民化视角、读者中心取向，当然不会被严守正统的馆臣所理解。

　　总而言之，王氏父子所纂《三才图会》，内容广辑博引、包罗万象、图文并茂、互为印证，全书体量巨大，涉猎广博，内容多样，插图精美，版刻丰富，流传久远，影响巨大，堪称是中国传统图像文献的集大成者。今天的我们对于《三才图会》应该在前人基础上有着更加全面、深入的认识。

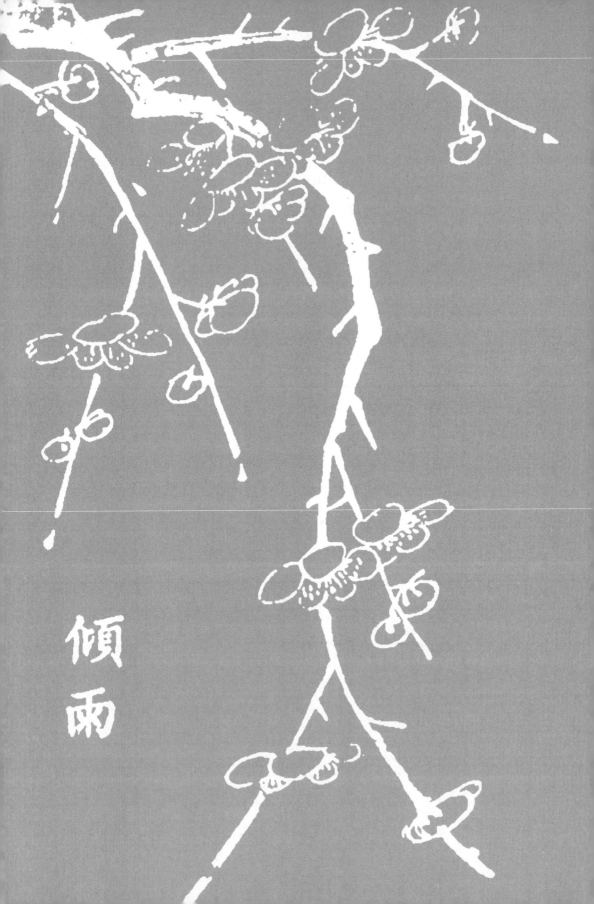

傾雨

第六章

白发丹心总自知

天为泽国起疮痍：地方志书的编纂

地方志是中国特有的兼具历史和地理学性质的文献，是记载一个地方古今综合情况的志书，详细记载了各地政区沿革、山川地理、风土人情、名胜古迹、乡贤人物等。地方志的编纂可以追溯到《禹贡》，经汉晋的地志、图经，至唐宋时已经发展成熟。被誉为"一地之百科全书""一方之全史"。英国学者李约瑟指出："希腊和希腊化的古代文化并没有留下与此相似的文献……一直到了文艺复兴时期（即相当于中国的明代），才出现了可以和中国相比的著作。"中国古代几乎每个县都有地方志留存，而且延续不断，历代修志基本沿袭前志，并对前志进行增补扩容、补遗纠错、删繁就简等。地方志也为历代统治者所重视，目前传世的志书约八千七百余种，十一万余卷，约占古籍的 10% 左右，是蕴藏丰富的史学资源。正是这种罕见的连续性，使地方志承担起了赓续中华文脉、传承优秀文化、保存历史文献的重要作用。

作为一个饱含对家乡的热爱的历史学家和文献学家，王圻一向关注地方志的编纂，地方志应该是他收藏的大宗，他编纂《续文献通考》《稗史汇编》诸书时都使用了众多地方志材料。他也积极热情地参与地方志书的编纂。他一生编纂了多部志书或类似志书的文献，这些文献贯彻了他的为学宗旨，也为家乡、为地方做出了积极的贡献。

王圻对家乡志书的一个重要贡献是编纂水利志书《东吴水利考》。王圻从少年时代就目睹了因吴淞江淤塞而导致的种种弊端，对家乡的水利建设可谓情有独钟。

上海地区自成陆以来一直是水乡泽国，河网密布，水域发达，湖泽、河流、港湾、水塘星罗棋布。千百年来，上海与水建立起了不同寻常的关系。这里的市镇多围绕河湖而建，人民生活多沿河而居，人文地理因水而荣，社会经济因水而兴。可以说，水是上海自然环境中决定性的因素，水为上海发展物质文明和精神文明提供了得天独厚的理想条件。包括上海在内的整个江南地区，以太湖为中心的水系构成了一个相当完整的生态平衡系统，其水系的循环畅通是人民安居、生产发展的首要条件。

今天江南优越的环境既是大自然赋予的，更是这里的人民艰辛改造的。太湖流域在地形上其实存在先天不足，即使水利工程实施千年以后，发展到明清时期，高乡苦旱，低乡苦涝，海水潮侵，仍然是这里常见的自然灾害。可以说，没有系统的治理及水利工程的支撑，江南地区就不可能有开展农业生产的基本条件，更不用说取得较大成就了。江南的历史发展正是这里的人民在长期与水共生共荣中劳动与智慧的结晶，而江南的治水史便是江南历史发展进程的一个缩影。江南的盛衰很大程度上取决于人们对水的控制和利用。明末清初的叶梦珠曾说，松江一带"民命寄于水利"，可以说水利是上海地区乃至整个江南社会经济的命脉所在。这里的人民通过开凿运河、建设塘浦圩田系统以及其他水利设施等，取得令人瞩目的成就，将这里改造成了富裕丰饶的"鱼米之乡"，对水环境进行深入治理和优化，为江南的经济崛起和持续发展发挥了关键性作用，堪称中国历史上发展经济与治理环境积极互动的典范。如果没有太湖地区的围田垦殖，就没有鱼米之乡的锦绣江南。但历代这里也有任意开垦和肆意强占的情况，给水利和生态环境带来不良影响，甚至导致水患频仍，损失惨重，教训深刻。正是出于这一原因，才使得自宋代以后，江南地区不断产生出单锷、郏亶、任仁发、叶宗行、金藻等水利学家，并涌现出了大量的水利学专著，对后世影响深远。王圻所著《东吴水利考》就是其中重要的一部。

《东吴水利考》书前有张宗衡序文，云："自戊子以达戊申，二十年中三见水旱……王公生长水乡，目击艰苦，故纂集斯编。"有学者就推断《东吴水利考》的编纂可能开始于万历三十六年（戊申，1608）。其实如前面多次提到的，王圻对家乡水利的关注远不止于此。他在编《续文献通考》时就专门设有"太湖"和"三江"二目，对江南水利的沿革及问题进行探讨。他在编《三才图会》"地理"卷时收入了大量水系地图和议论，《凡例》中他特别指出，人为建设的水道也进入图版："地理如沟渠井田，虽人习睹然，浚亩改水，其道甚宏，故亦毕图。"他编纂《青浦县志》时也强调"水利"，后世称赞此志以"水利"见长。

《东吴水利考》亦称《三吴水利考》。《四库全书总目》《千顷堂书目》均著录为十卷，但《墓志》及《行实》则记为十六卷。根据《东吴水利考》篇首载时任松江府知府张宗衡所作序，王圻去世后，时任松江府水利同知孙应昆将此书呈给了应天巡抚胡应台，胡应台收到后，受命颁行。今《东吴水利考》《原国立北平图书馆甲库善本丛书》本存有牌记，标记为天启元年（1621）刻本，主持人即张宗衡，并且"动本院赎银，鸠工庀料，精刻成书"，可见是松江府出资刻成。不过，由于此书是王圻去世后松江府方才官刻刊布，而且书中并未包含卷一《东吴七郡水利总图说》《七郡水利四至考略》提到的杭州府具体水利图说，所以今天的传本是否仍为王圻原先编订卷目，还是略有删减，尚未可知。现存版本有《四库全书存目丛书》《原国立北平图书馆甲库善本丛书》两种影印本。两种影印本略有差异，《原国立北平图书馆甲库善本丛书》本卷首收录有王圻自序以及该书刊刻情况的牌记，但是《四库全书存目丛书》本卷首无王圻自序和牌记，多出了松江知府张宗衡所撰的《东吴水利考叙》，其他正文的内容与版式则完全相同，并无区别。另外每卷卷首题"明进士王圻元翰父纂，后学俞汝楫仲济父、男王思义、孙王昌会校"。

《东吴水利考》全书共十卷，主要论述了太湖地区的水利问题，尤详于苏州府、松江府、常州府、镇江府四府。卷一、卷二为"东吴七郡水利总说"，目次为《东吴七郡水利总图说》《七郡水利四至考略》《江海总图说》《沿海泄水港口图说》《海溢并筑塘考略》《太湖港溇泄水图说》《太湖考略》《受水湖浦淹荡考》《大江泄水港浦图说》《三江考》《溧阳五堰考》《土冈堰闸考》。卷三至卷九分述苏、松、常、镇、嘉、湖各府及其属县水利，卷七附有《吴淞江图考》。卷十为《历代水利集议》。下页插图为王圻所著《东吴水利考》中所附吴淞江图，大致可见吴淞江的走向及沿线的支流。

《东吴水利考》有王圻自序一篇，撰于万历四十三年（1615）八月初一日，而此时距其谢世仅四十三日，所以这篇自序可能是王圻的绝笔，他在临终之前应该仍然心心念念于家乡的水利事业，实在是可敬可叹。如前所述，王圻一生三经水灾，特别是晚年万历三十六年的水灾，让他目击心惊，难于安枕，由此更加激发了他对水利的关注。他在序言中指出，明朝定都北京，但是"一切供亿仰给东南"，每年漕运粮

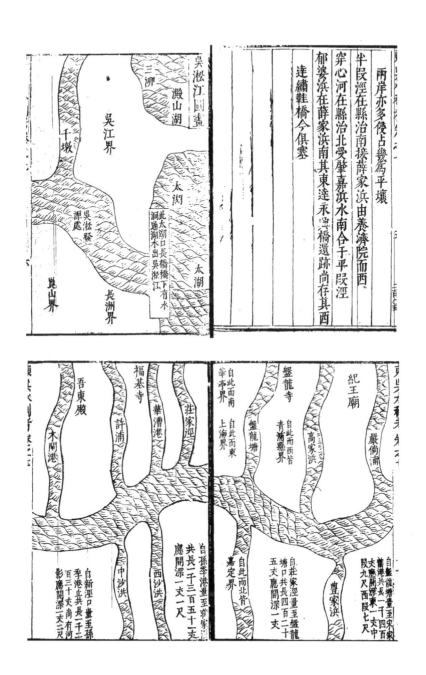

《东吴水利考》之吴淞江图画

中国国家图书馆藏

食四百万石至北京以充禄饷，苏、松、常、镇、嘉、湖六郡区区弹丸之地就供应几乎大半。每粒粮食都生产于土地，需要依赖水灌溉培育，朝廷关心的只是修治漕河，动辄耗费数百万金，可是只要一谈到最重要的东南水利问题，就以国库空虚为辞。至于田间水道，更加以为是"不入耳之谈"。那些经国者只知道贡赋从哪儿来的，却不关心贡赋是从哪儿出的。由于不修水利，浦港日渐湮浅，旱涝无由储泄，最终导致一旦霖雨绵绵，膏腴沃壤就成泽国；而只要经旬不雨，田野就立刻龟坼，特别是自万历十六年以来，水灾频发，赋税无收，赋税一缺收，朝廷就加紧催科，而百姓无力缴纳，最终就是"人愁鬼泣"，一片惨象，祸乱有可能因此萌发，未来的形势"将有不可胜言者"。作为富有责任感、对家乡饱含深情的学者，王圻对于统治者的失望、对民生国运的忧患，溢于言表。

王圻在《东吴七郡水利总图说》中更详细地指出了当时面临的水利问题，水利设施年久失修，吴淞江等河流淤塞，各地方政府的水利属员又被裁革，水利无人管理。田塍废而不治，一旦有涝，无从防备。田间沟浍久不疏通，车戽无法供给。江南各地无论是高乡还是低乡，地势有别却一样岁无全熟，小民安得不困？他又指出，要修治江南水利，首先要遵循前贤故迹，在吴江挽岸凿数口，以便湖水可以通泄。在自己的家乡松江一带，首先要修治海塘，拆除沿海涂荡的填筑，去除捕鱼蟹的鱼簖，修整田塍，清理圩号，浚治各条河流。如果这些措施次第举行，即使以后有旱灾、水灾，人力也足以胜之，东南财赋就可以得到保证。

难怪知府张宗衡指出，王圻生长水乡，目击艰苦，完成此书，将松江乃至整个江南水利的"肤络源委，分合出入，无不赅具，而挈其大纲"，是"泽国之图经，旱潦之方书"，远不止一地一事的考镜，更是经国之远猷，并专门在牌记中指出由于"江南水利，最关民生休戚"，有地方之责者，应该加紧悉心料理，要认真参考此书，对水利问题乃至东南之利害有所了解和借鉴。从这个角度来说，王圻穷尽一生精力完成此书，可以说是念念不忘，终有回响。

王圻是上海县人，万历时析华亭县、上海县而增设青浦县，王圻当年常常往返、在今天属于闵行区、与梅花源相去咫尺的诸翟地区，当时就从上海县划出，成为青浦县的一部分。当青浦县知县卓钿找到他，想邀请他主持第一本《青浦县志》的修纂时，他想都没想就直接应承了下来。

"青浦"因其最初县治青龙镇附近有"青龙江""浦家江"两条河流而得名。青龙江，本古代沪渎故道的一段，宋朱长文所撰的《吴郡图经续记》称三国时孙权造青龙战舰置于此地，故得名青龙江。青龙江上流，西接大盈浦，东接顾会，北流就是浦家江。今天青龙江、浦家江均早已淤没。宋代以降，吴淞江逐渐淤塞，自明初夏原吉弃吴淞江不治，吴淞江淤塞更加严重，民众利用淤塞的河道围垦造田，导致积水聚入昆承湖、阳澄湖等低洼地区，自然生态逐渐破坏，由此导致水患频仍，农业失序，田多荒芜，赋税逋负日增。正德间，松江知府喻均曾提议分设镇治，通商惠民，垦治田土，以初步解决赋税逋负的问题。直到嘉靖二十一年（1542），依从巡按御史舒汀奏，割华亭西北二乡，上海西三乡，立青浦县，县治为宋代时著名的港口青龙镇。青龙镇虽然在宋代繁华一时，但在元代以前已因水系变化而过早衰废，县治设立不久就因"沙涨水湮，遂为斥卤"。嘉靖三十二年，按朝中给事中的提议，将刚刚设立十年的青浦县取消了。隆庆六年（1572），朝廷中又有言官提出要重设青浦县。次年，也就是万历元年（1573），乡人兵科给事中蔡汝贤及巡抚都御史张佳胤奏复青浦县，获准，朝廷委任石继芳出任知县。考虑到青龙镇已成积荒之地，又僻在县北，不适合充当县治。而近淀山湖东岸的唐行镇当时颇为繁荣，于是石继芳将县治从青龙镇移至唐行镇。万历六年，唐行镇建成县城。也就在这一年，时任知县、著名诗人屠隆鉴于青浦县的面积太小，县域不完整，奏请将华亭集贤乡、上海新江乡剩余的土地也划归青浦县，以增补青浦县田亩，并得到批准。屠隆的益县之举，标志着青浦县政区正式确立，并开始在实质上发挥行政职能。

青浦县初设，尚无方志。万历二十三年（1595），福建沙县（今福建三明市沙县区）人卓钿（？—1598）来任知县。卓钿莅任逾年，"案无留牍，庭无滞狱，四郊之内，政通人和"，就决定邀请王圻担任主纂，负责第一部《青浦县志》的编修工作。《松风余韵》卷七《徐梦征传》、卷二十三《何尔复传》均载二人参与校刊《青浦县志》是在万历丁酉间，可知是志肇修于万历二十五年。王圻《青浦县志序》作于万历二十五年十一月初一日，序中称："是役也，提调总裁则荣麓（卓钿）先生，实司之商榷质订，则学博锡山陈君文龙、吴陵杨君廷芳，分类雠校则文学诸君子，而削牍抽毫则不佞圻与有一日之劳云。"书成后，由在乡的本地硕儒、王圻的进士同年陆树声进行鉴定。这年十月，卓钿赴京入觐，由时任华亭县教谕李官代署县事。李官，郢中（今属湖北）人，正是王圻在湖广提学佥事任上所录取的学生。当初推荐王圻任总纂，可能就是此人。李官负责县志的最后校勘和出版工作。

王圻在《青浦县志序》中称该志"为图为志，为表为传，凡八卷、三十二目"。全书共分八卷，卷一有图考（县境、县治、儒学、城池）、沿革、分野、疆域、形胜、风俗、山川、土产、公署（铺递、旧署附）、学校（书院、义塾、社学附）、城池；卷二为乡保区图、坊巷、市镇、桥梁、户口、田赋；卷三为役法、寺观、祠庙、陵墓、古迹；卷四为官师表、科目表（会试、乡试、岁贡、例贡）、荐举、杂途、封荫（戚里附）、人物传上（名宦）；卷五为人物传下（乡贤、流寓、隐逸、孝子、节妇、义士、艺术、仙释）、兵防、水利上（河渠）；卷六是水利下（治法）、灾祥、遗事；卷七是艺文上（御制、五言绝、五言律、七言绝、七言律、五言古、七言古、词赋）；卷八是艺文下（序、传、书、记、诔）。其书凡例还提到"其目录次序悉本《大明一统志》例，而田赋、坊巷、桥梁诸款则仿华（亭）、上（海）二志增入"。这主要是因为青浦县境是从华亭、上海两县分割而来。

到清康熙年间修县志时，万历《青浦县志》已经是"枣梨沦弃，而残编断简，几难成帙"。目前已知存世的"万历志"共有三部，分别藏于三处。日本国会图书馆藏有一部全本，共 4 册，是著名福建藏书家蒋玢"玉笋堂"旧藏，间有缺叶、倒叶。中国国家图书馆藏有一部残本，存卷一至卷四，共二册，为 1952 年由实学书店购入。中国台湾"故宫博物院"藏有一部残本，存卷五至卷八，共二册，为原北平图书馆于 1932 年从常熟瞿氏购入。后因抗战时期躲避战火，北平图书馆从甲乙两库中精选古籍珍本六万余册，计有甲库一百八十箱，乙库一百二十箱，连同敦煌经卷、明清舆图、方志、金石拓片及其他重要馆藏，于 1941 年秋分为三批辗转运至美国国会图书馆寄存，1965 年又辗转至台湾，即为此本。不过，1943 年美国国会图书馆征得中方同意，将这批善本全部拍成缩微胶片，中国国家图书馆也藏有这半部的缩微胶卷。三本中，日本国会图书馆藏本最全，书品保存最好；中国台湾"故宫博物院"藏本次之，书品尚可，但仅存卷五至卷八；中国国家图书馆藏本又次之，存卷一至卷四，且残损严重，但可以补日本国会图书馆藏本之缺叶。

1992 年中国书店出版社曾将日本国会图书馆所藏的万历《青浦县志》影印出版，收入《稀见中国地方志汇刊》第一册。2014 年，上海地方志办公室整理《上海府县旧志丛书》，以日本藏本为底本，又据中国国家图书馆藏本和胶片进行补正，由赵文友先生点校出版。

万历《青浦县志》发凡起例，有首创之功，并为后续诸志所称颂、模仿，乾隆《青浦县志·凡例》即称该志"简质而信"。万历《青浦县志》延续了王圻编书的一贯风格，首开青浦重视征文考献的传统，在纂修时，"搜罗放失，期于必尽；剔抉显幽，期于必真"，在学校中搜求文献，在县衙中寻找档案，到乡间征集残碑断碣，又向乡老征询轶事掌故。其次，万历《青浦县志》强调方志之体"贵于传信，严于核实，断于要约"、不可以"臆说附会"的信史精神，其编纂时，通过采集舆情以广见闻，通过咨询故老以溯其源，通过考察地图以辨其真，王圻率领编纂团体参互考订，不杂以私见，不擅自独断，不揣以臆想，一以传信核实为准。第三，王圻充分发挥自己的特长，使得万历《青浦县志》在"人物""水利"等条目的编纂中尤为突出。王圻在编纂《续文献通考》时就极其注重人物，只要是《松江府志》刊载的并在境内活动的人物，万历《青浦县志》"悉为收录"。"侨寓""名人""艺术""仙释"之类，亦都详细书写，必有所表现。第四，青浦县的设立和兴废与水利、赋役等问题密切相关，王圻是乡人，又编有《东吴水利考》，对这些关系国计民生的重大问题有自己的认识和判断，所以他对"田赋""水利"等方面尤为注重，如"田赋"凡例中就提道："本县僻处西北，地滨湖泖，赋额独重，且田则以数易主而变乱，粮则以里胥飞洒而混淆。自隆庆清丈以来，稍有定额。"万历十七年（1589），兵备副使李涞复核全府税粮，刻成《经赋》一书，所以万历《青浦县志》所载田额以隆庆清丈数字为准，而赋额悉照《经赋》所定。如"水利"凡例称："水利乃苏、松、常、镇、嘉、湖六郡要务，而其源在震泽，其由江入海之道在本县境内者十居八九，故前代修治遗迹及先哲相度嘉言，书之不嫌详悉。且浦、港、溪、塘，大小毕录，丈尺必载，备经略也。"所以乾隆《青浦县志》凡例称："志山川以供游览，志水利以资疏沦，不嫌重复，前卓、魏两《志》皆然，兹亦仿照修葺。"康熙、乾隆续修的《青浦县志》显然都延续了万历《青浦县志》详于"水利"的特色。凡此种种，都显示出万历《青浦县志》是一部难得的佳作，而王圻作为主纂，通过创新方志体例，确保方志质量，推动了青浦乃至整个上海地区方志编纂的质量的提高，为日后上海地区的方志发展奠定了重要的基础。

心忧海上筹国计：《重修两浙鹾志》的编纂

上海地区生产海盐由来已久，一度是非常重要的产盐区，盐课收入颇巨，影响广泛。宋元时期是上海盐业发展的黄金时代。两宋年间，松江滨海一代置浦东、袁部、青墩、下砂、南跄等监官廨舍，共计管理十八处盐场，额定年产量为五十四万多石。元代浙江天台人陈椿《熬波图序》曾提道："浙之西华亭东百里，实为下砂。滨大海，枕黄浦，距大塘，襟带吴松、扬子二江，直走东南，皆斥卤之地，煮海作盐，其来尚矣。"张之翰在《浙西盐仓记》中亦云："松江枕江负海，厥土广潟，牢盆之赢，实百他郡。""牢盆"为汉代煮盐工具，此处代指盐业。上海地区古代产盐质量上乘，有"白若霜雪"之称。顾翰《松江竹枝词》就称赞道：

> 吴盐如雪久知名，场到青村辨始明。
> 莫使郎君穷海住，可怜有水煮难成。

青村，就是今天的奉贤青村镇，如雪的吴盐就出于此。"穷海"是指今天宝山至九团一带，这里的海水不成盐，所以叫"穷海"。而自川沙至一团就能出盐，南汇沙嘴及四团一带出盐最多。

进入明代以后，上海制盐的环境发生了重要的变化。一方面，由于海岸线东移，沙堤壅隔，加上修筑海塘，咸潮离岸日远；另一方面，由于长江口逐渐向东南方向延伸，江水的冲淡作用使沿海海水含盐浓度下降。这造成上海地区的盐业产量逐渐下降。根据学者张忠民的估计，明中叶时盐产量在2000万斤左右，而到明末已经不到1500万斤。1957年，在浦东曾发现一方万历三十五年（1607）《瞿心畴墓志铭》，其墓文亦称本乡"有煮海之利"，每年盐课达千余金，后来因为海水变淡，咸潮日远，盐场南徙，"煮盐者大半亡去"，可见海水变淡给盐业生产带来了致命性影响。

明代上海盐业是由"两浙都转运盐使司"所辖松江分司管理。"两浙都转运盐使司"是负责整个江南地区盐业管理的机构。都转运使是最高长官，下辖嘉兴、松江、宁绍、温台四个分司。松江分司下辖浦东、袁浦（即袁部）、青村（即青墩）、下砂、下砂二场、下砂三场、天赐、清浦等八个盐课司。上述八司中，青村、袁浦、浦东皆位于华亭县，下砂诸场等属上海，清浦属嘉定，天赐属崇明。同时，朝廷派监察御史对盐政进行监督。前文我们就提到，王圻曾担任长芦盐场的巡盐御史，巡盐御史逐渐成为各地实际上的盐政最高管理者。

明代盐业在国家财政中地位重要，如万历时户部尚书李汝华所言："国家财赋，所称盐法，居半者盖岁计，所入止四百万半属民赋，其半则取给于盐策。"为了确保盐业生产，从朝廷到地方都根据不同时代的不同情况制定了一系列规章制度，随着时间的推移，规章制度自然越来越烦琐，层层叠加，翻检麻烦，引用困难，编纂规章汇编就是解决这一问题的重要手段，这就是"鹾规"，"鹾"，即盐的别名，"鹾规"即由都察院、盐法道、运司等官员汇辑盐政相关的规章条例而成，这些条规取材自诏令、奏议等公文。目前能查到明代两浙地区最早的鹾规是《盐政一览》，是由永乐年间主持松江盐运分司的崔富旁搜博采编成的。

更全面的就是盐政的志书，当时称盐志，或鹾志，除了收录鹾规外，还包括官署位置、职官表、诏令奏议、艺文传记等方面。《两浙盐志》就是嘉靖十六年（1537）由两浙巡盐御史刘仕贤所创，是两浙地区第一部盐政志书。

两浙地区的盐政"鹾规"，有巡盐御史许天赠编于万历五年（1577）至七年的《行盐事宜》，还有巡盐御史韩介编于万历的《两浙鹾规类略》，这也是第一本以"鹾规"命名的盐业政书，编于万历十八年，后经牛应元（万历二十年）、王立贤（万历二十二年）、袁九皋（万历二十六年）、温如璋（万历三十三年）历任巡盐御史多次订补。另外，万历三十七年（己酉）至万历三十八年（庚戌），时任巡盐御史的韩浚又根据任内文书编成了《酉戌沿革鹾略》。

万历四十一年（癸丑，1613）至万历四十二年（甲寅），时任巡盐御史的杨鹤编订了任内的《癸甲鹾规》和《两浙订正鹾规》，鉴于上次编纂《盐志》已经有七十余年，因此邀请王圻编纂新的盐志，这就是万历的《重修两浙鹾志》，又称《两浙盐志》。

王圻的《重修两浙鹾志引》撰于万历四十二年（1614）四月十六日，《重修两浙鹾志》的刊刻时间应该也在此年左右。今美国国会图书馆藏王圻《重修两浙鹾志》二十四卷，各卷内容依次是卷一"图说上"，卷二"图说下""附彭惠安公上恤灶图咏"，卷三"诏令""盐场界域"，卷四"各场煎办""锅盘"，卷五"历代沿革（折色、存积常股、通关、三限）"，卷六"岁办课额"，卷七"各县额征""各场额征上"，卷八"各场额征下""囚盐事例""牙税""杂税""库解"，卷九"边仓引额""各场引额""引目例限""酌定引价",卷十"住卖例限""各县引额",卷十一"加派引目""余盐",卷十二"票盐派则""续派则",卷十三"通商（铜板、仓钞、勘合、派引、掣挚、退引、资本、代支、土商）",卷十四"恤灶（蠲逋、荡税、免役、赈济、赎罪）",卷十五"捕获派则",卷十六"盐政禁约",卷十七"职官表""宦纪",卷十八"列传""吏役",卷十九至卷二十一"奏议",卷二十二至卷二十四"艺文"。根据王圻所撰的《重修两浙鹾志引》,刘仕贤《两浙盐志》目录共十三条,王圻仅沿用七条,其他"差次更易",王圻称之为是"因类附见",不再遵循旧志的体例。吉林大学图书馆藏有残本,存卷三至卷二十二。

王圻《重修两浙鹾志》的史料来源,除了嘉靖《两浙盐志》外,就是此前的诸"鹾规",许天赠的《行盐事宜》、历任巡盐御史订补的《两浙鹾规类略》、韩浚的《酉戌沿革鹾略》以及杨鹤的《两浙订正鹾规》。王圻根据这些文献"采其要约,缀人各款",又对盐商、百姓进行采访咨询,最终编成了这本书。

王圻称《重修两浙鹾志》对于盐政之大端如"引票之损益,价值之低昂,课额之盈缩,征解之缓急,商灶之疾苦"均"犁然具载",如果后人有"补偏救敝"的考虑,能够以此为鉴。留心有用之学,通过编纂史籍为后人提供借鉴,这是王圻著书的一贯目标。这一宗旨也影响到该书体例的设置。王圻作为一个史学家有着强烈的历史感,他试图将两浙盐务置于整个大历史的背景下加以讨论,以此来全面而深刻地认识两浙盐务。全书除"历代沿革""职官表""艺文"三卷本就理应上溯前代外,"诏命""通商""列传"等卷所记载内容同样远超本朝,上溯至汉代。另外,他继承了自己编纂《续文献通考》时的理念和风格,在编纂过程中对盐务运作过程中官商各方涉及的额征、引票、通商、住卖等具体流程进行分解，并以此作为分卷标准，即采取以事分目的方法，使读者直接地分辨地方盐务中的各项事务。通过具体事例表现盐务运行的情况，由此来实现其"犁然具载"的目标，当然这只是一种理想，由于盐政事务纷繁复杂，相关事务你中有我，我中有你，要将具体流程进行科学合理地分解叙述，相当困难，因此有人就认为各卷目录有些杂乱，要从中一窥盐务全貌需要费些脑筋。清代李卫序《重修两浙盐法志》时曾评价其优点是"体裁悉其要"，都是由亲历者"摭拾见闻，自为编次"，《四库全书总目提要》也承认"于浙中鹾务纪录颇详"，但是"多一时补苴之法，不尽经久之制"。王圻作为两浙本地人，更关心的是本地盐务诸问题的解决，参与编纂的也都是具体从事盐务工作的一线官员，提出的"补苴之法"应该是切中肯綮，但是要提出"经久之制"，显然是需要站在更高的层次上。更何况，明清以来，盐务问题积弊已久，至清代更是沉疴泛起，成为当时矛盾最为激烈，引发众多有识之士争论不休的河、漕、盐三大难之一，朝廷尚且对此束手无策，要让一个地方的盐业志书来解决所谓"经久之制"，未免太过苛求了。

另外，《江南通志·艺文志》卷一百九十二著录王圻有《江船厂志》。"江船厂志"很可能应该是"龙江船厂志"。龙江船厂，位于今天的南京，直属工部，是明代建立最早、规模最大、专造大船的官办船厂。明代松江人李昭祥以南京工部主事身份驻龙江船厂，曾于嘉靖三十二年（1553）主持编纂了《龙江船厂志》八卷。这也是有据可查的《龙江船厂志》唯一一次的编纂。王圻是否在万历继纂此志，尚无可查考，只得存疑。

第七章

岁晚孤芳莫厌迟

风飘隔院玉梅香：退居后的晚年生活

万历十四年（1586），五十七岁的王圻致仕归乡。从此之后，王圻隐居上海，以读书著述为娱。

王圻曾将自己的文稿命名为《明农稿》，"明农"，典出《尚书·洛诰》"兹予其明农哉"，明者，勉也，有人解释为勉力为农，后引申为退官务农之意。当然，王圻退官并不只是为了务农，而是为了奉养自己的老父亲，毕竟王熙此时已是古稀之年了。当初，王圻乞休时，旁人曾劝阻他，他回答说："母亲去世的时候，我没在跟前。古人一直以忠孝不能两全为恨，现在我能侍奉父亲晚年，还有什么遗憾呢？"

当初在王圻赴湖北任职后，家中曾一度热闹起来。王熙对于那些官宦世家门庭若市、青衣林立的热闹，其实是非常瞧不起的。此前王圻宦途不顺时，他身处委巷，萧然只立，却浑不在意。此时面对来家里托关系、走后门、求田问舍的人，王熙只是摇摇头，闭着眼睛说："我老了，你说的这些我不明白。"他仍然生活俭朴，只要不是逢年过节，就算有贵客来，最多就是上一道荤菜而已。

隆庆间，海瑞出任应天巡抚，素来疾恶如仇的他摧豪强，抚穷弱，强势打压松江豪右，甚至严令徐阶等"重量级"乡官"退田"，"海青天"因此名噪一时。一些人乘此机会通过举报豪门来谋利，很多上海的官宦都受到打击。由于王圻一向清廉，王熙又拒绝请托，所以王家在这场风波中得以幸免。可不久，有一位大汉敲门求见。王熙请他进来后，大汉马上跪倒在地，请求原谅。王熙觉得奇怪，自己与大汉素不相识，何来原谅一说。大汉说："我确实对不起你，我们两个素不相识，只是我本来想到应天巡抚处打官司，但是别人说如果不说和某某官宦有关，巡抚衙门是不理的。我听说王家是官宦世家，就把你们家牵连了进去，幸好你们家没事，可我还是觉得过意不去，特来认罪。要打要罚，悉听尊便。"王熙听了这话，根本不与他计较，就让他回去了。

之前为照顾父母，王熙得了眼病，虽然建福田庵之后有所好转，但到晚年仍然会发作。为了治眼疾，他开始研究道家打坐、针灸、修炼等术。王圻曾在湖北校刻《黄庭内外景经》应该与此有关。也许是针灸、打坐有点儿用处，王熙渐渐精神矍铄，神采奕奕。

王圻归田后，和父亲度过了几年的快乐时光。万历十八年（1590），王圻为王熙举行八十大寿宴会，整个松江府的士绅、官员都到场庆祝，场面极一时之盛。王熙端坐席间，接受各路来宾的庆祝，一整天也看不到疲惫的样子，旁人望之以为神仙中人。但是没想到，仅仅三个月后，王熙痰疾发作。以今天医学的角度来看，应该是老年人因身体机能退化、免疫力下降而导致的老年性肺炎。王熙的身体每况愈下，他缠绵病榻三个月后的六月二十八日，自知不起，招集儿女交代后事，让儿女将自己扶到卧室休息，刚走到卧室门口，就溘然而逝，去世后依然神色不变，恍然若生时一样，时年八十岁。次年二月，王圻将王熙与母亲陈氏一起合葬在沙洪港九曲河边的墓地。王熙一生一直关注着吴淞江的修浚，去世后长眠于河边，也算是满足了他的心愿。

父亲的去世让王圻伤痛不已。王圻是一个把亲情看得很重的人。《行实》中说他"视从父如父，视从兄弟如兄弟，视从子如子"。王家族中有个年轻人名叫王思贤，从小就无父无母，是个孤儿。王圻将他抚育成人，又请老师教他读书，王思贤也算是个读书种子，为了他有一点儿功名和前途，每到科考时，王圻就硬着头皮去各方面打招呼。王圻有一个堂弟去世了，留下孤儿寡母无法生存，王圻就按月给粮给钱资助。族人有贫困潦倒甚至将自己出卖为奴的，王圻知道后，就出钱赎身。他有个堂嫂张氏，中年守寡，王圻像侍奉亲兄长一样侍奉着她，还专门撰写了请求为嫂子守节给予表彰的公文上于官府，最终将其事迹载于府县志之中。他每年年终都要请全族人吃饭，即使那些疏族也在邀请之列。每年春天青黄不接时，他通过春祭对这些穷苦的族人进行救济。他对旁人说："《诗经》上说：'敦彼行苇，牛羊勿践履。方苞方体，维叶泥泥。戚戚兄弟，莫远具尔。'路旁的芦苇，人们尚不忍心让牛羊去践踏，兄弟骨肉，当然应该要相亲相爱了。"

母亲那边的外家亲戚，王圻也一视同仁。只要有什么急事，无论是打官司还是欠债，只要找到王圻，他都有求必应。外家亲戚中有能读书的，王圻就像对待自己的子女一样，帮着找老师，付束脩。何尔复就是他的表侄婿，王圻编纂《三才图会》等书和修纂《青浦县志》时，都带着何尔复，并让何尔复撰序，使他得到锻炼，逐渐在士人圈中享有了一定的名声，给他日后的发展奠定了坚实的基础。每年清明祭扫，他都要到外公外婆、舅舅舅姑墓前祭扫。

对于自己的老师，王圻更是尊敬。少年时代，他曾经跟着盛如川先生读书。盛如川先生去世时没有儿子，他就将盛夫人接回家赡养。盛夫人去世后，他又亲自为其操办丧事。盛夫人留下两个仆人，王圻就让他们为盛家守墓，耕种坟墓旁的田地，每年的收获除了养家糊口、缴纳税粮之外，就作为四时祭扫的费用。为了以防万一，他还专门在墓旁立了一块碑，并上请县衙，给仆人发放执照凭证，以防这块田地日后被豪强兼并。王圻曾跟随一位姚老师读书，秀才姚墨池是姚老师的儿子。姚墨池老了之后，曾经投靠王圻，王圻专门为他安排住处，和他仍然亲如兄弟。

朱鉴泉和刘云莱都是王圻少年读书时的朋友，朱鉴泉去世时，留下遗孤年纪尚小，家贫无力营葬，棺材放在家里十余年，王圻回乡后看到这种情况，想办法为其营葬，又尽量周济他的遗孤。刘云莱去世时，儿子还没娶亲，王圻就将妻子的堂妹嫁给了他。婚礼的所有费用，都由王圻一力承担。

王圻对待旁人尚且如此，对待自己的亲人更加友爱。王圻没有兄弟，只有四个妹妹，分别嫁给了刘邦辅、何子科、金大逊、张仰。王圻与姐妹关系都非常亲密。大妹、二妹在王圻为诸生时已不幸早逝，三妹、四妹则相继逝于万历二十四年（1596）和二十八年，每一位妹妹离世，王圻都非常伤心，他在给四妹的墓志铭中称："人世几何？俯仰三十年间，而哭妹者四，非有胸无心者谁能遣此！"王圻活到了八十多岁，一个人长寿的代价就是要不断地与身边的亲人们告别。直到万历二十八年，四妹去世时，王圻的父母妹妹已经相继全部离他而去。

正因为王圻对妹妹都非常友爱，他对妹妹的夫家人和子女也都非常关心。几个妹夫，尤其是刘邦辅和金大逊（1542—1603），都和王圻意气相投，是知交好友。刘邦辅是个奇士，负才气，尤工诗歌。王圻在四川时为了消遣贬谪时的抑郁，就拉着刘邦辅四处游览巴蜀的风光。刘邦辅饱览名胜后，大加感慨，男子汉大丈夫都说要"读万卷书，行万里路"，看遍异乡风景，可是自己家乡的风景更加需要了解，所以决定撰《云间百咏》，歌咏松江一府的风俗典故。金大逊，字谦甫，别号景莲，为人机警幽默又廉正有节，不愿取媚上官，性情与王圻相近。张仰的性格也大致如此。王圻和他们都非常亲近。大妹、二妹去世时，王圻还是诸生，丧事都由父母主持。三妹、四妹离世后，王圻赠礼均极厚重。几个妹妹的儿子，他都视如亲子，尤其对早逝的大妹、二妹的儿子更加关注。王圻去世后，在遗嘱中还要求将自己的部分遗产交由几个外甥分配。

嘉靖二十九年（1550），二十一岁的王圻娶了十九岁的陈氏，此后两人相伴半个多世纪，万历三十五年（1607），陈氏早王圻八年去世，终年七十四岁。陈氏的父亲南田公是茶陵州同知，母彭氏，可见也出自官宦世家。

陈氏来到王家，最初的日子并不算好过。王圻的母亲马氏生性严厉，加上王圻还有四个备受宠爱的妹妹待字闺中，新媳妇初来乍到，身处其间，肯定容易动辄得咎。但是陈氏小心翼翼，用心揣摩，做事细心，很快就得到婆婆的肯定和喜欢。马氏治家勤俭，每天从早到晚和松江府普通人家一样都要纺纱织布，陈氏就和仆妇一起劳作，从来不肯懈怠。等到王圻中进士做官后，陈氏贵为官妇，依然和当年马氏一样操持家务。她跟着王圻天南海北到处跑，每到一个地方，就养鸡养猪，勤俭操持。王圻和陈氏一生曾经三次被窃，平生积蓄几乎被偷光，直到老年时，陈氏都重视积攒钱财。但是她并不是个吝啬的人，亲戚问家里借钱，不管多少她都愿意借出。父亲南田公有四个女儿，没有儿子，南田公去世后，陈氏哀痛万分，以自己的小儿子作为陈氏的继嗣，每年春天都会到坟前扫墓。陈氏有个妹妹嫁给沈家后，日子过得相当艰难，陈氏经常接济她。讲究亲亲之谊，从这一点来说，夫妇二人并无二致。王圻一生宦途多舛，可有陈氏相伴，落寞的人生就多了很多安慰。归田后，陈氏不再管理家务，就和王圻相见如宾，颐养天年。他们两个对僮仆都比较宽容，即使身为高官，受人尊敬，也依然不改。晚明很多权宦对于投靠到自己身边为奴的小民往往予取予夺，鞭扑责罚，致残致死，奴仆一旦忍受不了虐待，便反抗主家。王圻的同乡、著名士人董传策便因"性气刚戾，待下严酷"，家居"鸷毒日甚"，于万历七年（1579）被家奴杀死。明末清初时，江南地区的很多奴仆趁着改朝换代、时易势变的机会发动了大规模的事变，许多江南望族因此倾家荡产。这种情况在王圻家中绝对不会发生。

王圻和陈氏一共育有四个儿子、三个女儿。长子王思忠，荫为鸿胪寺鸣赞，娶嘉定庠生李裕篇次女；次子思义，太学生，娶工部郎杨石南幼女；三子王思孝，娶富峪卫经历张思庄幼女。另外，如前所述，他在山东时还生有第四子，只是不幸夭折。长女嫁给了岳州府通判聂闻诗，次女则嫁给了广宁卫经历李传芳。根据相关资料，三子王思孝和两个女儿都先后弃他们夫妇而去。白发人送黑发人，王圻又经历了多次生离死别的痛苦。王圻还有七个孙子，王思忠所出者二人：王昌言、王昌明；王思义所出者二人：王昌会、王昌纪；王思孝所出者三人：王昌胤、王昌祚、王昌祖。有孙女十二，王思忠所出者五人，分别嫁给了太学生张汝端，诸生沈念祖，诸生沈宪祖，建昌簿张重迁和高汝翼，其中三个早逝；王思义所出者二人，分别嫁给了侯孔鹤、唐陈彝；王思孝所出者五人，分别嫁给了诸生李商霖、太学生张云翼、诸生高汝谋、高汝舟、蔡天植。还有曾孙七人，王昌言所出二人，王尔叙、王尔宾；王昌明所出三人，王尔咨、王尔锡、王尔度。其余皆幼，王圻去世前尚未起名字。还有曾孙女二人。另外，四库馆臣在《王侍御类稿》提要提出王圻的孙子王谟曾刊刻《洪洲类稿》，乾隆《上海县志》也提及王圻之孙王谟曾建造"贻清堂"作为祭拜王圻的祠堂。这个"王谟"名字不见于《墓志》《行述》《行实》等相关资料中，很有可能是上述某一个孙子的官名。

王氏家族对于子女的教育非常重视，王圻也是一样，他贬官回乡省亲，再次启程前就担心自己的几个儿子是不是读书上进。他曾写下《勉学一首》：

岁月如驰去不留，愿从王粲早登楼。

功名莫待嗟迟暮，我昔少年今白头。

劝说儿子珍惜光阴，认真读书，不要蹉跎岁月。《云间志略》中曾说，王圻家居时，对于子孙教育非常严格，尤其讲究做人的道理，所以他的儿子王思忠、王思义等都在为人处世上深受地方的好评。汉代石奋善教子，四个儿子和自己都官至二千石，人称"万石家风"，松江人都说王氏也有"万石家风"。王思义一直帮助父亲编纂书籍，且如前所述，有一定的绘画功底。从其编纂《香雪林集》可知，他和父亲一样都应该是博览群书。孙子王昌会和王昌纪也有"王氏二龙"之誉。直到清晚期，他还有一个裔孙王文乐（一作王文学）是太学生曾参与当地团练抵抗太平军阵亡而被旌表，载于同治《上海县志》，可见至少读书文脉是一直延续下去的。《上海县竹枝词》曾专门表扬他家教成功：

洪洲学博五车储，家训殷殷勖读书。

草履布衣事农圃，子孙也可守田庐。

美中不足的是，王圻的三个儿子都没能在科举上取得功名，直至万历四十三年（1615）秋，才传来喜报，孙子王昌会在本年领乡荐。可谁都没想到，王圻得知这一好消息后，不久就无疾而终，溘然离世。也许是孙子中举的消息终于让他了却了晚年的一大心愿。别无牵挂的他就此可以放心地离开这个世界了。

王圻家族早在五世祖王士衡时就在家乡建了一座读书楼，王圻回乡后修葺了读书楼，在其中读书、写书。另外，就在读书边，他还修建了一个侣鸥池，在其间著书。侣鸥池上架长虹桥，北边有一小土坡，名唤"小邓尉"，王圻正是在这里开始种植他生平最喜欢的梅花。

王圻曾说，世界上有许多名花奇卉，但是均名不见于经传。只有《尚书》载"若作和羹，尔惟盐梅"，《诗经》有"摽有梅"，在一向讲究儒家经典的王圻看来，梅花当然非凡花可比。况且，祖父生性爱梅，曾经在庭前种植数株梅花，娱弄朝夕，父亲又在居室之后辟园数亩，栽种了二三百株梅花，不数年，已经蔚然成林。王圻当初宦游东西，未暇管理。儿子王思义就在诵书之暇，稍加培护。等到王圻归来后，父子俩在侣鸥池边种植梅花，不久随着时间的推移，这片梅花遍植于沙洪港和吴淞江两岸，成为当地名胜。王圻植梅花，从来不认为这是自己的私产，在他生前，赏花的人、爱花的人、骚人韵侣，均可徜徉吟啸其间，明末以后，这里就直接被称为梅源市。王圻父子常常在梅花源中莳花灌溉，每当春天时，梅花盛开，清芬掩袭，王思义就将梅花林唤作"香雪林"，又作"香雪园"。王思义曾说，香是取其味，雪是取其泽，江南有著名的赏梅胜地——香雪海，这片香雪林其实并不逊色。香雪林其实并不止有梅花，根据王思义在《三才图会》中所言，这里还曾种植有数亩水仙。每当鲜花盛开，芳气撩人，望之如白地明光锦。

王圻离世很多年之后，乡人依然保护着这片梅花林，也许是把这片梅花林当成了王圻的化身，数百年来，一代又一代人呵护着梅花林，梅花也从千株变成了万株，成了远近闻名的赏花胜地。康熙间诗人梁逸在《梅原看梅题寄沈贲园》中写道：

> 清门传旧业，僻地有名园。
> 入座迷千树，回舟历几村。
> 烟霜寒叠嶂，冰雪护深根。
> 雨霁泥途润，残香遍履痕。

近代秦荣光在《上海县竹枝词》中写道：

> 王氏梅源数里花，树多成市水之涯。
> 泠香雪浪春初盛，邑旧人人胜境夸。

下有小注："梅花源在三十保，王圻植梅数千，引水绕匝，花时香闻数里。梅源市早春花开，泠香雪浪，邑中称胜境。"

王圻一生钟爱书法，他曾以著名的定武本《兰亭序》为底本，加上

王圻辑《兰亭图卷》卷首

西泠印社2022年秋季拍卖会

赵孟𫖯等名家临本，刻石成《兰亭图卷》，并亲题"兰亭遗迹"四字于首。原石藏于上海鲁江镇（今属浦江镇），拓本则曾现身于 2022 年西泠印社秋拍。今日存世的王圻书法不多，"兰亭遗迹"四字清丽洒脱，是王圻书法的代表作。

王圻生平爱游历，宦途所至，往往遍览名山大川。他曾经游遍五岳中的三座——泰山、华山、衡山，只有恒山和嵩山未能一涉，深以为憾。晚年退居后，他潜心著述，很少出门远行。友人玄阳山人（《王侍御类稿》写作"元阳山人"）王逢年志性奇逸，负才傲世。有天他告诉王圻准备前往五岳一游，并邀请王圻同行。王圻有感而发，写下了一首在他诗集中难得具有唐人浪漫色彩的长歌赠与王逢年：

山人不愿游天京，疏豪复厌交冠缨。

少小去家栖禹穴，邂逅真侣忘姓名。

抠衣委心称弟子，尔师当是浮丘生。

师言骨相汝彭铿，至道心授非言传。

传得黄庭密秘诀，坐解先天与后天。

一朝忽起向平念，辞师跨鹤三山还。

三山足迹探寻遍，游情汗漫方未倦。

又闻五岳多灵奇，琪花瑶草堪餐玩。

乘虚御风此一过，屈指三山未足多。

更有安期羡门辈，纷纷把臂舞且歌。

歌言人生不学道，试观陵谷今如何。

引向琼田茹玉芝，诸仙递进瑶池卮。

> 山人俄忆九载约，归来为报尔师知。
>
> 尔师此别复几年，相期同陟间峰巅。
>
> 安得肃肃双羽翰，从君行坐祛尘缘。

可见，王圻心中还是热爱山水的，只是由于心系著述，无暇远游，所以只能寄情于眼前这片梅花之中。春去春来，梅花开了又谢，谢了又开，王圻就在这里潜心著述，抬头看云卷云舒，低头闻梅花清香，如是过了一年又一年。

晚年的王圻定居松江城内，但是每年他都会回来，赏梅赏花。万历四十一年（1613）重阳节，他和侄子登临此地，次年重阳，他再度重来，携子侄游览一过，并登临小邓尉，当时他已经八十四岁了，虽然已不如当年浏览天下名川那样步履如飞，但好在还能健步而行，欣喜的他作诗一首：

> 去年登眺正兹辰，丛竹疏梅两径分。
>
> 行坐笑谈多胜侣，何须方外更寻真。

"笑谈多胜侣"，除了著述之外，王圻喜欢结交文人雅士，饮酒赏梅，结社唱和。明中后期，饮酒之风几乎弥漫到江南地区的各个社会阶层之中，即使普通百姓也大多会在招待亲朋时饮酒以增加气氛，所以有"贫人负担之徒，妻多好饰，夜必饮酒"之说。饮酒最盛的则是文人士大夫们，他们吟诗论画、谈文赏月，均无酒不成会。王圻善饮酒，少年时据说能饮二斗，晚年他和父亲一样，应该也感染了老年性肺炎，经常咳嗽痰多，家人不让他饮酒，所以平时他基本上在家里不喝酒，可一旦有客人来，他一定要尽情欢饮，直至深夜不休。如果是好友集社，或者外出赏玩，他当然会借此机会痛饮一番，每每一饮而尽杯中酒。他生性幽默诙谐，座中谈笑风生，即使八十以后，也绝无颓唐姿态。

不过王圻在很多事情上都非常认真，比如说明代中叶以后，因为当时崇尚奢华，退隐致仕的士大夫冠服都强调简易，不再完全遵照定式，只有王圻在正式场合要"服品服，冠梁冠"，即使别人觉得他标新立异，他也毫不在意。他对于亲戚朋友关心备至，每次拜访故人老友，他都一定要乘着肩舆，到了之后，即使是闺帏卑幼，他也要当面致殷勤。家中有客来，他一定热心款待，热情迎送。他曾经村居三年，每年春节，他都要带着族人徒步到各处乡里拜年，这一点，当时的后辈都做不到。他在松江府城中居住时，亲戚有到松江城的，都把他家当成了酒店，门口满是来宾的鞋子。每遇府试时，亲戚朋友都聚在他家里，每天要耗费千钱，他从不以为意。逢年过节，他都准备当季点心馈送亲友，比如说雨前的惊雷茶、端午的粽子、七夕的糕、中元的胡饼、冬至及除夕的团子，率以为常。

王圻虽然对于礼节都十分重视，但是对待自己要求非常简单。他有次从府城赶到县城办事，忘带茶具，午饭吃罢，就找来一个大碗装了水就咕冬咕冬地直接端着喝，旁人还以为他是普通老农。他的被褥没到，晚上他就用手撑头打个瞌睡就行，怡然毫不介意。这些固然是小事，但是当时人都明白，极少有显贵名宦能做到像他一样。王圻遇到乡亲或是族人，就算对方破衣烂衫，他也要拉着坐下谈话。他生性宽仁大度，生平从无疾言遽色。别人有过，他从未记在心底，旁人有善，他则竭力表扬。表侄婿何尔复曾经说王圻"五能"，即能怯，能退，能忍，能容，能久。而且他生平自然随性，极少缘饰，所以旁人都说："盖名位勋业，犹或让人，若硕德重望，未有逾公者也。"当世上海众多显贵人士，在名位勋业方面王圻也许不如，但论硕德重望，没有人能够与他相提并论的。

《行实》中说，王圻的同辈、忘年交在他晚年都已先后去世，只有王圻一人"岿然为鲁灵光"。这在旁人看来也许是令人艳羡的佳话，但对于王圻来说，亲友一个个离去，让他总感觉生命无常，人生苦短。晚年的王圻经常会回顾自己的一生，他在七十九岁之后常常写一些自述诗，总结自己的人生。万历三十六年（1608），他七十九岁，刚刚完成《稗史汇编》，遂成《七十九岁自述》。

> 虚度稀龄复九年，谷城春色转华天。
> 解鬟临镜□新发，呵手翻书怯旧毡。
> 从吏怀铅今老矣，相知按剑古犹然。
> 庭柯又遇柔风动，几树笼葱凝紫烟。

他一生或是从吏，或是怀铅著述，现在已经年迈，看着镜前自己的华发，抬头看庭前树叶随着春风而动，很多感慨无法用语言描述。

八十岁的时候，王圻作《八旬初度自述奉谢称觞诸丈》：

> 揽镜其如短发何，从衰入白更无多。
> 驻颜浅泛宜春酿，拨闷高吟子夜歌。
> 岐伯不传医老药，鲁阳曾有挽天戈。

一觞珍重蓬瀛侣，管领东风到薜萝。

满头华发，可人生没有驻颜之术，没有不老神医，更没有挽天之法，只有好友几位、美酒一觞。

万历三十九年（1611）除夕，王圻又作《辛亥除夕书怀》：

来朝虚度八旬三，白雪盈盈两鬓鬖。

老去未消朱墨怨，梦回犹负庙廊惭。

芸龛故业几成癖，梓里新愁总不堪。

幸有香山旧欢狎，且耽风月正清酣。

他在注中解释什么叫"朱墨怨"，因为他为官二十三年，四为邑令，两为州官，一为郡佐，古人用朱墨写公牍，这些基层官吏都是朱墨吏，所以才叫"朱墨怨"。"朱墨"虽有怨，但好在还有"芸龛故业"。芸者，香草，古人藏书辟蠹用芸。藏书著书已成癖好，更有好友相伴，此生无憾，尽可耽赏清风明月。

来年此日，王圻再作《壬子除夕守岁口占》：

凄风纤雨乍纷披，独守寒灯鼓角迟。

四序光阴流水尽，一腔心事短檠知。

白头爆竹驱残腊，碧眼翻书忆壮时。

今夕来朝何足问，椒花柏叶自春熙。

四时光阴匆匆过，凄风冷雨的除夕夜，他翻阅藏书，回忆壮时豪情，再看看而今的满头白发，今夕何夕已不必再问，只愿尽情欣赏春日和煦的风景。

下一年除夕，王圻再作《癸丑除夕自叹因呈社中诸友》：

> 八十虚延复五年，长卿多病岂耽眠。
> 谈玄故旧云霞外，乞果曾玄枕榻前。
> 数亩石田供暮景，半窗藜火伴朝烟。
> 里人笑我生涯拙，白首青毡手一编。

暮年只要砚田和书窗的烛光陪伴，就算别人笑我一生曲折多难，但只要手持一编，白首、青毡又有何妨。

《偶成》一首应该是王圻临终前不久所作：

> 八十七年驹隙过，流光镜里成虚度。
> 含饴弄孙有余闲，手把残编驱宿蠹。

时光如白驹过隙，岁月流光，转瞬即逝，但是含饴弄孙之余，手把残编，著书立说，这应该是王圻晚年最快乐的时光。

万历四十三年（1615）闰八月十四日，王圻无疾而终，卒于上海家中。本年冬十二月，王思忠、王思义将其与原配夫人陈氏合葬一处。王圻去世后，从亲友到学生到乡邻到素不相识的人闻讯后都陷入悲痛之中。松江府下辖五学（松江府学、华亭、上海、青浦县学、金山卫学）

生员向地方官举荐王圻的事迹，要求给予表彰，荐疏中称王圻为"天民先觉，圣世真儒"，为官时"清声遍彻于名区，宦迹永垂诸青史"，此后"抽簪引退，雅志立言。撰著如《海防志》《稗史类稿》诸编，倚马挥毫，泂可当夫作者。纂修如《续通考》《周礼》《武经》数种，汗牛充栋，亦何愧于《述而》"，且"囊资已罄于镌书，娇修益坚于晚节"，"推恩宗党，而寒士借以苏生；加泽故交，而穷阎顿为改色"，"是诚巍渐鸿仪，而为乡邦矜式者也"。松江府生员也请求松江府将王圻列入乡贤祠祭祀，称他"明经高第，赤帜词林"，"嘉惠后进，则纂《稗史汇编》三百卷、《续文献通考》五百卷，何惭博雅之张华；裨益地方，则海防水利之巨政有编，盐务洗冤之利弊有议，奚啻治安之贾傅"。"如考订字书，则有《字学指南》；阐明诗律，则有《诗林广记》；究心天人，而《三才图会》以定；接统经传，而《续定周礼》以成。是真业炳千秋，功待来学。""卓哉昭代仁贤，泂矣乡邦师表。"上海县还专门为王圻立了一个"文宗柱史"的牌坊。这些虽然有套话之嫌，但是作为王圻的盖棺定论，并不算过誉。只不过王圻为官著书从来不是为了成为乡贤接受表彰。

就在这一年夏五月，北京城里发生了一件大事，一名蓟州男子张差居然手持棍棒闯入太子朱常洛居住的慈庆宫，击伤守门的宦官，被捕入狱。这就是著名的明末"三大案"之一的"梃击案"，从此以后，正如《明史》所称："三案构争，党祸益炽，可哀也夫！"明王朝迅速进入崩溃的快速通道，不到三十年就宣告灭亡。王圻去世时，曾有人言，像他这样德高望重之人应该活到一百岁。但我们其实应该庆幸，一生忠心于明室并努力寻找救国救民之道的王圻没有看到明王朝灭亡的这一天。

并作平生汗漫游：退居后的交游

王圻刊刻《续文献通考》时，书前有《刻续文献通考文移》，详细记录了是书刊刻的资助情况及参与人员名单，包括巡按直隶的监察御史何熊祥、督理浙直盐课的监察御史周家栋、督抚应天等府的右佥都御使曹时聘、提督南畿学校的监察御史赵之翰、整饬苏松等处兵备的湖广按察使邹犀、松江府知府事许维新、松江府署府事海防厅李暹、松江府董漕厅李琼、松江府理刑厅孙鼎相、华亭县知县俞思冲、上海县知县刘一爌、青浦县知县沈云楫等均捐资襄助，此外，松江府儒学训导督率文学王梨、何尔复、王之栋、刘永祚、张其华、王思义等校正，松江府照磨所照磨李士先将合用梨板预备听用。王圻在《与杨侍御》信中提到《稗史汇编》的刊刻情况时也说："圻归田二十载，刍牧之暇搜辑稗官野史，删繁就简，汇成一书，名曰《稗史汇编》。前公祖（杨鹤）按郡时，曾于席中面告。寻以郡伯蔡晴符、抚台周怀鲁诸公祖从臾，遂付之梓。"所以，《稗史汇编》也通过时任巡盐御史的杨鹤委托，经过蔡增誉、周孔教出力，才得以刊刻。

其实，王圻有很多著作都有地方官员参与出版，他们或是写序，或是负责刊刻，甚至参与编校，如参与校正《谥法通考》的应天巡抚赵可怀，为《续文献通考》作序的巡盐御史周家栋、松江府知府许维新，为《三才图会》作序的应天巡抚周孔教，时任华亭县令熊剑化，为《稗史汇编》作序的周孔教、熊剑化、两任松江知府蔡增誉和张九德以及松江府司理毛一鹭。而很多由官方聘请王圻纂著的书，如《重修两浙鹾志》《云间海防志》和万历《青浦县志》本来就是官方政书或志书，主持刊刻和作序的都是地方官员。由此可见，王圻与当时的官员，从知县、推官、同知、知府到巡按、巡抚，都有比较密切的关系。我们将与王圻关系密切的主要官员罗列如下。

应天巡抚

赵可怀（？—1603），字宁宇，四川巴县（今重庆市巴南区）人，嘉靖四十四年（1565）进士，授山东汶上县令，擢为御史，迁兵部右侍郎，后历任应天、保定、陕西、福建、湖广五省巡抚，官至兵部尚书，追赠太子太保。

赵可怀是王圻同年，他们应该很早就认识，他的早年经历也与王圻相近，从县令擢为御史，王圻任监察御史时，他们一同为官。不过后来赵可怀的仕途较王圻顺畅很多。赵可怀在万历二十三年（1595）任应天巡抚，当时王圻居乡，二人可能从此有所接触，他为《谥法通考》作序即在万历二十四年。另外，赵可怀在应天巡抚任上，万历二十五年夏天翻刻过利玛窦的《山海舆地图》，也接待过利玛窦，王圻《三才图会》中收入《山海舆地全图》是否与赵可怀有关有待考证。

曹时聘（1548—1609），字希尹，河北获鹿（今石家庄市鹿泉区）人，隆庆五年（1571）进士，授都察院右佥都御史。万历二十九年巡抚应天，后任工部右侍郎。曹时聘参与刊刻《续文献通考》。

周孔教（1548—1613），字宗尼，一字明行，号怀鲁，江西临川

（今江西抚州）人，万历八年（1580）进士。周孔教接替曹时聘担任应天巡抚。《王侍御类稿》中有王圻与周孔教多封信件讨论万历三十六年大水，并为赈灾献言进策。周孔教于万历三十六年为《稗史汇编》作序，万历三十七年为《三才图会》作序，助其刊刻行世，王圻很是感激，尝自言："拙稿命梓，原止覆瓿残楮，今复蒙赐大章，弁之简首，自是增光不朽。""不肖圻承恩犹数，佩德犹深。"周孔教任满既去，云间百姓挽留不得，乃立祠祀之，王圻撰写《大中丞怀鲁周公德政碑记》，历数周孔教巡抚江南政绩。松江士人编纂歌颂周孔教业绩的《大东舆诵》和《鸿飞录》也由王圻作序。周孔教离任，王圻赋《送抚台周怀鲁》诗。周孔教去世后，王圻撰《祭大中丞怀鲁周老公祖文》表示悼念。

徐民式（1549—1617），字用敬，号俭吾，福建浦城人。万历八年（1580）进士，授松江府推官。后历任南京户部江西司主事、山西司郎中、安庆知府，擢为南京光禄寺少卿，历通政司参议转太仆寺少卿，升应天巡抚。徐民式是周孔教下任的应天巡抚，王圻集中有和他多封通信，主要是推进均田均役改革，王圻与之讨论改革情况，并对其相关政策提出建议。另外还有《贺大中丞检翁徐老公祖荣满序》，对徐民式任期届满表示祝贺。

知府

许维新（1551—1628），字周翰，号绳斋、葺斋，山东堂邑（今聊城市东昌府区）人。万历十七年（1589）进士，官泽州知州，擢户部郎中。万历二十六年至万历三十一年任松江府知府。许维新于万历三十一年主持刊刻王圻的《续文献通考》并作序，未及完工，升山西河东兵备道，官至户部侍郎。王圻有《与许绳斋公祖》信两封，一是感念许维新为刊刻《续文献通考》一书殚精竭虑，无以酬劳，唯奉帙请正于许公；二是以《稗史汇编》梓成，请许维新审阅。二人亦有诗书往来。《王侍御类稿》卷十四有《绳斋许公祖祈晴有应》。许维新考绩称最，王圻作《贺许绳斋考绩》表示祝贺。许维新以治行高等擢河南臬宪，王圻作《贺绳斋许老公祖荣擢河南臬使》诗。松江子民立德政碑、去思碑，王圻为之撰《郡侯绳斋许公德政碑记》《郡侯绳斋许公去思碑记》。

蔡增誉，字宏耀，号晴符，福建晋江（今泉州）人。万历二十六年（1601）进士，授户部主事，万历三十二年至万历三十五年任松江府知府。万历三十四年，王圻作《赠郡侯蔡晴符入觐序》。万历三十五年蔡增誉为《稗史汇编》作序，并出私俸助为刊刻。

张九德（约1573—1620），字咸仲，一字威仲，号曙海，浙江慈溪人。万历二十九年（1601）进士，万历三十六年至万历三十九年任松江府知府。"三年政成，将以治平第一，入为公卿，出为藩臬"，王圻作《贺大郡伯曙海张老公祖荣擢徽宁兵宪序》。后累官至工部尚书兼右副都御史，总督河道。张九德也曾为王圻《稗史汇编》作序并助其刊刻。万历三十八年，张九德觐见天子，王圻为之作两篇《奉赠曙海张太公祖入觐序》。另外，松江府士民为歌颂张九德政绩编有《循政风谣》和《吴歈纪美》，王圻为之作序。

李右谏，字衮思，号明鳌，江西丰城人。万历十七年（1589）进士，万历三十一年任苏州知府，万历三十五年擢苏松兵备副使，后官参政、湖广按察使、顺天府尹、太仆寺卿。王圻为其加衔撰《贺明翁李老公祖加衔久任序》。

同知、推官

孙鼎相，字玉阳，山西沁水人，万历二十六年（1598）进士，授松江府推官，后历官光禄寺少卿、太常寺少卿、湖广巡抚等。孙鼎相参与了《续文献通考》刊刻。孙鼎相考绩称最，王圻作《贺孙郡理考绩》祝贺。松江府子民为表彰其政绩编有《绣斧蜚声》，由王圻作序。

毛一鹭，字序卿，号孺初，浙江遂安（今浙江淳安）人。万历三十二年（1604）进士，授松江府司理。毛一鹭司理松江近六年，政绩颇著，松江府官民士子无不感其德。后以治行异等擢御史，王圻有《赠大郡理孺初毛老公祖荣膺内召序》。万历三十六年，毛一鹭为王圻《稗史汇编》作序。《王侍御类稿》卷十有《答毛孺初》，回复正学先生（方孝孺）幼子避居华亭一事。毛一鹭以其为忠烈之后，遂访方孝孺嫡裔，并为方孝孺建祠祭祀。《王侍御类稿》卷十五还有《寿孺初毛公祖》，乃王圻为毛一鹭贺寿所作七律。不过，天启年间毛一鹭以谄媚事魏忠贤，为后世所不齿。

李暹，字肖鲁，广东南海（今广东佛山）人，万历二十五年（1597）任松江府同知，万历二十九年转任海防同知。李暹参与刊刻《续文献通考》。另外，松江府为表彰其政绩编纂《储胥奏最册》，由王圻撰引。

朱勋，字定国，号阳华，浙江鄞县（今宁波市鄞州区）人，万历二十五年（1597）举人，授靖江令。万历三十五年至三十七年任松江府海防同知。王圻曾因其"考将上绩"，作《赠阳华朱公祖考绩序》，并作《赠朱郡丞》诗。朱勋除了参与刊刻《续文献通考》外，主要就是请王圻纂辑《云间海防志》，并为该书作序。

吴之申，字滋逸，江西临川（今江西抚州）人，万历三十八年（1610）进士，万历三十九年任松江府同知。王圻为其撰《赠司理吴公祖考满诗册序》《寿大司理吴公祖序》和《贺大司理兹翁吴老公祖奏最序》。

知县

熊剑化，字神阿，号际华，江西丰城人。万历二十九年（1601）进士。万历三十二年以增城知县调任华亭知县。王圻在《魏水洲先生集序》写道，这一年熊公来令我华亭，将《魏水洲先生集》给他看，"不觉欣欣动色"。万历三十五年，熊剑化与刘曰宁、徐良彦编辑《魏水洲先生集》，请示于王圻并索序。王圻亦请熊剑化为《稗史汇编引》《三才图会》作序。熊剑化入京，王圻作《送熊父母入觐》。万历三十六年，熊剑化升监察御史，王圻作《送熊际华父母应召》诗送之。

聂绍昌，字绳之，号井愚，四川富顺人，万历三十五年（1607）进士，万历三十六年接替熊剑化任华亭知县，后官至监察御史，巡按陕西，卒于任。聂绍昌进京考绩，王圻作《赠聂父母入计》，还作《寿聂井愚父母》为其祝寿。华亭县为表彰其政绩作《仁声扬最诗册》，王圻之为作序。

韩浚，字邃之，山东淄川（今淄博市淄川区）人，万历二十六年（1598）进士，次年被授为嘉定知县，后历任广西道御史、两浙巡盐、江右巡按、河南道台、大理寺丞、都察院右佥都御史、保定巡抚。王圻为其撰《赠鹏翁韩老父母荣转长洲序》《送邑侯鹏翁韩老父母入计序》。

两浙巡盐御史

杨鹤（1570—1635），字修龄，号弱水，湖广武陵（今湖南常德）人，万历三十二年（1604）进士，除洛南、长安知县，万历四十一年任两浙巡盐御史，累官至兵部右侍郎总督陕西三边军务。如前所言，在《与杨侍御》书中，王圻曾以《稗史汇编》请正于杨鹤。王圻《续定周礼全经集注引》提道："兹遇弱水杨老公祖奉命来按两浙，偶阅是编，谓足以信今传后，因属有司付之剞劂氏。"可知杨鹤佐助刊刻了王圻的《续定周礼全经集注》十五卷。此外，杨鹤巡按两浙时，请王圻重为纂辑《两浙鹾志》，王圻欣然应允。书成，杨鹤颁布诸司，照办施行。王圻还作长诗《赠鹾使杨侍御弱水公二十韵》相送。

明代那些有功名和官爵的士绅们，无论在朝廷还是在地方上都有一定的影响力，他们往往会利用金钱和权力构建一个从中央到地方的复杂的社会关系网络，干预地方行政事务，以维护其利益，所以他们会经常出入公门，受贿请托，以谋取私利。嘉、隆时人何良俊便说，松江是"大府"，华亭是"剧县"，地方官公务繁忙，士大夫对此应该体谅，不要老是打扰，让知府、知县可以尽心民事。但是大部分乡绅以各种借口进官府"问安"，府县诸公每天迎来送往，严重地影响了地方官员正常的办公秩序。王圻和很多官员有密切交往，他是不是也和这些人一样出入公门，拍拍马屁，以达到出版自己书籍，甚至实现自己某些私利的目的呢？

从现在的材料来看，得出结论是否定的。从文集和上述介绍中可以发现，王圻和官员相交有一个比较特殊的情况，就是除了赵可怀应该是他早就认识的人以外，他与本地知县、推官、知府，甚至到巡抚的交往，应该都是在万历三十年（1602）之后的事情。王圻在万历十四年就归隐，整整十五年间，他除了应青浦知县卓钿的邀请编纂万历《青浦县志》之外，文集中基本上找不到他与地方官员结交的信息。编纂万历《青浦县志》，如前所述，可能是出于王圻在湖广提学佥事任上所录取的学生李官的推荐。万历三十年，正好是他完成编纂《续文献通考》并准备付梓的时间，很有可能是因为《续文献通考》受到了如松江知府许维新等官员的欣赏，决定由本地官方刊刻，既增加了书籍的影响，地方官员也可以借此机会载入史册，所以才引发了王圻与各级官员的相识和相知。

刊刻《续文献通考》完成后，王圻在地方上名声渐响，开始频繁地与各级官员进行交往。熊剑化编书请王圻作序，那些对地方官员歌功颂德的集子编纂完成后，也往往请他负责作序。地方官员很多事情要向王圻请教，比如《王侍御类稿》卷十有《答毛孺初》，王圻回复了毛一鹭关于方孝孺后裔避居华亭情况的咨询。但是王圻更看重的是，他可以利用这种机会为地方和百姓呼吁。如前所述，在万历三十六年（1608）的水灾和随后的均田均役改革中，王圻都表现得非常积极，他频繁联系各级官员，提出自己的对策和建议，很多对策被官员接纳。万历三十六年水灾时，正好是周孔教、张九德、李右谏、聂绍昌在任的时间，而均田均役改革，则由徐民式、聂绍昌推动，所以他与这几位官员的互动特别多。也正是因为王圻既富著述，又对现实问题有认识，有研究，地方官在需要编纂志书和政书如《云间海防志》《两浙醝志》时，首先就想到了王圻。王圻因编纂《两浙醝志》受到杨鹤的欣赏，杨鹤就向各级官员推荐他的《稗史汇编》，由此该书得到了官方刊刻出版的机会，这其实是一个互惠互利的正向过程。

我们不能否认，明代松江府里确实有士绅把持乡里，勾结官府，利用自己的权力仗势欺人，鱼肉百姓，武断乡曲，横行不法。但并不是所有的士绅都如此不堪。松江乃至整个江南地区在这个时期能够一直保持相对繁华和稳定，士绅们在其中无疑扮演了重要的角色。清人虽然对明代士人非议颇多，但是也时时透露出对彼时地方士绅关心社会公益、评议行政利弊而又能被官府所敬重及其产生的积极影响的怀念。明人曾批评士绅们好持公论，清人也曾批判这一点。事实上所谓"公论"就是民意的反映，没有民意"公论"，士人也不会生造，而没有士人的引导，民意何以得到传达？正是依靠这种传达，才使得很多地方社会上不公平的事情得到了处理。一旦杜门不出，哑口不言，"公论"无法得到传达，社会上便只会一片沉默，用沉默来忽视问题，来解决问题，结果只会越来越糟糕，最终有一天会走向彻底的黑暗，这就是长期压制噤声的代价。所以，清初人陆文衡便回忆，从前缙绅们有公会雅集就聚在一起，谈论时事得失，咨询地方利弊，凡是衙门中的那些积蠹大恶，士绅们都耳闻目睹，于是他们拜谒地方官员，侃侃指陈，或通过公函条议上书，地方官往往虚心采纳，所以上下之情得以通畅，乡亲们受益，那些奸恶之人有所畏惧，不能得逞。当代很多学者也认为，虽然在政府的高压下，清代江南士人为官没有明人张扬，清廉简朴者也不少，但其对于地方官府和地方事务的影响力较之明代江南士绅要小得多，士人的气节和社会责任感对比明人相去甚远。清王朝建立后为加强统治，通过一系列政策打击士人，一方面为抑制士绅特权并从政治上制服他们，同时为强化文化专制主义实行思想钳制，屡次发动文字狱，很多士人不仅保持沉默，群体失语，放弃了应当承担的社会责任，更有很多等而下之者丧失了应有的风骨节操，成为政治和官员之附从。这种环境下培养出来的士人，就像明人顾宪成所说，"官辇毂，念头不在君父上。官封疆，念头不在百姓上。至于水间林下，三三两两，相与讲求性命，切磨德义，念头不在世道上"，立身处事，自然谈不上有什么节操气概。王圻这样心系地方和国家的士人来说截然不同。他在京师做官时念头就在君父上，做地方官时念头在百姓上，退居林下时念头在世道上。他与地方官的交往充分体现了这一点。

和官员交往主要涉及公务，而与好友交往，更多的是真性情，也让人放松。这是王圻最重要的交游活动。

在中国传统社会中，血缘和地缘是构成社会关系和交往网络的最基本的纽带，而地缘关系其实还是血缘关系的延展。费孝通先生就曾说过："血缘是稳定的力量。在稳定的社会中，地缘不过是血缘的投影，不分离的。'生于斯，死于斯'把人和地的因缘固定了。生，也就是血，决定了他的地。世代间人口的繁殖，像一个根上长出的树苗，在地域上靠近在一伙。地域上的靠近可以说是血缘上亲疏的一种反映。"王圻从中进士以后，在外为官很多年，官场上的朋友有很多，但是当他退职还乡后，血缘、地缘仍然是最重要的社会关系，所以他最核心的社会交际圈基本上是由亲戚、同事、同学、同乡组成的。

科举时代，"同年"是一种文人来往互动的稳定的制度基础，在王圻的交游过程中，"同年"起到了重要的作用。他同时中举的乡试同年有彭汝孝、陆万锺、盛当时、陆从平、宋尧明、季膺、姚弋、徐汝翼、乔懋敬、唐继贤、戴大登、潘允哲、陈纪、李时英、李自华。其中如前所述，陆从平、陆万锺、唐继贤是王圻最好的朋友，另外，他和盛当时、乔懋敬、潘允哲、李自华也有交往。

如前所述，陆从平（1535—1609）、陆万锺（1541—?）、陆万言叔侄与王圻交往最密。陆从平以政绩得诰封三世，王圻作《赠陆自斋三世荣封》以贺。万历二十三年（1595），陆从平告老还乡后，闭关谢客，"日以文史著述自娱"，并和王圻一起结真率社，"竟日栩栩觞咏间，门外事置不问也"。王圻与陆从平还是邻居，"尤幸里居，炊烟相望。昕夕过从，往来酬唱"。万历三十三年，陆从平七十寿辰，王圻作《寿都醾使自斋陆公七袠序》《寿陆自斋年丈七袠》，陆从平亦有《寿洪翁学宪次韵》为王圻贺寿。陆从平去世后，王圻自言"知公莫若余"，为之作《明故大中大夫自斋陆公行状》，更有《祭自斋陆年丈文》《题陆自斋年丈遗像》《挽陆自斋年丈》，感叹："洛社风流谁倡和，几回闻笛泪潸潸。"陆从平文集编成，王圻为其撰《熬波明农二集序》。陆万锺母亲做寿，王圻为其撰《奉寿陆母蔡淑人七袠序》。

唐继贤（1537—1609）也是王圻的好朋友，没有唐继贤，王圻甚至可能没办法参加当年的会试，而如果此次会试不参加，他的命运有可能就此逆转，所以他一向与唐继贤关系亲密。他曾撰《寿分水令汾州唐公七袠序》，唐继贤去世后，他撰《祭唐分水文》。因为唐继贤的缘故，王圻和唐家关系非常密切。唐继贤之兄是唐继禄，唐继禄夫人金氏六十大寿，唐继禄之子，时任御史的唐自平就通过唐继贤请王圻为其写《寿唐母金孺人六十序》。

乔懋敬，字允德，号纯所，是王圻的乡、会试同年，授刑部主事，后官至湖广按察使，广西右布政使，王圻为撰《送观察乔纯所擢广西藩伯序》，后罢归。乔懋敬去世后，王圻为撰《祭乔纯所方伯文》《又祭乔年丈文》。另外，乔懋敬族侄乔木，字伯梁，号玄洲，曾随父乔镗御倭，后中隆庆二年（1568）进士，官至井陉兵备。王圻《题玄洲乔公小像并序》说他和乔木是同学："余与公少同砚席，相与淹抑宫墙者殆二十年。"乔木六十岁时，王圻撰有《寿乔玄洲六十》诗。乔木去世后，王圻撰《祭宪副乔公文》纪念。另外，他应乔木的邀请为《乔氏族谱》作序。

盛当时，字明辅，号醇庵，是王圻乡、会试同年，官至湖广佥事。盛当时曾撰《游吴百咏》，王圻为其撰小引。盛当时去世后，又为其撰《祭盛醇庵年丈文》。

潘允哲，左都御史潘恩子，字伯明，号衡斋，是王圻的乡、会试同年，官至陕西副使。其父亲潘恩去世后，王圻为之撰《祭潘恭定文》。潘允哲去世后，王圻为之撰《故陕西提学副使衡斋潘公遗爱碑记》。

李自华，字元实，号见亭，浙江嘉善籍，王圻的乡、会试同年，而且是嘉靖四十四年（1565）榜眼，授翰林院编修，历官国子监司业。王圻受邀为其父亲撰《贺大封君慕云李年伯荣寿序》，并有《过魏塘李太史见亭出饯江干寄谢》一诗。

会试同年有李自华、陈懿德、张明正、盛居晋、徐汝翼、乔懋敬、盛当时、陆万锺、潘允哲、陆树德、季膺。前文提过的此处不赘，另外有交谊者如下：

张明正（1530—?），字公甫，王圻的会试同年，官至贵州布政司左布政。张明正的父亲张士毅及母亲陆氏去世后，张明正认为王圻熟悉父母情况，故邀他为张士毅夫妇合撰行状。

陆树德（1522—1587），字与成，号阜南，陆树声弟，早年改姓林，中进士后复姓，官至太仆寺卿、都察院右佥都御史，巡抚山东。陆树德去世后，王圻曾应其子陆彦桢之邀为陆树德所著《北运便民始末》撰序，并因为均田均役事与陆彦桢有书信往返讨论。

王圻非常看重与这些同年的交谊，他为陆从平写祭文曾言："以天合者，莫如同气。"而同榜，其实为异姓兄弟。他为唐继贤写祭文时也说："世称交情，孰如年谊？"他在为盛当时写祭文时曾言："言年尔我，少同乡试。挟策公车，再同甲第。长安并马，翕于埙篪。服官中外，人各天涯。"两人有二十多年未见。等到王圻回乡，"殁者存者，殆相半耳。又不数年，相继摧萎"，就算有"诗酒招携"，在座的只有屈指三人而已。当时上海县一榜六人，等到唐继贤去世时，就只剩王圻孑然一身，他感慨自己如汀凫失偶，衡雁离群，凄凉惨淡。

除了和这些同年好友交往外，王圻于编纂著述之余，还与云间乡贤结社，相伴同游，写诗唱和，悠然自得，这是他晚年最为快乐的时光。王圻之子王思义称其父"风晨月夕，又与社中诸公更相倡和，故诗若文特多"。如《王侍御类稿》中就有《燕集次陆元量（万锺）韵》等作品。他还曾与唐继禄、盛当时在某年秋八月二十日，携酒赴小昆山一游。《王侍御类稿》卷十六更收录了《茸城倡和集》，记载了王圻在万历三十九年至万历四十二年间与沈文系、倪甫英、何三畏、钱龙锡、唐汝询、唐汝谔、冯大受、张鼐、徐三重、王明时、潘元和、陆万言、陆应阳、张以诚、张希曾、唐国士、张翼轸、孙自修、唐良智、侄婿何尔复、孙婿唐陈彝等人的唱和作品。

《论语·颜渊》云："君子以文会友。"后人称文人相聚谈艺为会文，这种文人集会的历史非常悠久，至唐宋间文人集会的形式基本定型，到明代以后盛极一时。

文人集会中最典型的形式便是诗社或者文社。"社"最初是指土地之神，又引申为春分、秋分后戊日举行迎神赛会祭祀后土之神的民俗，故有社日、社事、社会之名。随后"社"的含义开始扩展，在学术文化领域指信仰相同、志趣相投者结合的团体，所谓"后人聚徒结会亦谓之社"，这是"社"比较常用的含义，即"合气类之相同，资众力之协助，主于成群聚会而为名者也"。这类团体自古就有，如晋慧远结"白莲社"，唐白居易与香山九老结"香山社"，宋元时期的"西湖吟社""月泉吟社"更是闻名于一时，而明后期诗社或者文社更盛极一时。

从基本含义来看，"社"与"会"大致相同，都是指一种集体的组织形式或活动方式，所以白居易的"九老会"又称"香山社"，但是一般而言，"社"的外延要小于"会"。一方面，诗社、文社以提高文质诗艺为首要目的，但是一般文人雅集中也有诗词创作，只是"会"的内容之一。另一方面，称之为"社"的一般比较规范化和制度化，有着固定的集会日期和集会主题，不同于一般随兴任意的文人雅集。

诗社和文社的出现，应该与科举取士制度有关，士子们为了取得更好的考试成绩，会就考试内容预先模拟。科举时代，士子们热衷于所谓"制艺"，即应试的本事，博取功名，踏上仕途。他们或寻师觅友，或联合志趣相投者，互相切磋学问，交流心得，形成一个小圈子，少则十几人，多则几十人乃至百人。明末启祯间，读书讲学和举业选文类的社团尤为兴盛，但是更多的还是文人诗酒唱和的组织。毕竟，诗文是集会文人的共同语言，分题探韵，唱酬和答，以文会友，文人精英需要获得认同感，他们在彼此的互动中寻找感情交流，促进了彼此的凝聚力。万历至崇祯时期，全国结社之风盛起，在江南地区更为盛行，后人称"社盟之习，所在多有，而江南之苏、松，浙江之杭、嘉、湖为尤甚"。上海地区的文社更是绵延不绝。根据《南吴旧话录》记载，影响比较大的明代上海地区文社就有顾清、钱福等创办的"六人社"，林景旸、盛当时等创办的"十人社"，唐文献、董其昌等创办"十八子社"等。陈政雄《上海明清文人结社研究》统计出明代松江府出现的文社有五十家。另外，随着晚明国事日益不堪，后期的文社已经超越以文会友的初衷，加强了议论国事的风气。正如谢国桢所言："不意一件读书人的雅集，却变成了一种社会上政治的运动。"从东林到复社就是其中的代表，而上海地区最著名的几社也是典型。而在诗酒唱和的一般文会中，王圻的结社活动是其中较为典型的一个。

根据现有的资料，王圻的结社活动至晚从万历二十四年就开始了，《王侍御类稿》卷六所载《寿都醾使自斋陆公七袠序》云："前公十年而归，归可十余年而公亦谢事，因相与联香山之社。社中凡五六辈，惟犬马齿则视公加五旬……"可知王圻等人所结的香山诗社当在王圻辞官归田十年之后，即万历二十四年（1596）。最初的社中诸友应该都是如陆从平一样，都是他早年读书时就认识的朋友，而且年纪应该都比较大。如他曾成立五茸社，"五茸"即松江代称。社友王明时七十寿辰时，社中君子相为觞祝，或绘图，或作诗，结集为《介寿刍言》。王圻作《介寿刍言序》曰："《介寿刍言》者，余社中诸君子为后阳王先生七袠诞辰作也。"他曾考察社饮之礼的历史，追溯到唐代白居易的香山社和北宋文彦博的耆英社，当年北宋王拱辰年七十一参与耆英社，此后享年独永，"岿然为鲁灵光"，且"恩荣终始，为天下后世所艳慕"。王明时当时也正好是七十一岁，所以"相与绘为图，咏为诗若歌"。他还将五茸社与历史上著名诗社相比较，商山是四人，睢阳是五人，东都是七人，至道是九人，耆英社是十二人（后加上司马光，为十三人），五茸社也是十二人，正好一样，而且耆英社有王拱辰，五茸社有王明时，当时的年龄也一样。王圻还作《寿王后阳七十》一诗，王圻与王明时往来唱和之作颇多。如王明时有《春雪》，王圻则作《和后阳春雪韵》。王明时与王圻和诗还自称"社弟"，可以看出他们晚年都寄情诗社，醉心著述，结下了社友情谊。

《茸城倡和集》记录诗社情况最为丰富。如有某年四月二十三日王圻与倪甫英、何三畏、王明时等应洪都邀请，相聚集社，座中七人共五百七十岁。又有某年二月六日，梅花灿然夺目，加之久旱逢甘霖，王圻、沈文系、王明时、唐继冲、唐良智等诗社社员纷纷作诗以庆。万历三十九年（1611）春社日，王圻邀耆英、洛社诸君子饮酒赋诗，座中有张希曾、王明时、何三畏、倪甫英等人，何三畏诗曰："幸有耆英诗社在，一时风雅为谁倾。"此后，万历四十年、四十一年、四十二年的每年除夕，王圻都撰《除夕书怀》，诗社诸人则互相唱和。

值得一提的是，根据张希曾的记录，就在那一年二月初六日赏梅花逢雨的诗会上，王圻还命家童演新曲。明代上海地区热衷演曲，号称"无日不开宴，无日不观剧"。很多官宦家族都有私人戏班，当时见于记载的著名私人戏班就有潘允端家班、秦凤楼家班、顾正心家班、徐阶家班、施绍莘家班、董其昌家班等。如董其昌家中有戏班五十余人，分为三班，各攻鼓吹、戏剧诸技，无事趋侍左右，一遇宴会，"声歌杂沓，金碧夺目，引商刻羽，杂以调笑"。潘允端的戏班，根据其日记，在万历十六年（1588）至二十九年共演出《琵琶记》等传奇杂剧二十余部，其家戏班由于督导有方，阵容整齐，能演大戏，还被县令多次借用。根据上述记录，王圻家中应该也有戏班，才命家童演新曲，由此也可见这些诗社集会之热闹。

根据《茸城倡和集》，参加诗社及唱和的主要成员情况如下：

洪都，字子崖，号紫霞，原籍歙县，占籍青浦，万历二十三年（1595）进士，官归化知县、台州知府。

沈文系，字公绪，以恩荫为广东新宁知县，纂修万历《新宁县志》。

倪甫英，字华月，一字方觉，号蛟楼。隆庆元年（1567）举人，官分水知县、象山知县。

何三畏（1550—1624），字士抑，号绳武，万历十年（1582）举人，授绍兴推官，著述宏富，编著有《云间志略》《何氏芝园集》《何氏居庐集》《咏物诗》等。

王明时，字治甫，号后阳。万历五年（1577）进士，官至河南按察司副使，著有《峰泖詹言》《古今醒语》。

钱龙锡（1579—1645），字稚文，万历三十五年（1607）进士，累官至南京吏部右侍郎、礼部尚书、太子太保、文渊阁大学士。

唐汝谔，字士雅，天启间贡生，官至安庆府教授，著有《古诗解》《学古编》等。

唐汝询（1565—1659），字仲言，唐汝谔弟，五岁失明，刻苦自励，旁通经史，时称异人，著有《唐诗解》《酉阳山人编蓬集》等

冯大受，字咸甫，万历七年（1579）举人，官至庆元知县，著有《竹素园集》《微风诗贴》。

张鼐（1572—1630），字世调，一字侗初，万历三十二年（1604）进士，官至南京吏部右侍郎，谥号"文节"，著有《宝日堂初集》《宝日堂杂钞》《吴淞甲乙倭变志》等。

徐三重（1543—1621），字伯同，号鸿洲，万历五年（1577）进士，授刑部主事，著有《鸿洲杂著》《牖景录》等。

潘元和，字节甫，万历五年（1577）进士，官至黄州知府。

陆应阳（一作旸）（1542—1628），字伯生，号古塘、三浦公子。陆从平叔。曾为王圻《王侍御类稿》作序。著有《洺草》《广舆记》《明诗妙绝》等。

张以诚（1568—1615），字君一，号瀛海，万历二十九年（1601）状元，官至右谕德，因父丧过哀去世。著有《张宫谕集》《毛诗微言》。

张希曾，字唯卿，号隆阳，著有《恒言》一编。其子张本嘉为万历二十三年（1595）进士。

唐国士，字玉屏，唐继贤子，万历三十四年（1606）顺天乡试举人，官至福州通判，曾为徐光启《诗经六帖重订》撰序。

张翼轸，字宿夫，万历三十二年（1604）徐光启同榜进士，官至工部主事，广东宪副。

从以上参加集社的人员名单中我们可以发现，大部分人与王圻差不多同龄，和他差不多前后中进士或者中举的，其集社正如耆英社一样，有着老会的性质。如沈文系、何三畏、倪甫英、王明时、冯大受、徐三重、潘元和、陆应阳、张希曾等多是如此，尤其是沈文系、何三畏、倪辅英、王明时，应该是王圻集社的核心人物。钱龙锡、唐汝谔、唐汝询、张鼐、张以诚等人则要小王圻他们一辈，可以说是青年才俊，他们的成长应该受到了王圻等人的提携。

钱龙锡就是典型，钱龙锡的父亲钱大复（字肇阳，号渐庵），曾建有日新书院，王圻撰有《日新书院碑记》，并为钱大复的《四书证义笔记合编》作序。钱大复是王圻《续定周礼全经集注》的校正人之一。王圻与钱大复是好友，常去日新书院听讲。王圻的《宗祠议》一文就称万历三十八年十月初四日，他和倪甫英、王明时、陆应阳等人听讲于日新书院。钱龙锡的成长自然也应该受到了王圻的关照。

从这一点看，王圻的诗社活动并不只是简单的诗酒唱和，王圻这样的文化精英通过诗酒文会等活动形式强化内部共识，增强凝聚力，形成了一种强烈的自豪感和认同感。这些文人团体以像王圻这样兼具学识和地位的文人为核心，以一些精英分子为骨干，并通过宗族关系、婚姻关系、同年关系、师生关系、邻居关系，将其影响力逐级扩散，形成了一个个貌似松散、实则紧密的学术文化圈，由此使上海成为"诗窠、棋囿、字仓场"。上海能够在明代众多学术流派中崛起，正是因为有这种潜在的感情与意志的纽带所起到的作用。同时，像王圻这样的精英领袖不断赏识和提拔后来者来维持文化精英的代际延续，不仅保证了自身文人群体文脉不断，还是传统社会上海地区文脉相沿不衰的重要原因。

第八章

高标应在古人间

铅椠随缘费品题：王圻在其他学术领域的成就

前面，我们已经对于王圻的代表性著作逐一进行了介绍。王圻留下的著作远不止于此。下面，就再用一点儿篇幅对王圻的其他著作进行讨论，以展示王圻在各个学术领域的贡献及其旨趣。

一、礼学

王圻参加科举，选择专经于《礼》，从七岁就随父亲学习《礼记》，因此王圻对于《礼》有着自己的心得。前面已经介绍，他在湖广时曾编有《新刊礼记衷言》，除此之外，他还有《续定周礼全经集注》十五卷。

相关传记均提到王圻曾注《周礼》十六卷，但未注题名。考诸家书目，《千顷堂书目》《明史·艺文志》均载王圻有《续定周礼全经集注》十四卷，因柯尚迁之书重为更定。清人朱彝尊《经义考》也著录此书，并录王圻自序。

《周礼》原名《周官》，内容为先秦典籍，但是秦以前之研习传授不可考，亦不被同期典籍征引，似不为时人所见。经秦始皇焚书之厄，汉武帝时，河间献王征之于民间，献之于朝廷，然而汉武帝认为其乃末世渎乱不验之书，并未加以重视，所以此书在很长时间秘而不传。汉成帝、汉哀帝之际，刘歆受命完成父业，"校理秘书"，《周官》方得以著于其所编纂的目录书《七略》中，并将《周官》改名为"周礼"。但此时的刘歆并未太关注这本书，当他提议将《左氏春秋》及《毛诗》《逸礼》《古文尚书》列于学官时，并未涉及《周官》。直到王莽当政后，《周官》的命运才得以改变。据孙诒让的考证，《周礼》之立于学官当在王莽居摄、刘歆为羲和之前，即居摄元年（6）至三年之间。其表面奏请者是刘歆，实际推动者是王莽。王莽之所以重视《周礼》，是想将其视作改制的依据。东汉初，刘歆的学生杜子春继承师业，大兴《周礼》之学，一时注家蜂起。至东汉末，经学大师郑玄"括囊大典，网罗众家"而注"三礼"，给《周礼》第一次做了认真的总结，进一步肯定刘歆之论，认为《周礼》乃周公为成王所制的官政之法，并以它为"真"周制。由于郑玄在"三礼"之中特别推崇《周礼》，后人又极推崇郑玄，遂使《周礼》位居"三礼"之首。

《周官》并无作者署名，所谓周公之作，只是刘歆、郑玄的推测，现在学术界关于其成书年代有多种说法，按照彭林先生的归纳，大致有周公所作说、西周说、春秋说、战国说、周秦之际说、刘歆伪造说、汉初说等，大致而言，以战国说为多。一般都认为，《周官》记载的是为未来大一统而进行的官制设计，不是历史实录，并不是周代实有的制度，而是未来政权制度的想象和蓝图。历史上，王莽、宇文泰、苏绰、王安石改革官制都取法《周官》，历朝历代的官制改革或整体照搬，或借用名词，往往部分或全部参考《周官》的内容，甚至晚清孙诒让著《周礼正义》，也有以此基础进行未来政治改革设计的意图，这些都为《周官》蒙上一层较为浓厚的政治色彩。

《周官》共分为六篇，即"天官冢宰""地官司徒""春官宗伯""夏官司马""秋官司寇"及"冬官考工记"。其中"冬官"部分内容早已亡佚，又因"冬官"司空的主要职掌为工程营造，所以有人就以《考工记》补上，这在陆德明的《经典释文》中有记载。《考工记》包括当时官营手工业的三十个工种，对各种器具名物的规制和制作记载十分详尽。

关于"冬官"缺了什么，为什么缺，历代众说纷纭。陈深甚至认为《周官》虽名为"六官"，实则原本就是五官，"冬官"是故意缺的。但是宋代俞庭春认为"冬官"不缺，而是杂于"五官"的记述中，所以他对《周礼》"五官"做了调整，成《周礼复古编》三卷，把"冬官"从"五官"中辑出，并把五官中不符者亦做了调整。俞庭春这一观点得到后世很多学者的认同，王圻就是其中之一。

王圻在序中就说，关于"冬官"杂见"五官"的说法已经流传很久了，宋代以来临川俞寿翁（庭椿）、永嘉王次点（与之）、吴澄、丘葵、何乔新、柯尚迁各以己意考察夹杂在其他"五官"中的司空职事，汇辑而归之于"冬官"，虽然看似详尽，但问题是改动太多，"决择未精"，甚至将"五官"秩序搞得面目全非，所以他就在上述诸家的基础上重加订正，"官序悉依注疏，章句仍本圣经"，将"五官"中"冬官"的内容汇集为上卷，而将《考工记》仍附于"冬官"之后，列为下卷。另外，王圻认为，明初朱元璋设官分职多与《周官》相吻合，所以将当初邱濬关于官制改革的奏议作为附录，便于日后研究者"稽据而取则"。

可见，王圻主要做了几方面的工作。一是采五官有关邦土者汇为"冬官"上卷，《考工记》列为"冬官"下卷；二是经训以郑玄、贾公彦的注疏，附以历代诸儒论说；三是篇末附丘濬关于明代职官的奏疏。是书曾经姜云龙、钱大复校，有钱龙锡、朱勋序及王圻自序。日本尊经阁文库、温州图书馆等地都有藏。

如前所述，《周官》是政制改革的蓝图，其中"冬官"涉及工艺和手工业，无论是制度变革，还是手工技艺，都是王圻一向关注的内容，他编订《续定周礼全经集注》的重点就在于此。他认同俞庭椿等人的看法，想通过汇集相关资料恢复"冬官"的原貌，以了解古代手工业的管理。同时，他附入邱濬的奏疏，明显是有根据《周官》及邱氏的奏疏探索明代官制改革背后的理念和思路，展示了其一向对典章制度沿革变迁的关注。日本学者小岛毅先生在谈及明代《周礼》学研究的走向时曾提到，明代学者关注《周礼》有三个方面的原因，其一是《周礼》与明代的国家官制有着一定的关系，其二是研究《周礼》是更贴近实用的经世之学，其三是延续对宋代学者俞庭椿的"冬官"问题讨论和对《考工记》及其工艺的关注。这三个方面，其实也是王圻致力于此的原因所在。

王圻致力于《礼》的研究，还有另一层思考。随着晚明商品经济的发展，功利主义和竞奢风气在社会上开始蔓延开来，几乎所有的明史研究者都认同晚明是一个"奢侈时代"。在晚明的方志、文集、笔记中关于奢侈风气之描述随处可见，而上海地区尤为严重。嘉靖、隆庆、万历间，在江南，特别是在上海，工商业的发展不仅造就了一批富商巨贾和数量日增的中产家庭，而且也为贫困之家凭借自己的勤劳、精明维持温饱，乃至步入小康提供了较多的机会。尽管江南有众多的乡村小农仍在贫困线上挣扎，但处在温饱水平及其之上的人家较其他地区更多一些，而这恰恰正是这股奢靡成"风"的重要前提。更何况，这股"奢靡"之风不仅弥漫于北京、江南的城镇，而且扩散到大江南北，几乎席卷了士农工商各阶层。正是在这股风气不断发展的基础上，上海人陆楫（陆深之子，1515—1552）在其著作中第一次全面地论及"奢靡"问题，并提出了与传统观念完全不同的看法，这在中国历史上可谓"开天辟地"。陆楫的观点虽然得到了一部分人的认可，但毕竟在那个时代，属于石破天惊。更何况，"奢侈"虽然可以促进经济增长，但容易破坏社会秩序。晚明松江城市繁华、市镇蓬勃，导致不断出现城镇无业游民。这些无业游民当然不全是为非作歹之徒，但确实有很多游手好闲、好逸恶劳者混迹于市井之中。他们到处游荡，敲诈勒索，无恶不作，导致了如访行、打行、讼棍、赌博等众多社会问题。正是欲海横流、尊卑失序的世风，使得礼学进入当时关注社会问题的部分学人的视野，并受到高度重视。王圻就是其中的代表。虽然他也对世风有激烈的批判，但是并未因此陷入单纯的愤怒，而是既破又立，希望通过竖起礼教的大旗，扭转世风，安定人心。王圻研究礼学，并在《续文献通考》中纳入"节义考""谥法考""道统考"等内容，其宗旨和目的都是一致的。

其实，王圻一生中无论从事哪本书的编纂，无论从事哪个领域的研究，他背后的理念和宗旨始终是一脉相承的。王圻关注于礼学，最初的出发点可能只是为了科举，也许纯属偶然，但结果上看，恰恰符合他一贯的治学理念。至于是专经礼学促成了这一治学理念的形成，还是从小在父亲熏陶下培养出的治学理念，推动了他研究礼学，我们暂时还不能得出明确结论，但从王圻的学术历程上看，二者是相辅相成、互相促进的。

二、文学

王圻并不以文学而闻名于世，但是他同样有着较深的文学造诣，除了自己的诗文集之外，还编纂了很多文学作品的汇编，从《稗史汇编》就可以体会王圻较为先进的关于小说的观念。从他的诗文集和相关著作中可以了解一下他关于文学方面的观点。

王圻自己的诗文集，今天存于世间的即常见的《王侍御类稿》，今有中国台湾图书馆藏万历四十八年（1620）《王侍御类稿》十六卷本，前有万历十三年郭正域序、吴国伦序，又有"万历庚申秋日"陆应阳《续刻王侍御先生类稿序》、王思义《续刻先侍御类稿引》。每卷卷首有目录，卷端题"太原王圻元翰父著，男思义校刻"。

王思义引中详记成书始末，称王圻中进士之后，一切酬应之作往往托付给下属代写，但是他在任监察御史时，曾经亲笔写过多篇奏疏，享誉一时，到了湖广后就将相关诗文辑为《洪洲类稿》，先奏议，次诗若文，当时就已脍炙人口。王圻退居林下后二十余年，很多人来索取文章。王圻与朋友结社唱和，留下颇多诗文。王圻生前曾经编纂自己的文稿，汇为一帙，题曰《明农》，内容大概是《洪洲类稿》的四倍有余。顾秉谦《墓志铭》说《明农稿》八卷藏于家，何尔复《行实》说《明农稿》四卷未梓。虽然卷数不一致，但至少可以说明《明农》曾经存世。但是此稿未能杀青，王圻就病故了，后来居然被无赖者藏匿，家人索取不得。王思义担心时间越久，王圻的文稿就散佚难寻了，因此他在王圻的书房案头搜罗汇集，命小史抄录，最后整理成册。加上之前已刊刻的《洪洲类稿》，并为一集，题为《王侍御类稿》，共十六卷，较前稿要多出志、状、尺牍及杂著，最后则附《茸城倡和集》及王圻的志、状、行实等生平资料。

《四库全书总目提要》载王圻《洪洲类稿》四卷，浙江汪启淑家藏本，提要云，王圻平日应该"无时不考古研今"，所以"其于诗文，殆以余事视之，故寥寥如此，存而不论可矣"。可见，当时四库馆臣应该没有看到十六卷的《王侍御类稿》，所以才觉得篇幅寥寥，可以存而不论。正如向燕南先生所言，十六卷本之《王侍御类稿》或称《洪洲类稿》应该流传未广，反为王圻之孙王谟重刻之四卷本的《洪洲类稿》所掩，以致清人一般只知四卷本的《洪洲类稿》，不知还另有十六卷本之《洪洲类稿》。

除了《王侍御类稿》之外，王圻还编过一些文章、诗歌、诗话的汇编。

如《王侍御类稿》卷四有《吾从录序》，其序称王圻归乡后暇日"搜检故箧，得先哲遗文二百余首"。这些文章应该是王圻觉得自己比较喜欢的，然后将其汇集成册，作为教授子孙的课外书。因此编此书时，王圻认为这些文章是自己生平作文时模仿的对象，引用孔子"吾从先进"之遗意，命名为《吾从录》。王圻说这些文章不追求古雅，但读来有苍然之色；不追求隽永，却赏玩有渊然之味。虽近代经生学士藐为陈编旧简，而他将其视如商彝周鼎、太羹玄酒那样珍贵的东西。可惜，《吾从录》虽刊刻行世，但可能流传未广，因此无论是传记还是诸家书目均无记载，应该已不存于天壤之间，否则我们可以从中了解到王圻选文的标准和这些文章的特色。

和《吾从录》同样只有序留存、原书早佚，甚至卷数都不详的还有《古今诗话》。《王侍御类稿》卷四有《古今诗话序》，其序称他自湖广归乡之后，务农之余搜集累朝著述，为之删繁就简，凡有关于"世道之升降、诗教之针砭"者，汇成一册，名曰"古今诗话"，并刊刻以赠同志。

他说，如果窗明几净之时，倘能将此书置于案头，或趁着朝霞，或就着月光，展阅数则，不必揣摩探索，而古人赋诗的"精蕴"，即可"具在目前"。古人曾言："求圣贤之言，不若求圣贤之心。"而他认为要"因言以会意，因意以求心。心融而意自释，意释而言诠或可弃去"。这本书"可以解颐，亦可以覆醢"，读者自己去体会。王圻选历代诗话有可能是他编纂《续文献通考》《稗史汇编》等书时利用收集到的文献资料编纂而成，其目的也是通过阅读诗话中"世道之升降、诗教之针砭"的内容来求圣贤之意，不只是"愉悦身心"之作。

《古今诗话》虽不存，但是王圻的孙子王昌会（字嘉侯）编纂有《诗话类编》，王圻去世整整一年后的万历四十四年（1616），临川吴之甲为此书作序。《诗话类编》是否即是《古今诗话》，尚未可知，但至少可以推测，《诗话类编》应该是参考了《古今诗话》，并在此基础上完成的。《诗话类编》共三十二卷，是汇集古今诗坛嘉语加以分类，共三十目，依次为体格、名论、帝王（附后妃、外戚）、忠孝、节义、夙慧、科第、神仙、鬼怪、方外（附尼姑）、宫词、闺秀、妓、题咏、考订、品评、诗赏、诗遇、诗弹、诗穷、诗弹、诙谐、感慨、谶异、高逸、吊古、哀挽、梦幻、规讽、杂录，排比大致有序，间有数条相合、大同小异的，虽列于不同子目，但也可错综互见。四库馆臣称其"摭拾诸诗话，参以小说，裒合成书"，为"博而不精之学"，其实这也是馆臣对王圻著作的一贯评价。

王圻这类著作中唯一留存的是《诗林广记》。《诗林广记》又称《精选诗林广记》《名贤丛话诗林广记》等，宋末蔡正孙编辑，成书于元至元二十六年（1289）。蔡正孙（1239—?），字粹然，号蒙斋野逸，福建建安（今福建建瓯）人。全书分为前后两集，各十卷，选晋、唐、宋名家诗作及和诗六百七十一首，并引用诗话等资料一百七十余种。前文已经介绍，隆庆二年（1568），王圻赴北京觐见新天子后，在离京回任路途中校订此书，订正讹误，厘定次序，交由刘子田重加校勘，方才刊刻行世。王圻本《诗林广记》不同于通常的二十卷本，共四卷。此后多次翻刻。万历四十年，王圻的好友张肇林曾根据隆庆二年本重刻，王圻应该又对原书做了一次校正，张肇林在此基础上进行了校雠。王圻的这个本子在万历间还被很多人包括书商翻刻过，比如有万历十六年（1588）新都吴万化刻本，就曾经过著名徽籍刻工黄德时之手。万历十七年，吴万化的同乡黄邦彦再次刊刻。此后还有万历间陈继儒刻本，并附刻《唐宋国朝名公诗话词话解注》。后面三种应该都出自书商之手，由此可见，王圻这个版本应该具备一定的商业价值。

值得注意的是，蔡正孙编纂《诗林广记》，每以朱熹语为先，论诗特重"理"，强调诗歌温柔敦厚的道德劝喻功能。很可能由于这个原因，王圻才对该书情有独钟。王圻论诗，特别强调发乎性情，止乎礼义。他在《重刻诗林广记序》强调发乎性情，止乎礼义，《诗经》三百篇，字数不计长短，音韵不必押合，内容不论雅陋，有些叫笑怒骂之词也收入其中，就是"取其性情之发而礼义之止也"。另外，他也强调抒写性灵。比如他在《古今诗话序》也称，上古通过诗歌来考察风俗，所以《诗经》往往采之于凡夫俗妇，他们张口成诗，无非是书写性灵，歌颂自然造化，怎么会考虑格律音节呢？所以是否遵守格律，是否有技巧都不重要，抒发性情是最重要的。他在《稗史汇编》中评论陶诗就说，陶诗平淡不是无绳削，是绳削而自然，旁人只见平淡之妙，不见其删削之迹。

可见，他认为可以使用技巧，但是要服务于风格，即"自然"，最好是只见自然淡泊，不见绳削之迹。台湾学者张健在评价王昌会《诗话类编》时认为其论诗兼主情理，渊源与法度并重，以"味""妙"为至境，显然这正是王圻的诗学主张。而王圻自己创作也秉持了这样的风格。

王圻究心编著，偶尔为诗。郭正域《王侍御类稿序》称，王圻所作诗文大抵"黜其佻巧而本之自然，谢其夸毗而归之实际，去其叫噪而由乎冲虚"，正好是他自己"抱璞而玄览，矫志而独行"的写照。陆应阳《续刻王侍御先生类稿序》说得更好，很多人羡慕先生拥书万卷，有史家李永和（谧）之快乐；急流勇退，有邴曼容（丹）之达观。陶情诗酒间，有彭泽（陶渊明）之雅致；饮人以和不觉醉，有公瑾（周瑜）之胸怀；澄不清，淆不浊，有叔度（黄宪）之雅量，所以胸中"廓然泰然，超于尘埃之外"，然后发之于著作，形之于诗歌，直抒胸臆，怡然自得，不经雕琢而自然工致，不经收拾而丰富博赡，不激奋而自在高扬。他更指出王圻"文则粹雅类曾南丰（巩），藻洁类王临川（安石）。其正大和平，要不失欧阳公（修）矩矱。诗在大历、贞元之际。晚所感托，一寓之咏述，夷旷冲远，入陶（渊明）、韦（应物）门奥"。

诗文要出于情，情更要得其正，这是王圻的诗学理念，和他平时的治学宗旨是一致的。王圻的诗不落筌蹄，不涉蹊径，唯意所适，一无蹈袭，尤其是晚年诗风本之自然，归之实际，诗境冲远，正如陆应阳所言，可入陶渊明、韦应物之门墙。如《题竹溪》：

> 为嗜人间水竹居，沧江深处结蘧庐。
> 忘机久狎松梢鹤，展庆时停花下车。

爱日共翻莱子袂，起家应有邺侯书。

岁寒姿色烟霞趣，万种芳非总不如。

清新可喜，意境平淡，读来仿佛亲临江南水乡，淡泊宁静。

明代中晚期商品经济发达，文化的商品性趋向愈加凸显，加之市场需求的驱动及迎合读者阅读口味的考虑，崇尚浮华虚饰、追求奇谲诡怪的文风逐渐形成。在此时代背景下，王圻不饰修辞、躬行实践的为文理念既是对那种"剽摹为工、涉猎为能"的一种纠正，同时也是他经世致用思想在文学中的体现。他的学生李官从华亭教谕转任崇明知县，华亭县学诸生汇编唱和诗歌《斗山遐望》，由王圻作序，王圻在序中称李官"于文学中见政事，又于政事中见文学，经术经世，交相显设"，其实这正是王圻自己文学特色的写照。

正如陆应阳所言，如果以文章来评价王圻，不知王圻学问之博大；而如果因为王圻"抗节忤时"而未得大用而可惜，则不知王圻文章之精髓。王圻"识深而养邃"，出处宠辱，根本从未挂怀，他从壮年至老年一心编纂，所著汗牛充栋，都是博古综今、有用于学问政事、关乎于世教人心者。因此，离开王圻的学问去评价王圻的文笔，和去惋惜王圻不为朝廷所用是一样的，都是不了解他的。

三、文献学

王圻不仅仅致力于典籍的编纂和汇编，而且还校勘、考订了一些前人著述，这是我们常常忽视的。前文已经提及，他曾经校勘、考订过

《古今考》《诗林广记》等书，除了上述诸书之外，还有一些书也经过他的校勘，对于这些图书的保存和流传起到了重要作用。

一是陶宗仪《辍耕录》。元末陶宗仪避居松江华亭，于耕作之余随手记载元代的史事、掌故、风俗、文学艺术等，后由门人弟子整理成书，名为《辍耕录》或《南村辍耕录》，其史料价值颇受后世学者重视。如前文所述，陶宗仪对于宋元以来上海文化的发展贡献颇著，并对后世有深远影响，王圻重视文献纂集，就是陶宗仪奠定的上海文化的一个重要传统。他编撰《稗史汇编》就是继承了陶宗仪的《说郛》，所以对于陶宗仪的著作，王圻有一种特别的感情。当他发现《辍耕录》从自元至正之丙午（1366）至万历之甲辰（1604），已历时二百五十余年，因流传太久而版面漶漫，"木受蠹而字磨灭者十盖八九"，为广其传，他访求善本，重加考订，"新其蠹而补其缺"，复为全书。王圻此处没有提及他使用的是什么样的版本。潘承弼、顾廷龙先生《明代版本图录初编》收录《南村辍耕录》明嘉靖中玉兰草堂刻本书影，玉兰草堂本是《辍耕录》最著名的版本之一，称据元刻重雕，世称佳椠。万历三十二年，王圻就是以玉兰草堂本为底本进行重修，且附刻《秋江送别图》并赠诗及序，其实是同一版刻。

《太上黄庭内景玉经》一卷《外景玉经》一卷附《黄庭内景五脏六腑图说》一卷。《黄庭经》为道教经典，分为《内景经》《中景经》《外景经》，相传为西晋魏华存传述。《王侍御类稿》卷四载有序，王圻认为该书是养生之作，历代先后传注，传播广泛，但是当时并行于世的有《二景内谱》《中景经》《五脏图》《五脏六腑图》，共三十部五十七卷，而后世皆不可得见，只有梁丘子白履中注尚存。《五脏图》杂见于养生书中。王圻的父亲懂医，会养生，对道教颇有研究，应该是受其影响，王圻专门从众书中收集了这些图，将其一并刊刻出版，以备一家言。至于"茹吸吐纳"诸法，王圻认为"害性而伤生"，所以略去不录。其实，唐女道士胡愔所绘《黄庭内景五脏六腑图说》一卷曾收入在《三才图会》中，这本书有可能是《三才图会》编纂过程中的副产品。该书有万历十一年（1583）程应魁和王圻序，由王圻好友、时任湖广右政使的乔懋敬在黄鹤楼刊刻，可见此书应该是王圻在湖广时的成果。另外这本书是朱印写刻本，通篇由著名书法家程应魁以颜真卿《麻姑仙坛记》体写就，为写刻本中之珍品。程应魁，字孟孺，玉山人。王圻非常欣赏他的书法，乃出《黄庭内外玉景经注解》及《五脏图说》交由程应魁书写，程应魁持斋坐琳宫三个月才完成。

由上述诸书可见，王圻不仅是一位能纂集《三才图会》《稗史汇编》这样大部头书籍的编纂家，更是一位精于校勘的文献家和出版家。

王圻一生"无时不考古研今"，勤于著述，给后人留下了丰厚的文献遗产。当然由于他是明代人，不可能脱离他的时代，清人以为他的著作空疏芜杂，自有其道理，他的著作也确实存在着一定瑕疵。但是明人著作绝不是一无是处的，王圻的著作更有其价值和贡献，这不是可以随便抹杀的。清人对王圻的批评既不公正也不客观，对其著作理念和宗旨也全无了解，往往站在自己的立场上轻率评价，多有偏颇。今天，我们对王圻和他的著作有了更深刻的认识，相信足以作出更加公正和客观的评价。

云间桃李正芬芳：上海文化史中的王圻

清初的某一个春日，吴伟业从嘉定出发，向南三十里来到梅花源，欣赏万株梅花，又经过王圻的旧宅，发现他的著作版刻尚存，遂作诗一首：

> 地僻幽人赏，名高拙宦居。
>
> 客来惟老树，花发为残书。
>
> 斜日空林鸟，微风曲沼鱼。
>
> 平生贪著述，零落意何如。

"平生贪著述"可以说是对王圻的最佳评价。到今天为止，王圻已经故去四百年，他"贪著述"留下的众多书籍都是用文言文写就，似乎离现代人已经越来越遥远了。那么，今天的我们如何来看待王圻呢？将他一本本篇幅浩繁的著作逐一研究评点固然重要，可王圻毕竟是历史人物，他和他的著作都是特定历史条件下的产物。因此，更应该将王圻置于历史发展的进程之中，特别是置于上海文化的发展历程之中，再来评判他的意义、贡献和价值。

一座城市的文化，是一座城市在长期发展变迁过程中形成的，是城市的灵魂和人民共同的价值追求，对于一座城市的生存发展具有重要意义，不仅是引领城市发展的旗帜，而且是推动城市发展的动力。上海城市文化发展的历史，既是传统地域文化精神继承和发展的历史，更是随着中国历史的发展而创新变化的历史。

明清时期的江南是当时全国的经济、文化中心。江南的农业和手工业生产始终走在全国前列，先进生产关系的萌芽由此产生。这里商品生产发达，商品流通规模空前，全国各地商帮云集于此。江南的城市化迅速发展，涌现出大批市镇，形成全国少见的城镇群，都市文化引领全国。高度繁荣的经济和在全国独特的地位，使一些新的思想观念、新的文化艺术逐渐成长。江南人的科考名次最为显赫，状元半数以上出自江南，榜眼、探花更不在少数，三鼎甲往往为江南人囊括。与此同时，江南的学术文化一直处于全国领先地位，涌现出大量的文学家、思想家、艺术家、藏书刻书家和各类学术大师，诗文、书画、戏曲成就独领风骚，学术流派众多，成就显赫。他们将学术研究同当时的政治、经济和社会实际情况结合起来，提出了一系列改革社会思想、政治制度和经济制度的言论，走在时代前列。到这时，江南已经不是简单的地理概念，更是经济繁荣和文化发达的代名词。所谓江南胜景、鱼米之乡、佳丽之地、三秋桂子、十里荷花、遍地绮罗、盈耳丝竹，代表了令人神驰梦想的心灵家园；粉墙黛瓦、砖雕门楼、水巷人家、亭廊楼台、小桥流水、烟雨缠绵、风情难解，无不深深镌刻成为人文景观。天道与人文在这里奇迹般交汇成明媚灵秀的山水长卷，构成江南地缘文化结构的核心和灵魂。

今天的上海地区，在王圻所生活的明代即为松江府地区，是江南文化的典型代表。这里"以水为郡"，"东际于海，西下诸湖"，"环六七百里，中涵江湖之秀，故多文献，土脉膏沃，风气完固"，"沃野庶饶，素号易治”。

早在宋代，上海地区已经成为海陆交通要冲，有着"鱼稻海盐之富，商贾辐辏"的繁华。明代以后，借着棉布业的发展，商业更加兴盛，城市日益繁荣。上海名宦陆深《江南行》云：

> 江南佳且丽，沃野多良田。
> 道旁采桑女，湖中木兰船。
> 礼让季札后，文学言偃前。
> 昆山产良玉，自古盛才贤。
> 东通沧海波，西接阖城烟。
> 既饶鱼稻利，复当大有年。
> 登眺何郁郁，井市互纠缠。

写尽家乡的春和日丽和商业繁荣，一片江南美景。弦歌之声与商贾舟车共同将松江府打造成声闻海内的大都市。

上海地区不仅有繁华的商业，而且家弦户诵之声不绝，自明代以来即有"家家礼乐，人人诗书"之誉，俨然"江南齐鲁"。可以说，上海地区得天独厚的地理环境和悠远的人文历史不仅影响了这里人民的内在气质、思维方式、性格特征，而且铸造了优秀的文化，这文化正是世代上海人的灵魂和血脉，也是古代上海地区生息和繁荣的基础，构建起今天"上海文化"的内涵基因和独特品质。而王圻的身上，恰恰体现出了古代上海文化，甚至江南文化的一些最为重要的品质，并且经由他传承延续，不断发展，最终蔚为大观。

一、崇文好学

明代，上海地区名士学者辈出，科第兴盛，这和上海地区普遍崇尚文化、重视教育是分不开的。前文中，我们已经多次提到这一点。正是在这一浓重的文化氛围中，众多上海学子惴惴自奋，形成一种文化积淀，不断推进上海的繁荣，铸就上海发展史上的一个个辉煌。

一个地方文化的发达和教育的兴盛，必定建立在深厚的知识储备的基础之上，而作为知识最直接的载体、传承文化最有效的途径，书籍的收藏数量是文化发达与否最重要的标准之一。按吴晗先生的统计，宋元时期上海地区的藏书家共有庄肃、杜元芳、夏庭芝、孙道明四人，明代藏书家则为十七人，其中在宋元时期庄肃是最有名的藏书家，有说其聚书达八万卷，此外杜元芳的翡翠碧云楼、孙道明的映雪斋等藏书都超过万卷。

如果宋元时期上海地区藏书只是个别现象，并没有在整个社会中形成普遍的风尚的话，那么到了明代，正如吴晗先生所言，这里"藏书之风气盛，读书之风气亦因之而兴"，营造出一方浓郁的书香氛围，吴晗先生的《江浙藏书家史略》收入明代上海地区的藏书家共十七人。这些藏书家的藏书动辄上万卷，也有数万卷、数十万卷的，数得上名号的藏书楼则有朱大韶的横经阁、何良俊的清森阁、吴中秀的天香阁、郁文博的万卷楼、孙克宏的秋琳阁、莫是龙的城南精舍、陈继儒的宝颜堂、潘允端的天然图书楼、顾从义的玉泓馆，等等。王圻既是上海明代藏书家的典型代表，也是上海藏书风气的受益者。他纂辑《稗史汇编》最重要的参考书陶宗仪的《说郛》就是由松江府人收藏翻刻而成。上海士人爱书藏书并不是如某些地方只是为聚书而聚书，为收藏而收藏，收藏各种名家名刻后只是为了向人炫耀，从此束之高阁，不让人观。王圻收藏书籍最重要的目的是为了用，他收集各类书籍后往往会将其内容分门别类，汇集整理，并在此基础出版一部又一部类似于知识汇编型的大型图书。同时，他还不断将一些重要的古籍进行整理翻刻，让它们化身千百，为人所用。正是在王圻这样的藏书家的影响下，这一时期即便是一般的士人也钟爱读书。2001 年宝山区杨行镇苏家宅出土了成化间曾任大兴县丞的韩思聪墓，发现棺内尸体胸部两侧摆放了线装书籍《周易会通》等十四册，左侧书籍旁还放了一支毛笔。根据墓志可知，韩思聪少年时便好读书，屡应乡试不第，"膺贡登胄监"方得为大兴县丞。他对书籍的热爱可以代表当时上海普通士人的一般情况。

二、博采汇通

王圻编纂《稗史汇编》仿效的是陶宗仪的《说郛》，他还整理了陶宗仪的《辍耕录》。事实上，陈继儒曾说过，自陶宗仪编纂《辍耕录》及《说郛》后，上海就有一种博雅的"气习"延续。所谓的"博雅"即博览群书，融会贯通。晚清学者刘禺生在《世载堂杂忆》中曾说，科举时代中国的读书风气分书香世家、崛起、俗学，所谓书香世家，就是儿童入学，识字由《说文解字》入手，等到开始读书为文，也不拘泥于八股试帖，而是研习经史百家之学，等到长大自然博采汇通，这就是所谓的"不复向八股中求生活"。上海地区多书香世家，强调"博通"，其实就是此地的治学取向。

明代上海的学者往往著作宏富，涉猎广泛。如"最称博雅"的陆深有《俨山集》一百卷，《续集》十卷，又有《圣驾南巡日录》《河汾燕闲录》《停骖录》《传疑录》《春雨堂杂钞》《玉堂漫笔》《金台纪闻》《春风堂随笔》《知命录》《溪山余话》《愿丰堂漫书》等文字流传。内容涉及经书、理书、历史、古书、诸子、文集、诗集、类书、杂史、诸志、韵书、小学、医药、杂流等十三大类，如汇编成集，则是一部不折不扣的百科全书。陆深这一博雅之风为后世上海学者所继承，如何良俊、董宜阳、张之象都是博览群书的人。由此可见，明代上海地区盛产百科全书式的人才，王圻生长在这片博雅的沃土中，自然就从少年时经史子集、百家之言及《性理》《纲目》诸书无所不读，他编纂书籍，无论是《续文献通考》《稗史汇编》还是《三才图会》，也都以涉猎广博、取材丰富而著称。

正因为博览群书，鸿篇巨制于是不断涌现。自陶宗仪的《说郛》之后，类似的大规模丛书和类书编纂在明代上海地区达到高潮，昌彼得在《说郛考》中指出，汇辑丛书之风盛行，发生于正德、嘉靖之后，丛书的辑刻之人多是云间、吴郡人氏，比如陆深之子陆楫、黄标等编纂了中国第一部小说丛书《古今说海》，陈继儒的《宝颜堂秘笈》，张之象的《唐诗类苑》，王圻的《续文献通考》《稗史汇编》《三才图会》，由此直接引发了晚明两部影响深远的巨著——徐光启的《农政全书》和陈子龙等的《皇明经世文编》的产生。王圻的图书编纂工作，既在这一发展进程之中，又对这一发展进程起到了重要贡献。如前所述，《农政全书》就引用了《三才图会》中的一些图片，《古今说海》与《稗史汇编》也有相互参考之处。

尤为值得注意的是，从《古今说海》开始，这些巨著的编纂大多成于众手，往往集中了当时最优秀的上海学者，成为当时上海人文风尚的典型体现。根据《古今说海》的校书名氏，参与校勘者总计十余人，除了姜南为浙江仁和（今浙江杭州）人之外，其余均为上海人，包括陆楫、黄标、董宜阳、张之象等第一流学者。而据贾雪飞考证，除原作者张之象外，编订《唐诗类苑》的二十人中，上海县有十二人，华亭县有四人，外埠仅三人。上海地区参与的学者有陈继儒、张所敬、张所望、黄体仁、徐光启、朱家法、唐仲贤、杜开美、杜士基、李中立等，仅有三人不是举人或者进士。王圻虽然编纂工作主要由自己、几个儿子及亲戚、学生负责，但也有本地的一些学者如姜云龙、刘永祚、林有麟等参与。通过大型图书编纂，上海的文化血脉也得以传承。

三、经世致用

江南人历来强调面向社会、关心现实的经世致用，从来不乏"明天道以合人事"的现实关怀，讲求经世之务的历来不乏其人。上海士子尤其有着强烈的历史忧患意识和现实关怀精神，强调倡导有用之学。明代前期上海的文坛领袖陆深就是一个经世致用的实干家。他曾经对其外甥黄标说，我写下的此等文字，大意就是要穷经致用，与小说家不同，希望你留意着眼。陆深和王圻有很多共同之处，二人都是出身平民，都是本家族第一位进士，都关心时事，如陆深曾上《拟处置盐法事宜状》，针对的两淮两浙地区盐法存在的弊端。王圻则编有《重修两浙鹾志》。二人都推崇理学，王圻刊校薛瑄的《读书录》和《读书续录》，陆深更建议将薛瑄从祀孔庙。

和陆深一样，王圻终其一生奉经世致用为治学宗旨。他在编纂《续文献通考》时，对于"文献"的定义与马端临不同，关键就在于他继承了《通典》的"寻求经国济民之方"和《通志》的"旨在经国济世"的经世致用思想，故与马端临重点关注"文献考证"相异趣。他在《凡例》中多次声称自己编撰该书的目的是"俾考古者得以证今"，"俾在事者得以按迹而图揆"，"俾司国计者稽焉，庶足以备不虞"。在《续文献通考引》中，他也说编纂此书就是希望那些援古例来研究今日时势的士人有东西可考可稽。他编纂《续文献通考》其实就是在经世致用思想指导下对历代典章制度有选择地进行梳理、编纂，来为当世的种种问题做借鉴与指南。而且他在编纂《续文献通考》中融入了自己对现实问题的思考，书中新增的关于水利、漕运、市舶、书院、田赋等方面内容，无不与他的亲身实践密切相关。王圻不仅是将经世致用的思想贯彻于书籍编纂中，还将其付诸实施。他编纂《青浦县志》《东吴水利考》《重修两浙鹾志》《云间海防志》，都是有针对性地想要解决现实中的家乡乃至全国的许多关键问题，为国计民生做出自己的贡献。王圻的经世致用思想还表现在对世道人心的关注上。王圻科举时专于《礼》，出发点是什么姑且不论，但是他面对人心不古、风俗转移的现实，强调用《礼》来对世道人心进行教化。他在《续文献通考》中增加"节义考""谥法考"，都是为了维护伦理纲常，来教化人心。同时，在认识自然、改造自然的科技之学方面，上海学者也非常突出。正由于江南文化强调致用，必然会落实到重视人的日常生活方面，落实到追求现实世界的幸福方面，也就必然重视工艺技术。徐光启是个中典型，但是王圻在《三才图会》等书中对于实用工艺的详尽描绘，和《天工开物》《农政全书》异曲同工，同样是这方面的卓越代表。综上而言，可以说王圻也是上海传统文化中经世致用思想的重要实践者和传承者。

到了万历后期，上海士人日趋讲求实学，徐光启在这方面的践行和努力尤其突出。他在给恩师焦竑的信中曾自述道，我少年时候经历了倭寇蹂践，家乡变成丘墟，所以在平时诵读之暇，稍稍学习兵家言，时时窃念国事衰弱，十倍于宋末，所以常常对人讲富强之术。他曾写诗讥讽那些整日坐谈的士大夫们，"霏屑玄谈未终席，胡骑蹂人如乱麻"。西学传入以后，徐光启学习各种西方科学技术，包括数学、天文、兵法、水利等，并把它们运用到实践中。徐光启一生治学大多实用于国计民生，学以致用是他的一贯主张，人称"其生平所学，博究天人，而皆主于实用"。这些经世致用的努力对当时上海乃至整个中国的思想界有着重大的影响。

正是在徐光启的影响下，陈子龙、夏允彝、徐孚远、周立勋及嘉定侯峒曾、黄淳耀等人认识到"君子之学，贵于识时，时之所急，务之恐后"，他们忧国忧民，推崇实学。在为《皇明经世文编》所作序中，陈子龙谈到晚明三患时认为其中一患便是"士无实学"。他还重订徐光启所著《农政全书》，这些都反映了陈子龙等对实学及经世致用的重视、倡导与实践。虽然晚明国事日益不堪，陈子龙、侯峒曾、黄淳耀、夏允彝等人未及一展抱负，实践其经世之学，但是他们深入灵魂的经世致用精神在明清易代的大变局中，化成对国家和民族命运的深切关怀，面对刀剑相逼时，坚守气节，奋起相争，令天地为之变色。

四、海纳百川

上海所在的江南地区沿江濒海，其文化天然就具有开放性与包容性的特点。梁启超在《地理与文明之关系》一文中引用德国哲学家黑格尔"水性使人通，山性使人塞"之说，认为江南水乡泽国，水上交通便利，航海事业发达，利于对外交流，使人胸襟开阔，易于接受外来文化。江南文化自远古以来就不断地吸收、融合其他区域文化。正是在这开放文化的影响下，江南人具有难能可贵的开放胸襟和融合姿态，造就了其开放、大气的性格传统。开放包容的文化推动了江南对外贸易的发展。上海青龙港早在唐宋就是著名的对外贸易港口。上海更被誉为沙船之乡，从宋元时，就有很多人驾驶沙船，泛舟大海，元代崇明人朱清与嘉定人张瑄是其中的典型，明代依然如此，《云间杂志》言，近来中国人都从事海外贸易，到吕宋地方（今菲律宾），获利颇丰，松江人亦往往从之。海外贸易的发展，也使上海成为各种文化和文明的交汇、交流与交融地。

上海地区文化中海纳百川的特性，还表现在对传统夷夏观的反思上。嘉靖三十年（1551），陆深之子陆楫从友人处看到出自姑苏杨循吉的《金小史》一编，书中以"酋虏"等字眼来贬低完颜氏所建立的金政权，以发泄士人对金朝的不满，以"严夷夏之防"。陆楫对此有不同看法，在他看来，南北朝时期鲜卑部落拓跋氏所建立的北魏政权和之后的辽、金、元等非汉族政权也是中华民族的合法政权，是史家泥古不化，才导致"华夷之辩"在一代代的儒者嘴里争论不休。陆楫更以"中国居内，夷狄居外"为出发点，认为只是地理环境的因素导致华夷之间的差异，假使中国居外，夷狄居内，那么也许夷狄就是天命所归。陆楫的观点冲击了传统以来儒家学者以华夏文明为中心的惯性思维方式。陆楫认同华夏所在地是整个宇宙天下的中心，但没有主观性地认为汉民族优越于其他各民族，只是地理居住条件的阻隔使得四夷之地与华夏大地在政治、经济、文化等各方面存在某些差异。这显然是更加开放的心态。

晚明之际，以利玛窦为代表的西方传教士在中国传教的同时，翻译介绍了大量的西方科学书籍，传入大量的科技知识，在中国的思想界、科技界影响颇大。"西学"的传入，拓展了当时中国人的理论视野和思维空间，而这一传播的中心同样是在上海。徐光启就是其中的杰出代表。尽管从科技发展史的角度看，天主教传教士带到中国的科学知识并不是最先进的，但对于满脑袋"四书五经"的中国士大夫而言，这些知识确实既新颖又实用。面对这些知识，士人们超越了传统的"夷夏之防"，对西方传来的新知识进行认真学习。徐光启就把西方的天文历算看成一种"裨益世道"的学问。但他们对西学也不是盲目崇拜，徐光启提出学习"西学"的方针是"欲求超胜，必须会通"，即第一阶段先翻译西方的水利、农业、天文、数学等方面书籍，第二阶段则是在了解和掌握西学的基础上，超过西方的学术水平，从"会通"走向"超胜"，"会通"是手段，"超胜"才是目的。他们相信中华民族传统文化的力量，虚怀若谷，放眼世界，就像鲁迅先生所说的"拿来主义"，吸收一切人类文化的优秀成果。他们以博大开放的文化心态，融汇古今，横贯中西，对中国传统科技进行了全面的总结和理性的反思，取西方科技之长，舍传统科技之短，在科技、哲学、农学、数学、天文等方面取得划时代的成就，并指明了中国传统科技朝着近代方向发展的道路。

　　现有的文献中很少有关于王圻与徐光启交往的资料，但是两人有很多相近之处。他们早年家世相近，都是成长于普通家庭，少年时都受过赋役粮长制度弊端所带来的苦痛，并经历过倭乱，饱受离乱之故。二人虽然年龄相差三十多年，且一个仕途平稳，一个宦海坎坷，但是在为官关心民间疾苦、治学讲究经世致用上并无二致。二人都强调实地考察，徐光启少小游学，经行万里，遇到事情就随时咨询；王圻足迹几半天下，每经一地，都认真了解当地环境和地形。他们也都心系家乡发展，万历三十六年（1608）大水后，王圻亲自探访吴淞江水利，奔走呼号；徐光启也倡议发展水利建设，甚至引入甘薯种植，以期解决粮荒问题，编纂《农政全书》之起因即在于此。两人的唯一区别可能是徐光启精通算学和天文，为人为文更加严谨，而王圻更多还是传统类型的博学文士。

　　王、徐二人都是晚明上海文化圈的重要人物，虽然没有相交的证据，但有着千丝万缕的联系。比如说参与编纂《续文献通考》的姜云龙是徐光启的好友，并于万历三十一年（1603）相偕至京参加会试。王圻的另一位好友唐国士曾为徐光启《诗经六帖重订》作序。王圻的妹婿是刘邦辅，刘邦辅的哥哥刘邦重曾与徐光启的表亲俞显卿一起结盟组成艺文会社。由此推测王圻和徐光启应该相识。两人在学术上也互有借鉴。如前所述，《农政全书》中的部分插图可能来源于《三才图会》，王圻也可能从徐光启处获得一些与利玛窦有关的知识。当然，如前文提到的，王圻与赵可怀相交，赵可怀曾翻刻过利玛窦的《山海舆地图》，也接待过利玛窦，所以他也有可能从赵可怀处获得相关知识。但不管是哪种途径，王圻都接受了这些知识，并将其放入《三才图会》中。可见，王圻不仅不认为这是奇谈怪论，反而拿来采用。

明清以降，对于西方的知识，中国社会往往表现出不同的应对态度：一种是坚守固有的文化传统，盲目排外；一种是极力推崇西方文化，主张"全盘西化"；一种是自主开放，积极应对，以兼容并包的方式实现中西文化的有效整合。由上海引领的江南社会无疑是秉持第三种应对态度的典范，这在王圻、徐光启身上都有体现。

可以这么说，今天上海文化的底色，其实就是明清以来的江南文化，更是上海本土传统文化发展的结果。而在上海本土传统文化——崇文重学、博采汇通、经世致用、开放包容这些特色的形成过程中，王圻和同时代前后的陆深、徐光启等人有着相近的出身、相似的经历，奉行相同的宗旨，共同为上海文化做出了卓越贡献，他们都是上海这片文化土壤中长出的硕果，都是上海文化星空中最闪亮的星辰。王圻的名字和他们一样，也将永远铭刻在上海文化发展的历史丰碑之上。王圻的意义，也正在于此。

参考文献

王圻著作

〔明〕王圻、王思义：《三才图会》，上海古籍出版社 1988 年版。

〔明〕王圻：《稗史汇编》，北京出版社 1993 年版。

〔明〕王圻：《重修两浙鹾志》，《四库全书存目丛书》史部第 274 册，齐鲁书社 1997 年版。

〔明〕王圻：《东吴水利考》，《四库全书存目丛书》史部第 222 册，齐鲁书社 1997 年版。

〔明〕王圻：《王侍御类稿》，《四库全书存目丛书》集部第 140 册，齐鲁书社 1997 年版。

〔明〕王圻：《续文献通考》，《四库全书存目丛书》子部第 185—189 册，齐鲁书社 1997 年版。

〔明〕王圻：《谥法通考》，上海书店出版社 2023 年版。

〔明〕卓钿修，王圻纂：万历《青浦县志》,《上海府县旧志丛书·青浦县卷》,上海古籍出版社 2014 年版。

正史、政书等官修文献

〔清〕徐松辑：《宋会要辑稿》,中华书局 1957 年版。

〔元〕马端临：《文献通考》,中华书局 1986 年版。

〔元〕脱脱等：《宋史》,中华书局 1977 年版。

龚延明主编：《嘉靖三十一年江西乡试录》,《天一阁藏明代科举录选刊》,宁波出版社 2016 年版。

龚延明主编，闫真真校：《嘉靖四十四年乙丑科会试录》,《天一阁藏明代科举录选刊》,宁波出版社 2016 年版。

黄彰健校勘：《明实录》,中华书局 2016 年版。

〔清〕张廷玉等：《明史》,中华书局 1974 年版。

〔清〕陈梦雷：《古今图书集成》,鼎文书局 1977 年影印本。

〔清〕永瑢：《四库全书总目》,中华书局 1965 年版。

地方志、地理文献

〔宋〕范成大：《吴郡志》,江苏古籍出版社 1999 年版。

〔宋〕杨潜修，朱端常等纂：绍熙《云间志》,《上海府县旧志丛书·松江县卷》，上海古籍出版社 2011 年版。

〔宋〕朱长文：《吴郡图经续记》，江苏古籍出版社 1999 年版。

〔元〕徐硕：至元《嘉禾志》，《景印文渊阁四库全书》第 491 册，台北商务印书馆 1986 年版。

〔明〕何三畏：《云间志略》，《上海府县旧志丛书·松江府卷》，上海古籍出版社 2011 年版。

〔明〕李绍文：《云间人物志》，《明清上海稀见文献五种》，人民文学出版社 2006 年版。

〔明〕佚名：《云间杂志》，《上海府县旧志丛书·松江府卷》，上海古籍出版社 2011 年版。

〔明〕张国维：《吴中水利全书》，浙江古籍出版社 2014 年版。

〔明〕陈威等修，顾清等纂：正德《松江府志》，《上海府县旧志丛书·松江府卷》，上海古籍出版社 2011 年版。

〔明〕郭经修，唐锦纂：弘治《上海志》，《上海府县旧志丛书·上海县卷》，上海古籍出版社 2015 年版。

〔明〕韩浚修，张应武等纂：万历《嘉定县志》，《上海府县旧志丛书·嘉定县卷》，上海古籍出版社 2013 年版。

〔明〕方岳贡修，陈继儒、俞廷锷等纂：崇祯《松江府志》，《上海府县旧志丛书·松江府卷》，上海古籍出版社 2011 年版。

〔清〕顾炎武：《天下郡国利病书》，《顾炎武全集》，上海古籍出版社 2012 年版。

〔清〕顾祖禹：《读史方舆纪要》，中华书局 2005 年版。

〔清〕吴履震：《五茸志逸》，《中国方志丛书》华中地方 157 册，台北成文出版社 1970 年版。

〔清〕魏球修，诸嗣郢等纂：康熙《青浦县志》，《上海府县旧志丛书·青浦县卷》，上海古籍出版社 2014 年版。

〔清〕史彩修，叶映榴等纂：康熙《上海县志》，《上海府县旧志丛书·上海县卷》，上海古籍出版社 2015 年版。

〔清〕杨卓修，王昶等纂：乾隆《青浦县志》，《上海府县旧志丛书·青浦县卷》，上海古籍出版社 2014 年版。

〔清〕李文耀修，谈起行、叶承纂：乾隆《上海县志》，《上海府县旧志丛书·上海县卷》，上海古籍出版社 2015 年版。

〔清〕王大同等修，李林松等纂：嘉庆《上海县志》，《上海府县旧志丛书·上海县卷》，上海古籍出版社 2015 年版。

〔清〕宋如林修，孙星衍、莫晋纂：嘉庆《松江府志》，《上海府县旧志丛书·松江府卷》，上海古籍出版社 2011 年版。

〔清〕应宝时等修，俞樾等纂：同治《上海县志》，《上海府县旧志丛书·上海县卷》，上海古籍出版社 2015 年版。

〔清〕陈嗣良等修，孟广来等纂：光绪《曹县志》，《中国地方志集成·山东府县志辑》第 84 册，凤凰出版社 2004 年版。

〔清〕汪祖绥等修，熊其英等纂：光绪《青浦县志》，《上海府县旧志丛书·青浦县卷》，上海古籍出版社 2014 年版。

〔清〕博润修，姚光发等纂：光绪《松江府续志》,《上海府县旧志丛书·松江府卷》，上海古籍出版社 2011 年版。

吴馨等修，姚文枏等纂：民国《上海县续志》,《上海府县旧志丛书·上海县卷》，上海古籍出版社 2015 年版。

文　集

〔元〕任仁发：《水利集》,《四库全书存目丛书》史部第 221 册，齐鲁书社 1997 年版。

〔元〕陶宗仪：《南村诗集》，海王村古籍丛刊《元人十种诗》本，中国书店 1990 年版。

〔明〕陈继儒：《陈眉公先生全集》，明崇祯刻本。

〔明〕陈子龙：《陈子龙文集》，华东师范大学出版社 1988 年版。

〔明〕陈子龙等：《明经世文编》，上海书店出版社 2019 年版。

〔明〕董其昌：《容台文集》,《四库全书存目丛书》集部第 171 册，齐鲁书社 1997 年版。

〔明〕归有光：《震川先生集》，上海古籍出版社 2007 年版。

〔明〕何良俊：《何翰林集》,《四库全书存目丛书》集部第 142 册，齐鲁书社 1997 年版。

〔明〕陆楫：《蒹葭堂稿》,《续修四库全书》集部第 1354 册，上海古籍出版社 1995 年版。

〔明〕唐文献：《唐文恪公文集》，《四库全书存目丛书》集部第 170 册，齐鲁书社 1997 年版。

〔明〕徐光启，王重民辑校：《徐光启集》，中华书局 1963 年版。

〔明〕徐阶：《世经堂集》，《四库全书存目丛书》集部第 79—80 册，齐鲁书社 1997 年版。

〔明〕张居正：《新刻张太岳先生诗文集》，《四库全书存目丛书》集部第 113—114 册，齐鲁书社 1997 年版。

〔清〕梁逸：《红叶村稿》，《四库未收书辑刊》第 8 辑第 16 册，北京出版社 1998 年版。

〔清〕钱谦益：《牧斋有学集》，上海古籍出版社 1996 年版。

〔清〕吴伟业：《吴梅村全集》，上海古籍出版社 1990 年版。

〔清〕侯方域：《侯方域诗集校笺》，中州古籍出版社 2000 年版。

〔清〕宋征舆：《林屋文稿》，《四库全书存目丛书》集部第 215 册，齐鲁书社 1997 年版。

笔　记

〔宋〕张舜民：《画墁录》，《丛书集成初编》第 2858 册，中华书局 1991 年版。

〔元〕陶宗仪：《南村辍耕录》，《元明史料笔记丛刊》，中华书局 1959 年版。

〔明〕陈继儒:《偃曝谈余》,《四库全书存目丛书》子部第 111 册,齐鲁书社 1997 年版。

〔明〕范濂:《云间据目抄》,1928 年铅印本。

〔明〕顾清:《傍秋亭杂记》,《涵芬楼秘笈》第 4 集,北京图书馆出版社 2000 年影印本。

〔明〕何良俊:《四友斋丛说》,中华书局 1997 年版。

〔明〕李绍文:《云间杂识》,上海县修志局 1936 年铅印本。

〔明〕陆楫等辑:《古今说海》,巴蜀书社 1988 年版。

〔明〕陆树声:《陆氏家训》,《陆学士杂著十种》本,明万历刻本。

〔明〕王士性:《广志绎》,中华书局 1997 年版。

〔明〕徐光启撰,石声汉校注:《农政全书校注》,上海古籍出版社 1979 年版。

〔清〕陈其元:《庸闲斋笔记》,《清代史料笔记丛刊》,中华书局 1997 年版。

〔清〕李延昰:《南吴旧话录》,上海古籍出版社 1985 年版。

〔清〕陆陇其:《三鱼堂日记》,中华书局 2016 年版。

〔清〕陆世仪:《苏松浮粮考》,《丛书集成三编》第 19 册,台北新文丰出版公司 1997 年版。

〔清〕王沄:《云间第宅志》,《丛书集成新编》第 95 册,台北新文丰出版公司 1985 年版。

〔清〕叶梦珠:《阅世编》,中华书局 2007 年版。

〔清〕周中孚：《郑堂读书记》，上海书店出版社 2009 年版。

资料汇编

上海博物馆图书资料室编：《上海碑刻资料选辑》，上海人民出版社 1980 年版。

上海通社编：《上海研究资料》，上海书店出版社 1984 年版。

顾炳权编著：《上海历代竹枝词》，上海书店出版社 2001 年版。

何继英主编：《上海明墓》，文物出版社 2009 年版。

近现代著作

曹之：《中国古籍编撰史》，武汉大学出版社 2006 年版。

昌彼得：《说郛考》，文史哲出版社 1979 年版。

陈江：《明代中后期的江南社会与社会生活》，上海社会科学院出版社 2006 年版。

范金民：《国计民生——明清社会经济研究》，福建人民出版社 2008 年版。

何宗美：《明末清初文人结社研究》，南开大学出版社 2003 年版。

李伯重：《多角度看江南经济史（1250—1850）》，生活·读书·新知三联书店 2003 年版。

梁方仲：《梁方仲经济史论文集》，中华书局 1989 年版。

梁方仲：《中国历代户口、田地、田赋统计》，上海人民出版社 1980 年版。

马学强：《上海通史·第 2 卷：古代》，上海人民出版社 1999 年版。

缪启愉：《太湖塘浦圩田史研究》，农业出版社 1985 年版。

瞿林东：《中国史学史纲》，北京出版社 2005 年版。

石昌渝：《中国古代小说总目提要》，山西教育出版社 2004 年版。

宋莉华：《明清时期的小说传播》，中国社会科学出版社 2004 年版。

王建革：《水乡生态与江南社会（9—20 世纪）》，北京大学出版社 2013 年版。

汪受宽：《谥法研究》，上海古籍出版社 1995 年版。

吴晗：《江浙藏书家史略》，中华书局 1981 年版。

吴仁安：《明清时期上海地区的著姓望族》，上海人民出版社 1997 年版。

谢湜：《高乡与低乡：11—16 世纪江南区域历史地理研究》，生活·读书·新知三联书店 2015 年版。

张秀民：《中国印刷史》，上海人民出版社 1989 年版。

张忠民：《上海：从开发走向开放（1368—1842）（修订版）》，上海社会科学院出版社 2016 年版。

张修桂：《中国历史地貌与古地图研究》，社会科学文献出版社

2006 年版。

郑肇经主编：《太湖水利技术史》，农业出版社 1987 年版。

朱维铮：《中国史学史讲义稿》，复旦大学出版社 2015 年版。

［英］崔瑞德、［美］牟复礼主编：《剑桥中国明代史》，中国社会科学出版社 2006 年版。

［英］李约瑟主编：《中国科学技术史》，科学出版社、上海古籍出版社 1990 年版。

学位论文

常振钰：《王圻年谱》，辽宁大学 2018 年硕士学位论文。

陈政雄：《上海明清文人结社研究》，上海师范大学 2020 年硕士学位论文。

胡克诚：《明代江南逋赋治理研究》，东北师范大学 2011 年博士学位论文。

贾雪飞：《明中后期的上海士人与地方社会——徐光启的成长大舞台》，复旦大学 2012 年博士学位论文。

栗心雨：《王圻〈续文献通考·节义考〉研究》，湖北大学 2022 年硕士学位论文。

毛春伟：《中国古代典制体史书发展的重要环节——明代王圻〈续文献通考〉及其影响研究》，北京师范大学 2012 年博士学位论文。

曲小雨：《"读图时代"——以〈三才图会〉的图为例浅析"图"的运用》，中央美术学院 2019 年硕士学位论文。

俞阳：《〈三才图会〉研究》，复旦大学 2003 年硕士学位论文。

张玉婷：《王圻著述出版活动研究》，山东大学 2017 年硕士学位论文。

周珊：《王圻〈稗史汇编〉初探》，山东大学 2012 年硕士学位论文。

论　文

陈时龙：《明代科举与地域专经》，《中国社会科学报》2017 年 8 月 22 日第 7 版。

丁蓉：《明代南直隶乡试试经流变考述》，《云南民族大学学报》（哲学社会科学版）2021 年第 5 期。

丁修真：《决科之利：科举时代专经现象述论——兼论科举人才的地理分布》，《华东师范大学学报》（教育科学版）2015 年第 4 期。

丁修真：《"科举专经"维持明代江南科举领先地位》，《中国社会科学报》2024 年 6 月 12 日 A06 版。

范金民：《明清江南进士数量、地域分布及其特色分析》，《南京大学学报》（哲学·人文科学·社会科学版）1997 年第 2 期。

范雄华：《论王圻图像观在类书史上的丰碑之功——以〈三才图会〉为例》，《设计》2018 年第 5 期。

高天：《明清两浙盐志沿革考略》，《文苑》2023 年第 21 期。

宫云维、王红伟：《明代两浙盐志拾遗》，《古籍整理研究学刊》2018 年第 6 期。

何立民：《王圻父子〈三才图会〉的特点与价值》，《史林》2014 年第 3 期。

鞠明库：《万历三十六年江南水灾、粮食危机与社会应对》，《西南民族大学学报》（人文社科版）2016 年第 10 期。

鞠明库：《略论王圻的文献学贡献》，《江西图书馆学刊》2007 年第 2 期。

李峰：《王圻〈续文献通考〉史学成就探析》，《中国文化研究》2007 年第 3 期。

李园：《"士绅化"与明代后期的江南役制变革——以华亭县等地的士绅应役当差为例》，《安徽史学》2022 年第 2 期。

刘丽媛、石彦召：《〈通志〉对〈续文献通考〉"氏族考、六书考、谥法考"的影响》，《赤峰学院学报》（汉文哲学社会科学版）2011 年第 2 期。

刘天振：《论王圻〈稗史汇编〉之编纂及其"史稗一体"观》，《复旦学报》（社会科学版）2011 年第 4 期。

满志敏：《推测抑或明证：明朝吴淞江主道的变化》，《历史地理》第 26 辑，上海人民出版社 2012 年版。

毛春伟：《试论明清〈续文献通考〉的史学史意义》，《江西社会科学》2011 年第 1 期。

童正伦：《〈说郛〉补纂与郁文博校补说考辨》，《图书馆研究与工作》2014年第4期。

王荟、郝瑞平：《国家图书馆藏万历〈青浦县志〉残本及胶片流传考证》，《图书馆学刊》2012年第8期。

向小南：《关于王圻的生卒年》，《中国史研究》1992年第1期。

向燕南：《〈四库全书总目·洪洲类稿〉提要辨误》，《北京师范大学学报》（社会科学版）2004年第1期。

向燕南：《王圻〈续文献通考·道统考〉二题》，《史学史研究》1996年第2期。

向燕南：《王圻纂著考》，《文献》1991年第4期。

钟焓：《他者视角下的"回回"形象》，《中国社会科学报》2009年5月8日。

邹振环：《神和乃囡：利玛窦世界地图的在华传播及其本土化》，《安徽史学》2016年第5期。

［日］滨岛敦俊：《论明末苏松常三府之均田均役》，《第九届明史国际学术讨论会暨傅衣凌教授诞辰九十周年纪念论文集》，厦门大学出版社2003年版。

［日］滨岛敦俊：《明代松江何氏之变迁》，《相聚休休亭：傅衣凌教授诞辰100周年纪念文集》，厦门大学出版社2011年版。

图书在版编目(CIP)数据

梅源记贤 ：王圻传 / 叶舟著. -- 上海 ：上海书店
出版社，2024. 12. -- ISBN 978-7-5458-2414-8

Ⅰ. K825.6-49

中国国家版本馆 CIP 数据核字第 2024NU3296 号

责任编辑　赵　婧
封面装帧　郦书径

梅源记贤：王圻传

叶　舟　著

出　　版　上海书店出版社
　　　　　（201101　上海市闵行区号景路 159 弄 C 座）
发　　行　上海人民出版社发行中心
印　　刷　苏州市越洋印刷有限公司
开　　本　710×1000　1/16
印　　张　18.5
版　　次　2024 年 12 月第 1 版
印　　次　2024 年 12 月第 1 次印刷
ISBN 978 - 7 - 5458 - 2414 - 8/K · 514
定　　价　128.00 元